本书为国家社科基金"滇盐古道周边区域经济共生与民族融合研究"
（批准号：17CMZ015）项目成果
本书获云南省哲学社会科学学术著作出版专项经费、
大理大学民族学重点建设学科经费资助

以卤代耕

云南盐业社会的经济共生与文化交融

李陶红 著

SUBSTITUTE BRINE FOR CULTIVATION

ECONOMIC SYMBIOSIS AND
CULTURAL INTEGRATION OF
YUNNAN SALT INDUSTRY SOCIETY

社会科学文献出版社
SOCIAL SCIENCES ACADEMIC PRESS (CHINA)

前　言

"百味盐为先"，于现在看来非常平凡的食盐，在历史上是金贵的生活必需品，同时也是国家重要的战略物资。盐，是政治的、经济的、文化的复合体。"滇之大，惟铜与盐"，指出了盐在云南历史中的重要地位。出于云南诺邓盐井的对联"井养不穷资国赋，龙颜有喜利民生"，横批"以井养民"，道出滇盐功能意义的两个维度：一是作为国家赋税的构成部分，二是保障了民众的用盐安全。于国于民都有利。

因云南山高谷深、沟壑相连等特殊的自然地理环境，总体而言，外盐在云南区域范围内不具备规模流通的优越性。因此滇盐对于云南区域社会发展而言，具有重要的区域意义。滇盐的开发，伴随盐政的具体施行，是滇盐国家化的过程。从滇盐的发展脉络来看，滇盐的发展史就是王朝国家对边疆的经略及地方互动共同作用的历史。国家通过食盐管控、盐井区居民迁移与管理、滇盐古道的修筑与管理等形式，实现国家对盐井地的经略。云南盐井的国家化，也即云南国家化的进程缩影。

云南盐井"以卤代耕"的生计方式，具有典型性，呈现出云南盐业社会的类型学特点。云南盐业社会以卤水、柴薪为原料，以盐业生产、运输、交换为主要的生计方式，形成以食盐交换及其他附生经济为依托的经济形式，具有以盐为中心的人群聚集与分工的社会形态。云南盐业社会与同时期的农耕社会相比，社会人群具有多元性，同时具有复杂的手工业形态，社会在此基础上形成复杂的生产分工，社会的流动性也较强。从云南盐业生产群体中直接生产群体与间接生产群体的共生模式来看，盐业社会群体及其周边区域居住群体形成以盐为核心的利益共同体，以盐井地为核心拓展出去的区域体现出特有的区域协同能力。云南盐业社会集中的区域，是周边区域的经济社会文化中心，在教育事业、民众集体生活、社会治理、慈善事业等方面，对周边区域具有引领作用。盐井地与周边区域更有以盐业顺利生产为中心开启的物资保障、杜绝私盐、盐道共建、平息匪患的共同事业，形成区域共治的局面。

云南的自然地理地貌由高山峡谷和河流切断，这使得原本直线距离很近的地方需要"绕山绕水"才可以到达，相对保留了丰富多样的地理形貌和文化形貌。然而貌似孤立的一个个地理空间，却因人而形成彼此密切联系和互动的区域共同体，而建立彼此密切关系的通道就是道路。在云南既有的古道网络中，盐井地和盐运中转站是重要节点，各地的盐井地就是一个个中心，围绕中心辐射出去的盐道就是盐井的动脉系统，起到物资流通的作用。滇盐古道在历史进程中，以云南盐产地为连接点和辐射点，由多条道路连接成蜘蛛网结构，通过食盐的运销形成伸缩有度的区域空间。通畅的滇盐古道，就成了滇盐的生命线。滇盐古道同样具有云南古道的官道属性与民道属性，滇盐古道建设同样是国家化进程的一部分，同时，其生命力源自道路的民道属性。滇盐古道建设是食盐顺利产销的重要一环，历来为盐业官员与地方民众所重视。滇盐古道正好是让分散的个体得以聚合的媒介，正是道路的通联性与流动性，促进了你来我去、我来你去，我中有你、你中有我的民族关系。滇盐古道的商贸流动及其他流动形式，正好实现了民族间的互通有无，通过道路联通的商贸，各民族可以共享社会发展带来的成果。滇盐古道系统将原本支离破碎的区块整合为一个整体，因为路的存在，松散的区域得以连接与整合，形成区域性经济，甚至演变为国家经济。

以盐井地为核心的滇盐古道周边区域，呈现典型的民族和谐样态，而这样的民族和谐样态的形成，是以区域的经济共生为核心与基础的，经济共生要素正是阐释民族和谐样态的重要理论支撑。滇盐古道周边区域经济共生样态的形成，有区域独特生态环境背景的支撑。一是生态多样性与文化多样性的存在，使区域之间的互通有无成为必然；二是"坝子-山地"社会形貌的存在，也使区域间的物资流动成为必然。这两个特殊的生态背景，正好解释了滇盐古道周边区域经济共生的生态基础。经济共生的具体呈现形式，一为区域间的生计互补，二为物资互通有无基础上形成的活跃市镇。盐井地是典型的"以卤代耕"盐业社会，除了食盐之外的生产生活资料，都需要周边区域的供给。围绕盐的流动及其他商品的流通，物资在区域范围内得以盘活，滇盐古镇周边市场得到发展。盐井地与周边区域以经济为核心，形成典型的共生关系。

总体说来，滇盐古道周边区域的民族之间呈现和谐的关系形态，民族和谐关系是滇盐古道周边区域交往的常态。从民族的视角来看云南盐业社会的人群构成，其民族成分有两个特点：一是多元，二是以汉族为主体。云南盐井地的汉人多为移民。云南盐业社会是理解云南移民历史的较好切入点，通常而言，盐井地是到云南的移民最先入住且持续入住的目的地。云南盐业社会是典型的移民社会，即以移民文化为主导的社会。云南盐业社会与周边区域的民族关系呈现和谐样态，民族间既有以食盐贸易为中心的经济性交往，也有以婚姻、语言为中心的非经济性交往。在长期的民族交往过程中，各民族互为借鉴，民族间交往交流交融，混融的宗教信仰和杂糅的风俗习惯，既是民族长期交往的结果，也是民族和谐关系的明证。

基于以上研究，笔者展开三个面向的议题讨论：一是路学视域下的滇盐古道；二是云南民族和谐关系的解释路径；三是云南盐业社会的类型学意义。

路学视域下的滇盐古道，指明了滇盐古道的道路特性、历史意义与现实价值。民族学、人类学视野下的道路研究，旨在将道路作为一种特殊的空间形态，来看以道路为连接节点所呈现的人类社会活动样态。滇盐古道因具备连通性、开放性、互动性、聚合性等特性，对滇盐古道周边区域的社会生活形成影响力。滇盐古道成为一条文化沉积带。滇盐古道在当下的时空中，虽然失去了旧有的风华，但作为盐业社会文化遗产，作为难得的文化线路，仍为当下提供诸多现实注解。

云南民族和谐关系的解释路径，为云南民族文化大省建设提供了历时性的框架解释，尤其为区域民族和谐关系的理解提供了重要的解释维度。研究关注滇盐古道的点、线、面，从历史的维度、日常生活视角（物质文化视角）、经济共生的指标维度，来丰富对民族和谐关系的解释力，为云南民族和谐关系的解释路径提供有力的个案支撑与理论支点。

对云南盐业社会的类型学意义的探讨，为云南盐业社会在云南区域社会历史中的意义提供几点总结。云南盐业社会具有五个特点：呈现典型的"以卤代耕"的生计方式，有专属于盐业社会的信仰方式即盐业神信仰，人群构成具有多元性，文化具有杂糅性，社会形态呈现典型的共生形态。

基于以上特点，笔者将云南盐业社会的共有属性上升到类型学的维度进行探讨。将云南盐业社会作为特定的社会发展类型，以物质文化研究的转向视角，追溯云南区域社会的典型历史，可为云南区域社会研究提供新的解释。

总体来看，由滇盐古道串联起来的是盐井地、滇盐线路及周边区域的联动样态。盐业社会"以卤代耕"的生计方式带动滇盐古道周边的经济共生形态，同时促成区域内民族文化的交往交流交融。就此，我们可以总结盐业社会类型学，形成对盐业社会的深层认识。

目 录

第一章 导论 ·· 001
  第一节 问题的提出 ······························ 001
  第二节 研究对象与概念界定 ···················· 003
  第三节 相关研究述评 ···························· 007
  第四节 研究框架 ································· 029
  第五节 田野点概况 ······························ 037

第二章 盐与滇盐生产 ································ 061
  第一节 滇盐的意义 ······························ 061
  第二节 滇盐的发展历史 ························· 070
  第三节 滇盐与盐政 ······························ 082
  第四节 滇盐与国家化 ···························· 088
  小 结 ·· 094

第三章 云南盐业社会 ································ 095
  第一节 云南盐业社会人群构成 ·················· 095
  第二节 盐井移民社会 ···························· 107
  第三节 盐业社会的生活 ························· 117
  第四节 盐业社会的区域共治 ···················· 124
  小 结 ·· 131

第四章 云南古道与滇盐古道 ······················ 133
  第一节 云南古道概况 ···························· 133
  第二节 道路的官道属性 ························· 141

第三节 道路的民道属性 ……………………………… 147
第四节 滇盐古道建设 ………………………………… 153
小　结 …………………………………………………… 175

第五章　滇盐古道周边区域的经济共生 ………………… 177
第一节 "共生"相关理论 …………………………… 177
第二节 经济共生的生态背景 ………………………… 181
第三节 滇盐古道周边区域生计互补 ………………… 184
第四节 滇盐古道周边市镇发展 ……………………… 196
小　结 …………………………………………………… 205

第六章　滇盐古道周边区域的文化交融 ………………… 207
第一节 民族交往方式 ………………………………… 207
第二节 交融的文化与信仰 …………………………… 212
第三节 杂糅的风俗习惯 ……………………………… 219
小　结 …………………………………………………… 227

第七章　结论 ……………………………………………… 230
第一节 路学视域下的滇盐古道 ……………………… 230
第二节 云南民族和谐关系的解释路径 ……………… 234
第三节 云南盐业社会的类型学意义 ………………… 238

参考文献 …………………………………………………… 243

第一章
导 论

第一节 问题的提出

盐作为日常生活必需品，在历史上是重要战略物资，长期由国家管控。盐道作为盐生产、运输、销售的载体，由国家层层管理，成为国家与地方、民族与民族、内与外的张力空间。在云南的历史书写中，多有"滇之大，惟铜与盐"的记载，可以看到盐对于云南历史的重要性。无独有偶，有三个小镇在1995年被评为"云南省第一批历史文化名镇"——楚雄州大姚县的石羊古镇（旧为白盐井，以盐为名）、楚雄州禄丰县的黑井古镇（旧为黑盐井，以盐为名）、曲靖市会泽县的娜姑古镇（以铜为名）。在这三个古镇中，白盐井和黑盐井因历史上产盐而出名；娜姑镇因历史上产铜而出名。"云南省第一批历史文化名镇"的入列名单，正可以验证"滇之大，惟铜与盐"所言不虚。也正是从"云南省第一批历史文化名镇"的名单中，可以看到白盐井、黑盐井因盐而兴的历史所形成的历史文化遗产的重要价值。

其后，陆续有诸多盐井地获得古镇、古村落的称号，盐业社会历史文化遗存的保护与发展获得更多机会。位于滇西盐井区域的诺邓井在当下已经发展为全国著名的旅游古村落，用诺邓井盐腌制的诺邓火腿在《舌尖上的中国》亮相后，一度让诺邓的知名度再上新台阶，慕名而来的人常年接连不断。同样位于滇西盐井区域的宝丰古镇（旧为雒马井）于2007年被授予"省级历史文化名村"的称号，并于2012年被评为第一批"中国传统村落"之一。随着当下基础设施建设的不断完善,宝丰古镇以"旧貌也好""新颜也靓"的姿态吸引着世人。滇南井区的磨黑古镇,其地名是傣语的汉译,意为"开采盐炉"的地方。磨黑古镇的盐业生产还在当下继续着,实现了古老而鲜活的延续。在磨黑古镇,有隶属云南盐业有限公司的普洱制盐分公司,该镇成为云南省内仍在批量生产食盐的几个地方之一(除此之外还有昆明盐矿、一平浪盐矿),所产的食盐仍然给民众的餐桌带来熟悉与安全的咸味体验。

因此,在前期的文献研读与田野调查基础上,笔者深感将盐作为特殊的切入点来理解云南的历史发展进程是具有解释力的,同时,这样也能够在对云南通识性的既有研究基础上获得别样的认知角度。在具体的研究中,笔者搜集云南诸盐井地的相关文献资料,结合田野调查,以盐井地及盐运中转站为重点关注的田野点。同时,从具体的田野点上升到对区域的研究,并用"滇盐古道"来串联。盐道将云南一个个孤立的地理单元串联为紧凑的区域共同体。本研究尝试以"云南盐业社会"为研究对象,强调以"微盐"带动的区域民族和谐关系样态。"经济共生"融合盐道的物资与文化流动,生成滇盐古道周边区域的市场圈、语言圈、婚姻圈、信仰圈,以此与文化交融实现逻辑关联。

云南因高山峡谷的阻隔形成一个个貌似孤立的地理单元,但因道路而形成彼此密切联系和互动的区域共同体。盐在历史上是"飞入寻常百姓家"的既必需又金贵的物质,因此,本研究所关注的滇盐古道更多是在大众生活和国家层面的考量。具体而言,研究从空间、权力视角来探讨"国家—地方"关系:一是在国家层面,古道作为政治控制、经济控制、文化控制手段之意义;二是在区域民族层面,古道作为物资互通有无、文化交流共享、文化交融手段之要义。

关于"茶马古道""丝绸之路"的研究多形成关注茶、丝绸等几类物品的研究惯性,而在本研究中,盐的流动仅作为切入点,其带动的是马、柴薪、米、铁器等生活资料与生产资料的流动,以及人的流动。本研究用"经济共生""文化交融"等关键词来统摄由滇盐古道带动的民族稳固区域样态。云南民族文化形态多样,追根溯源,这是民族互动的结果,因此,建立在民族互动基础之上的民族和谐关系样态是研究盐业社会的重要突破点与关键点。而在民族互动中,盐业社会的盐业生产与日常生活没有较多外界因素附加，而是在生态多样性基础上自发形成的盐业生产资料的交换，以及在其他物资的交换基础之上形成的"经济共生"形态，这些成为维护民族关系持续和谐的关键因素。

第二节 研究对象与概念界定

本研究涉及三个核心概念："滇盐古道""云南盐业社会""经济共生"。这三个概念是本研究建构研究逻辑与框架的核心概念。关于"滇盐古道"与"经济共生"，既有研究并未提及，亦未生成概念。关于云南盐业社会的研究已经有一些，但"云南盐业社会"作为一个重要的概念并未被提出过，亦未有明确的定义。因此，为了研究的方便，也为了创造进一步探讨的空间，研究特别对这三个关键概念做了界定。

一 滇盐古道

本研究以滇盐古道为研究对象，以点、线串联，实现对区域的关怀。为了避免仅关注实体的道路而忽略区域的研究，笔者的研究议题特意以"滇盐古道周边区域"来表达，以特有的研究方法来关注经济共生与文化交融的关系。

"滇盐古道"是笔者在本研究中首次使用的概念，在此之前其还未正式生成成熟的学术概念，但在本研究中有生成此概念之必要性，即用以区别研究较为成熟的"茶马古道""丝绸之路"等学术话语。在本研究中，盐是国家管控、道路生成的着力点，其他物资的流动、人的流动、文化的流动等，皆由盐带动。同时，笔者的古道研究并非"一叶障目"，盐只是笔者研究的切入点，透过盐和古道，笔者试图厘清区域内的经济共生形态和文化交融形态及其内在关联。

既有的与"滇盐古道"相关联或有借鉴意义的道路有"茶马古道""盐马古道""川盐古道""南丝绸之路"。这些道路的命名，无一例外凸显了道路对于区域社会的重要性。学界将"川盐古道"界定为源于四川东部，对鄂、渝、湘、黔交汇地区产生重要影响的运盐古道。[①] 从这个定义

---

① 赵逵、杨雪松：《川盐古道与盐业古镇的历史研究》，《盐业史研究》2007年第2期，第35页。

来看，对川盐古道的理解并未单纯着眼于狭窄的盐运古道，而是将古道与周边更广阔区域串联起来，以强调盐对于区域交流与整合的意义。"川盐古道"也就因此作为一条典型的文化线路，被赋予中国内陆重要的文化沉积带的价值内涵。这样的定义与研究思路也被运用到笔者的"滇盐古道"研究中。川盐与滇盐同为井盐，关于川盐的研究比较成熟，有专门的研究团队、连续刊发的研究刊物对川盐进行了比较系统的研究。而关于滇盐的研究相比川盐还相对滞后，仍有很多问题有待澄清，尤其在滇盐对于云南区域社会的重要意义的阐释方面还有等待挖掘的空间。因此，笔者认为滇盐的研究，也需要提出一个如"川盐古道"一样"响亮的""吸人眼球的"名字，以期形成关注，促成研究。同时，赵敏教授在关注滇西盐井社会的时候，提出"盐马古道"的概念，认为"茶马古道"的前身是"盐马古道"，"盐马古道"亦是蜀身毒道、南方丝绸之路、博南古道的前身，[①]就此回应既有古道研究如"茶马古道"研究唯见"茶"与"马"的偏误。他通过对云龙盐马古道、盐路山盐马古道、沙溪盐马古道、兰坪盐马古道的具体考察，丰富云南古道研究体系，呈现不同物资、不同人群交流的古道空间形态。

笔者在《滇盐古道周边区域经济共生与族际互动——以白盐井为例》一文中提出"滇盐古道"一词，[②]但笔者当时还未对"滇盐古道"进行概念的界定。随着研究的深入，笔者渐渐意识到"滇盐古道"对于理解云南区域社会的重要意义，这一意义是在透过物质文化研究的视角和道路人类学的视角来理解云南区域社会的路径中形成的。因此，为了使研究有继续探讨的空间，笔者对"滇盐古道"做了尝试性的概念界定。"滇盐古道"是指：在历史进程中，以云南盐产地为连接点和辐射点，由多条道路连接而成的蜘蛛网结构，通过食盐的运销形成伸缩有度的区域空间。笔者的"滇盐古道"概念专门在以下两个层面做出强调。第一个层面在于滇盐古道是一个区域性概念。滇盐古道由线状的道路串联，但其所带来的影响是区域性的。因为路的通达性，滇盐古道不仅涉及云南社会历史的区域性影响，

[①] 赵敏：《隐存的白金时代：洱海区域盐井文化研究》，云南人民出版社，2011，第4页。
[②] 李陶红、罗朝旺：《滇盐古道周边区域经济共生与族际互动——以白盐井为例》，《大理大学学报》2020年第5期，第1—8页。

还涉及滇盐古道延伸到的周边诸省甚至跨国的区域性影响。第二个层面在于滇盐古道是一个历时性概念。由于不同的生态、盐政、经济等的时代性，滇盐古道呈现不同的区域影响力。毋庸置疑的是，滇盐古道的区域影响力是既定事实，因而本研究旨在探讨滇盐古道在既定事实的基础上所呈现的具有时代特征的复杂性。

从滇盐古道的时间界定来看，盐是人类生存必需品，与盐这一位置相对应，"滇盐古道"的历史贯穿云南区域的人类发展历史。在具体的操作环节，本研究重点关注明清以来的滇盐古道形态，但在整体性的观照下，亦不排斥对滇盐古道长时段的关注。从滇盐古道的空间界定来看，滇盐古道是云南区域内，甚至是跨区域的不同物资、不同文化之间的联系纽带。盐的流动背后是文化的流动，由此空间界定有三个逐层展开的层面：一是以盐产地为核心的点状空间；二是承载食盐运输的线状道路，这一具有经济意涵的线状空间也在发展过程中积淀成文化线路；三是由盐的消费等流动形式所形成的具有文化流动特质的面状区域，随着引岸制度的变化，这一面状空间呈现伸缩有度的变化，时而是云南之内的，时而又是跨越云南的。基于此，滇盐古道的空间形态是点、线、面的结合。

二 云南盐业社会

笔者根据所能查阅到的文献，认为"盐业社会"作为一个研究对象被整体书写，始于周琍的专著《清代广东盐业与地方社会》，该研究中并未直接用"盐业社会"的字眼，而是用了"盐业与地方社会"的相关表述。该研究专门从社会史的视角，关注盐业与民众民生、商品经济、社会风尚、地方财政等的关系。[①] 此后，盐业史的研究逐渐从经济史、制度史转向了社会史，对"盐业社会"的研究也渐渐增多。但既有的研究中，并未对"盐业社会"概念进行界定与说明，长期以来，因缺乏对"盐业社会"具体定义的呈现，研究也就仅仅停留在研究者及读者对"盐业社会"的个体性认知上，而未形成一个具有学术共识的概念。一个概念未被清楚界定，是不利于学术共同体讨论的。

为了讨论的方便，笔者欲提出"云南盐业社会"的概念，这是对云南

---

① 周琍:《清代广东盐业与地方社会》，中国社会科学出版社，2008。

盐业社会进行类型学讨论的基础。在前人关于"盐业社会"的表述与研究基础上，笔者提出"云南盐业社会"的解释性概念：云南盐业社会是以卤水、柴薪为原材料，以盐业生产、运输、交换为主要的生计方式，从而形成的以食盐交换及其他附生经济为依托的经济形式，具有以盐为中心的人群聚集与分工的社会形态，呈现多元文化共处与多元信仰形式的文化形态。当然，这一概念还可以随着笔者的研究深入再修改与调整。在概念基础之上，笔者要探讨的是作为盐业社会类型之一的云南盐业社会，试图明确云南盐业社会的内涵，总结云南盐业社会类型学特征，以期实现两个学术目标，其一是以物质文化的视角深化对云南区域社会的认识；其二是在云南盐业社会类型学的讨论中全方位思考云南盐业社会的类型学特点与意义，并探讨云南盐业社会在盐业社会研究中的位置。

云南盐业社会的时间界定。如果说将盐在历史上的重要性做一个时间划分的话，应该是在工业化之前，至少在工业化还未到来，云南区域内金贵的食盐还没有受到工业化背景下批量海盐的冲击时，盐相当于"白金"的位置一直是岿然不动的。任乃强就特别强调食盐与文化发展的关系：在越发远古的社会中，食盐与文化的关联度就越高。[1] 从当下我们在日常生活中所能接触到的食盐来看，它已然褪去了神秘的面纱，没有了昂贵的身价，但它作为生存必需品的维度依然存在。食盐仍在一定面向上是国家管控的政治商品，食盐"国赋"与"民安"的意义仍然存在。笔者的云南盐业社会研究将盐置于历史维度中，但受文献资料的限制与笔者研究能力的制约，本研究主要聚焦于清代、民国时期及新中国成立初期的历史时间段，在被刻意强调的时间维度中，去感受盐被供奉于神坛对于云南区域历史、云南区域社会的典型意义，去寻找快被时间淹没的集体性历史记忆的华章。同时，盐业社会的发展是一个连续的呈现过程，因此，在具体的研究中，笔者并非完全没有呈现长时段的云南盐业社会的发展。早至盐井的开发，晚至盐业社会的衰落及生计转型，这些都作为笔者研究的背景或是前景的部分呈现在研究中，意在还原一个作为整体的云南盐业社会。

云南盐业社会的空间界定。云南的盐业社会是以盐为依托发展起来的

---

[1] 任乃强：《四川上古史新探》，四川人民出版社，1986，第223页。

社会类型，包括盐井地、盐运中转站及其他与盐直接关联发展起来的社会。从清代至民国时期，云南的盐井地主要集中在滇中、滇西、滇南区域，滇中地区以黑盐井、白盐井为代表；滇西地区以云龙八井、乔后井、喇鸡井①等为代表；滇南地区以磨黑井、磨歇井、香盐井为代表。因盐而兴的盐运中转站有槽涧古镇、沙溪古镇等。在具体的研究中，笔者将云南的食盐主产区黑盐井、白盐井作为田野调查的核心区域。同时，为了兼顾对云南盐业社会的整体性认识，本研究也会适当涉及其他盐井，以比较和互为补充的方式来强化研究。

三 经济共生

盐因生活必需品属性，建立了区域性的联系。盐的生产、运输、消费是一个延续不断的过程，并且这一过程形成了经济的联动效应。盐业生产资料（柴薪、铁锅等）需要盐产地周边区域来供给，而盐产地多"以卤代耕"而不事农耕，生活物资亦是由周边区域提供的。盐的流通同样也需要沿线区域的参与，商人马帮来时运进物资，离开时运走盐。盐业生产与贸易也带动了其他样态的经济往来，并且这样的经济往来已经内嵌到区域民族的生计方式中，即经济共生形式也形成了互为依赖的生计方式，进而形成区域市场的紧密关联。经济共生的背后更有人的流动、信息的流动、技术的流动、观念的流动，这些源源不断的流动推动了周边区域的文化交融。笔者将以上以经济联动为核心的区域连接方式概括为"经济共生"。在具体的研究中，笔者从"共生"的相关理论与经济共生所具有的生态背景来指出经济共生的合理性，同时，从滇盐古道周边区域生计互补及滇盐古道周边市镇发展来呈现经济共生的具体形态。

第三节 相关研究述评

本课题的研究，涉及对三个议题的关注：一是古道与"路学"；二是盐与地方社会；三是云南民族关系。笔者的相关研究就是在以上议题的研究与对话基础上形成的。

---

① 喇鸡井，也有"拉鸡井"记法，为阅读的方便，笔者统一采用"喇鸡井"的写法。

一 古道与"路学"

本研究涉及滇盐古道点、线、面的结合研究，即点状盐井地、中转站以线状道路串联，同时形成辐射开来的区域网状结构。由此，有历史学、民族史、民族学等多学科参与的古道、民族走廊的既有研究对本研究有借鉴意义。同时，随着当下道路体系的发展，人类学视域下的"路学"研究也给了本研究诸多启发。因此，笔者的道路研究述评主要从古道、民族走廊的综合研究及人类学视域下的"路学"研究两大板块来展开。

（一）古道、民族走廊的综合研究

古道的研究，多以一种历史学的记述方式讲述关于道路历史与文化的故事。影响较大和成果较多的是关于"茶马古道"、"丝绸之路"、驿道系统的综合研究。对云南古道的研究而言，方铁、陆韧对云南的民族交通进行过历时性研究，反映各民族在加强联系、跨越封闭社会方面之努力。[①] 李中清在对元明清时期中国西南边疆的政治经济研究中，专门对西南的交通体系做了细致的研究，运用了较多云南交通的新材料。[②] 总体而言，古道研究的视角大部分聚焦于历史、文化与民族关系层面。学术界对古道研究形成"北有丝绸之路，南有茶马古道"的研究格局。本研究具体从三个维度来对此进行梳理。

首先是古道作为官道的维度。古道的官道内涵，主要关注古道的"国家化"进程。赵旭东与周恩宇讨论道路作为国家实现统治的垫脚石的作用，通过道路，国家实现了从外人身份向内人身份的转化。[③] 陆邹、杨亭从国家力量渗透来探讨巴盐古道的"国家化"进程。[④] 杨志强认为明清以来西南边疆剧烈的社会变迁主要源自国家权力依托"国家走廊"进行的自上而下的"国家化"整合过程，西南交通状况往往影响着王朝权力，其道

[①] 方铁：《唐宋元明清的治边方略与云南通道变迁》，《中国边疆史地研究》2009年第1期，第73—88页；陆韧：《高原通途——云南民族交通》，云南教育出版社，2000。

[②] 〔美〕李中清：《中国西南边疆的社会经济：1250—1850》，林文勋、秦树才译，人民出版社，2012。

[③] 赵旭东、周恩宇：《道路、发展与族群关系的"一体多元"——黔滇驿道的社会、文化与族群关系的型塑》，《北方民族大学学报》2013年第6期，第100—110页。

[④] 陆邹、杨亭：《"巴盐古道"在"国家化"进程中的历史地位》，《成都大学学报》（社会科学版）2014年第5期，第56—63页。

路成为王朝国家对西南地区统治情况的指标。[①]

其次是古道作为商道的维度。古道的商道内涵，主要偏重古道的经济影响。古道实现区域资源共享，各区域间依托古道形成不同等级的市场，不同的市场空间使区域互动更为普遍和有弹性。格勒在研究"茶马古道"的过程中强调"茶马互市"对沿线民族经济与区域经济的带动作用。[②] 总体而言，古道的商道内涵研究多偏向古道对经济的影响研究，而对古道与区域经济形成的互动与共生关系缺少关注。这方面仅有以周智生的研究为代表的研究成果。李灿松、周智生在关注藏彝走廊的研究中，以白族商人为例，关注族际经济交流，将族际经济交流作为促进民族地区经济社会发展的重要方式。[③] 周智生用"共生发展"概念，将藏彝民族走廊经济形态与民族关系联系起来，试图呈现民族空间共生关系的动态演进过程。[④] 其后，周智生又在研究茶马古道与民族关系的过程中用"多民族共生发展"[⑤]概念来概括区域的民族关系，尤其强调了共生发展的民族关系背后的文化交流与市场合作体系的构建。以周智生的研究为代表的研究成果强调经济要素对于民族关系的重要性，且将"共生"概念运用到民族关系的研究中，这对于笔者的研究具有启发意义。

最后是古道作为文道的维度。古道的文道内涵，强调古道的"文化线路"意义。"文载于道"，道路成为文化互动的中间地带，带动区域的思想文化流动。王丽萍、秦树才对茶马古道文化交融的特点、方式和发展途径进行研究，特别指出民间经济交往的发展和扩大、不同宗教信仰的传播与散布、区域内的人口迁徙是当地文化交融的有效途径。[⑥] 在对既有古道的保

---

① 杨志强：《"国家化"视野下的中国西南地域与民族社会——以"古苗疆走廊"为中心》，《广西民族大学学报》（哲学社会科学版）2014第3期，第2—9页。
② 格勒：《"茶马古道"的历史作用和现实意义初探》，《中国藏学》2002年第3期，第59—64页。
③ 李灿松、周智生：《多民族聚居区族际经济互动与山区经济开发——以近代"藏彝走廊"地区白族商人为例》，《中央民族大学学报》（哲学社会科学版）2010年第1期，第26—32页。
④ 周智生：《藏彝走廊地区族际经济互动发展研究》，《中国社会经济史研究》2010年第1期，第1—7页。
⑤ 周智生：《滇藏茶马古道与多民族共生发展初探》，《华西边疆评论》（1），四川大学出版社，2014，第85—93页。
⑥ 王丽萍、秦树才：《论历史上滇藏茶马古道文化交融及其发展途径》，《学术探索》2010年第4期，第94—96页。

护工作中，学界提出"文化线路遗产"概念，也正是基于古道的文道内涵。

将道路作为区域性的研究呈现，在于"民族走廊"的提出与研究。费孝通先生于1980年就提出了"藏彝走廊"的概念，[1] 李绍明和石硕继之对"藏彝走廊"与西南山地区域的民族关系格局及社会文化的关系进行了梳理和深入研究。[2] "藏彝走廊"其实是一个区域性的概念，其概念的生成，最重要的意义是使对民族的研究从个体的民族研究走向了区域内的、互为联系的民族关系研究，实现了民族研究是在动态中交流、在互为比较基础上展开的研究转向。杨志强将"古苗疆走廊"作为"国家走廊"，以此论述西南区域"国家化"的进程。[3] 此外，还有西北民族走廊[4]、南岭民族走廊[5]等相关研究。民族走廊的研究开创了民族文化研究新视野，跳出了既有以单个民族为研究单位的局限，开始探索以区域性为特征的民族关系及文化研究，指明了逐渐将视角扩展到以区域性为切入点来研究民族关系、民族文化、语言特征等的民族研究路径。民族走廊的研究给了本研究两个层面的启发。首先，民族走廊的研究突破了传统的以单个民族、单个村落为研究单元的限制，以一定的地理环境及共同的历史情境为纽带，能在更广的范围内考察区域内社会及文化的共同特征。其次，民族走廊的研究在挖掘地方社会和文化的特征之外，也是一种较早提供理解民族国家构建过程路径的研究努力。这些既有的研究所取得的成果及它们的方法实践亦是本研究能持续探究一些新问题的基础。

（二）人类学视域下的"路学"的研究

在人类学的研究中，道路作为日常生活中再熟悉不过的事物，有许多重要的属性。道路不仅是一种重要的基础设施，承载着人流、物流、信息流的传递过程；也是一种人造物，既可以被人使用，又可以影响人；还是

---

[1] 费孝通：《关于我国民族的识别问题》，《中国社会科学》1980年第1期，第147—162页。
[2] 李绍明：《藏彝走廊民族历史与文化》，民族出版社，2008。石硕主编《藏彝走廊：历史与文化》，四川人民出版社，2005。
[3] 杨志强：《"国家化"视野下的中国西南地域与民族社会——以"古苗疆走廊"为中心》，《广西民族大学学报》（哲学社会科学版）2014年第3期，第2—9页。
[4] 秦永章：《试议"西北民族走廊"的范围和地理特点》，《中央民族大学学报》（哲学社会科学版）2011年第3期，第67—72页。
[5] 麻国庆：《南岭民族走廊的人类学定位及意义》，《广西民族大学学报》（哲学社会科学版）2013年第3期，第84—90页。

一种特殊的空间，其建设缩短了沿线的时空距离。由于道路具有如此多的属性，从不同的属性出发必定会形成不同的研究视角。概括来讲，有三类不同的视角：将道路作为一种基础设施，将道路作为一种"物"，将道路作为一种特殊的空间。

首先是道路作为一种基础设施的视角。道路首先是一种基础设施，是一种有形的实体，其一旦形成就会对自然生态系统产生长期而深刻的影响。美国著名景观生态学家福曼（Forman）教授曾形象地把道路比喻为一张巨大的人工网络，将大地紧紧捆绑起来，将自然生态系统分割开来，以提供人类主宰世界的空间便利。[①] 新兴的"道路生态学"从这个视角出发，强调对路域生态系统的关注，侧重研究交通道路、车辆与所在周边自然环境之间的相互作用，旨在"对道路网络建设及其产生的广泛影响进行全面分析、研究和评价，在追求人类社会经济效益的同时，最大限度地减少道路网络对自然生态系统的影响和破坏"。[②] 可以看出，道路生态学的研究具有显著的功能主义倾向[③]，主要偏重研究路网对生态环境的影响。而有研究关注现代技术对中国社会和地域空间的形构，[④] 关注南昆八村在铁路修筑前后的生计、社会文化、观念的变化等，[⑤] 这些研究试图突破道路生态学的桎梏。人类学道路研究中的弹持理论（resilience theory），亦对道路引发的生态系统和社会系统的互相影响与互动做了很好的理论阐释。

其次是道路作为一种"物"的视角。"其实地上本没有路，走的人多了，也便成了路。"鲁迅先生这句广为流传的话道出了一个很容易被人忽略的事实，即"路"是人类社会的产物，具有社会性，是为人的连通而存在的。米勒认为物既具有象征性也具有物性，"因为有象征性所以可以被人使用，又因为有物性所以可以使用人，亦即，物可以影响人"。[⑥] 阿帕杜

---

① R. T. T. Forman, "Road Ecology: A Solution for the Giant Embracing Us," *Landscape Ecology*, 1998（13）: iii-v.
② 宗跃光等：《道路生态学研究进展》，《生态学报》2003年第11期，第2396—2405页。
③ 周永明：《汉藏公路的"路学"研究：道路空间的生产、使用、建构与消费》，《二十一世纪》2015年第4期，第18—30页。
④ 杨庆堃：《中国近代空间之缩短》，《岭南学报》1949年第2期，第151—176页。
⑤ 翁乃群主编《南昆八村：南昆铁路建设与沿线村落社会文化变迁》，民族出版社，2001。
⑥ Daniel Miller, ed., *Material Cultures: Why Some Things Matter?*, Chicago: The University of Chicago Press, 1998.

莱更是将"物"提升到与人同等的高度，认为物和人一样具有生命，因此在讨论"物质文化"时首先要了解"物质"的社会生命过程。① 总的来说，从"物"的角度来研究道路，关注的并不是道路本身，而是道路背后承载的人的观念和文化。② 这一脉的研究有探讨现代道路建设及其背后的权益抉择与权力逻辑的；③ 有通过巴黎交通的国家管理个案，分析道路背后的权力观念和权力控制的。④ 以上研究关注道路作为"物"时其背后的权力理论，给了本研究很好的理论指导。

最后是道路作为一种特殊的空间的视角。从空间的角度来研究道路，近年来受到了国内外学界的重视。文化地理学家哈维（Harvey）等指出"时空压缩"（time-space compression），时空压缩使得加速成为新的时代特征。⑤ 社会理论家安东尼·吉登斯（Anthony Giddens）强调"时空延伸"（time-space distanciation），新时代下新的时间和空间的建构得以连接二者的在场和缺席状态。洛（Low）用"空间的社会生产"（social production of space）和"空间的社会建构"（social construction of space）强调空间在实践方面的复杂性。⑥ 正如当下的高速公路，代表的是因追求效率和速度而失去深度社会关系交往的社会空间。道路数量的增长、社会关系的减少、虚无场所的增多是现代社会空间关系变化的特征之一。⑦

2012 年，英国的地理学刊 Mobilities 出版了"道路与人类学"（Roads and Anthropology）专辑，专辑收录了七篇从"（Im）Mobilities"（流动/静止）视角来研究道路的论文，"（Im）Mobilities"一词的使用表明道路在社会现实中呈现的复杂性。美国杜克大学周永明提出应当把道路视作一种特

---

① Arjun Appadurai, *The Social Life of Things*: *Commodities in Cultural Perspective*, Cambridge, New York: Cambridge University Press, 1986.
② 周恩宇：《道路研究的人类学框架》，《北方民族大学学报》2016 年第 3 期，第 77—82 页。
③ 周恩宇：《道路、发展与权力——中国西南的黔滇古驿道及其功能转变的人类学研究》，博士学位论文，中国农业大学，2014。
④ 〔美〕斯科特·C. 斯科特（James C. Scott）：《国家的视角：那些试图改善人类状况的项目是如何失败的》，王晓毅译，社会科学文献出版社，2012。
⑤ Dimitris Dalakoglou, & Penny Harvey, "Roads and anthropology: Ethnographic Perspectives on Space, Time and (im) Mobility," *Mobilities*, 2012 (4): 459-465.
⑥ Setha M. Low, "Spatializing Culture: The Social Production and Social Construction of Public Space in Costa Rica," *American Ethnologist*, 1996, 23 (4).
⑦ 周永明：《汉藏公路的"路学"研究：道路空间的生产、使用、建构与消费》，《二十一世纪》2015 年第 4 期，第 18—30 页。

殊的空间，兼具时间性、社会性、开放性和移动性。在他看来，道路"不只是一个具有固定边界并静态地呈现社会关系和实践的平台，而且是一个移动的、延伸的、进行时态的空间"。①道路的延伸一方面可以打破自然、地理、政治上的阻隔，扩大社会交往空间；另一方面也可以加速不同空间之间的互动，缩短社会交往所需的时间。道路的这种功能被他概括为"时空张缩"（time-space expansion-compression）。他在滇藏公路研究基础上提出"路学"的概念，强调"路学"是一门从跨学科的角度对道路修建、使用和影响进行综合研究的学科。②具有跨学科特点的"路学"，其研究应该具备生物学、生态学、人类学、历史学、地理学、政治学、传播学等多学科思维与视角。

（三）研究述评

综上，古道的综合研究多偏向史学维度，有官道、商道、文道三个研究面向，但多强调古道的单一内涵，缺少多维度、多内涵的综合考量。"路学"框架内的道路研究，理论架构日渐完善，多关注现代交通体系而缺少历史维度的观照。在对象的关注上，古道的综合研究多偏向以实体道路为指涉的线状空间和以道路为依托呈面状的民族走廊区域；"路学"框架内的道路研究多以点状田野点为支撑。因此，本研究以"路学"框架内的道路研究相关理论为指导，以历史维度为观照，从古道的三重内涵全盘统筹而非偏废其一，从点、线、面空间层层推进，探索滇盐古道对于经济共生和文化交融的意义及其逻辑建构。

二 盐与地方社会

"盐与地方社会"，就是探讨盐在生产、运输、销售、消费和管理中的具体意义体现，包括盐对地方各级基层组织的影响，以及地方各基层组织对待盐的不同态度，简言之就是两者之间的互动。③盐业与地方社会的关系，越来越成为学术界重视的热点。

---

① 周永明：《汉藏公路的"路学"研究：道路空间的生产、使用、建构与消费》，《二十一世纪》2015年第4期，第18—30页。
② 周永明：《道路研究与"路学"》，《二十一世纪》2010年第8期，第77页。
③ 吴海波：《清中叶两淮私盐与地方社会——以湖广、江西为中心》，博士学位论文，复旦大学，2007，第10—11页。

日本的佐伯富教授较早对此问题进行了研究，他从探究"近世中国社会的性质"的角度出发，分析了扬州盐商对社会风气的毒化、对文化的贡献以及对奴婢制度的影响等问题，其《盐和中国社会》可谓盐业与地方社会研究的开拓性著作。① 以以上盐业社会研究成果为开端，盐与地方社会的研究取得了很多有代表性的成果。具体集中在"私盐与地方社会"和"盐与区域社会"两个议题。

（一）私盐与地方社会

私盐问题是盐与地方社会研究中重点关注的问题。民国时期著名盐务专家景学钤解释过："私者何？对官而言，何谓官，何谓私，无人不知，有税为官，无税为私。"② 清代私盐泛滥，名目很多。从贩盐地点和工具来说，可分为场私、邻私、船私；从贩盐者的身份来说，可分为官私、商私、枭私等。为了杜绝私盐，盐业管理机构采取的措施主要有：设立公垣，专司启闭；官兵贩私指名题参，严加治罪；设立缉私卡巡，加大缉私力度；加强缉私队伍建设；等等。③ 对于私盐贩卖的具体表现形式，王澈④通过列举若干发生于清代乾隆四十二年（1777）山东峄县的私盐案例，对私盐进行细致研究。在明清时期，各种正课、杂课的摊派和加征，各级官吏的勒索剥削，曾一度使盐价上涨，盐商们为了获取利润，往往也提高盐价。而不合理的盐销区划分，以及各井区盐课的轻重不一，使各地食盐出现差价，上述种种因素，导致了当时的食盐走私，造成了私盐问题。食盐走私是对封建统治的一种威胁。在中国盐业史上，私盐问题最突出的是清代。私盐泛滥，其影响具有两面性：对官府而言，它不仅影响官盐销售，破坏食盐专卖体制，更为重要的是它还起着腐蚀封建官僚、瓦解封建政权，乃至扰乱整个经济秩序正常运转的消极作用；而对以贩卖私盐为生的广大民众而言，私盐却有着解决民食、提供就业、缓解官民矛盾的积极作用。

吴海波对私盐的研究颠覆了以往对私盐的活跃持否定态度的大多数研

---

① 〔日〕佐伯富：《盐和中国社会》，《日本学者研究中国史论著选译》，中华书局，1993。
② 景学钤：《盐政问题商榷书之七〈盐政丛刊〉》，《盐政丛刊》，盐政杂志社，1921。
③ 纪丽真：《清代山东私盐问题研究》，《理论学刊》2006年第6期，第113—115页。
④ 王澈：《乾隆四十二年山东峄县私盐贩拒捕伤差案》，《历史档案》1991年第3期，第33—50页。

究成果,他指出既要看到私盐活跃的消极面,也要承认它的积极面。[①] 王小荷较早关注广东私盐问题,他在《清代两广盐区私盐初探》一文中认为清代两广盐区与全国一样,私盐盛行,他进而对私盐的贩卖情况、从事贩私活动的人员、贩私活动与社会政治经济状况的联系及对其的影响进行了探讨。[②] 黄国信先后撰文对清代两广盐区的私盐贸易、贩运及其地私盐盛行的原因进行探讨。《清代两广盐区私盐贸易研究》也是他对盐业研究较为重要的成果。[③] 他指出私盐贸易在清代相当普遍,并对清代两广盐区私盐贸易的机制、方式、社会影响、贸易量的历时性变化,两广盐区私盐贸易量与全国私盐贸易量平均水平的比较等问题进行了初步的研究。张小也的《清代私盐问题研究》一书对私盐问题进行了系统研究,该研究涉及全国各大盐区的情况,以私盐活动为主体,而不是将私盐作为盐法盐政的参照物或补充。[④]

(二) 盐与区域社会

在现有的研究中,对盐与地方社会的研究除了对私盐的关注外,还有与盐发生密切关系的人口、民族、宗族、移民、社会变迁等的相关研究。宋良曦认为,清代的盐商具有巨大的社会能量,对社会变迁、经济发展、大众心态、社会文化都曾产生巨大的影响。为此,他在《清代中国盐商的社会定位》一文中对清代盐商的社会作用和影响进行了具体全面的分析。[⑤] 刘德仁、薛培认为,清政府对盐商的控制和利用政策,集中反映了清政府与盐商的政治经济关系和相互结合的原则。[⑥] 卜奇文在《论明清粤商与广西圩镇经济的发展》中指出,明清时期是广西圩镇经济从发展到成熟的阶段,粤商在这个过程中扮演了重要的角色,而盐的运输在其中起了重要的作用。[⑦] 关文斌的《文明初曙——近代天津盐商与社会》,从市民社会与公

---

① 吴海波:《清中叶两淮私盐与地方社会——以湖广、江西为中心》,博士学位论文,复旦大学,2007,第28页。
② 王小荷:《清代两广盐区私盐初探》,《历史档案》1986年第4期,第95—100页。
③ 黄国信:《清代两广盐区私盐贸易研究》,硕士学位论文,中山大学,1992。
④ 张小也:《清代私盐问题研究》,社会科学文献出版社,2001。
⑤ 宋良曦:《清代中国盐商的社会定位》,《盐业史研究》1998年第4期,第24—33页。
⑥ 刘德仁、薛培:《略论清政府对盐商的控制与利用》,《盐业史研究》1998年第2期,第24—31页。
⑦ 卜奇文:《论明清粤商与广西圩镇经济的发展》,《华南理工大学学报》2001年第1期,第48—51页。

共领域的角度出发，对清代天津盐商进行了研究，旨在通过天津盐商的活动来探讨晚清国家、地方社会和经济的互动。[1]

王果的《移民入川与四川井盐的开发》认为，移民入川成为古代四川盐业发展的一个非常重要的外在原因。[2] 而李绍明的《少数民族对开发盐源盐业的贡献》认为，唐时盐源的盐井一直为少数民族所开采，且由于经济价值而成为唐王朝与吐蕃、南诏三方争夺的要地。[3] 张学君、张莉红在《南方丝绸之路上的食盐贸易》中指出，7—17世纪四川食盐产量跟不上人口增长，处于产不济销的状态，反而有其他产地的盐运销蜀地。[4] 李清清的《唐代西南地区盐的产销及其在经济社会中的作用》，论述了唐代西南地区的盐业生产在当时该区域社会经济方面呈现出来的四个重要作用。[5] 第一，食盐充当民族交往的媒介。第二，食盐成为国家和地方财政收入的重要组成部分。第三，食盐为乡村城镇化创造了条件。第四，食盐对西南地区的民间信仰产生重要影响。唐代西南地区广泛分布盐神信仰，盐神身份多样。形成盐神信仰的原因有二：一是盐井是百姓赖以为生之所、国家财富之源；二是西南地区信鬼神、重淫祀的传统。

王振忠在对淮盐的研究中，先后对明清时期的两淮盐商与青楼文化、盐商社区文化、扬州的城市结构和城市人口、苏北社会变迁、仪征民俗、民间信仰等的关系进行了长期而扎实的研究。[6] 黄国信认为王振忠的《明清两淮盐商与淮扬社会变迁》属于以盐业制度为背景对东南地区社会文化

---

[1] 关文斌：《文明初曙——近代天津盐商与社会》，天津人民出版社，1999。
[2] 王果：《移民入川与四川井盐的开发》，《盐业史研究》1991年第2期，第29—40页。
[3] 李绍明：《少数民族对开发盐源盐业的贡献》，《井盐史通讯》1980年第1期，第6页。
[4] 张学君、张莉红：《南方丝绸之路上的食盐贸易》，《盐业史研究》1997年第3期，第24—29页。
[5] 李清清：《唐代西南地区盐的产销及其在经济社会中的作用》，硕士学位论文，西南大学，2010。
[6] 有关王振忠关于两淮盐商与地方社会关系方面的成果，可参见王振忠《明清两淮盐商与扬州青楼文化》，《复旦学报》1991年第3期，第106—113页；王振忠《明清扬州盐商社区文化及其影响》，《中国史研究》1992年第2期，第104—117页；王振忠《清代两淮盐业盛衰与苏北区域之变迁》，《盐业史研究》，1992年第4期，第3—13页；王振忠《歙县明清徽州盐商故里寻访记》，《盐业史研究》1994年第2期，第34—43页；王振忠《明清两淮盐业与扬州城市人口数的再认识》，《盐业史研究》1994年第3期，第28—31页；王振忠《明清淮南盐业与仪征民俗》，《盐业史研究》1994年第4期，第27—32页；王振忠《明清两淮盐商与扬州城市的地域结构》，《历史地理》（第十辑），上海人民出版社，1997。

进行研究的较好著作，它超越了以往研究盐业制度只注重厘清制度规定的做法，把王朝制度史研究与社会史研究结合了起来。①

舒瑜的专著《微"盐"大义——云南诺邓盐业的历史人类学考察》和她的论文《从清末到民国云南诺邓盐的"交换圈"》关注了盐的流动性，总结了学界已有的关于物的流动性的研究，以云南诺邓盐井为例，进行历史人类学研究，对诺邓由外而内的交换圈进行细致分析，力求透过盐的流动与交换来呈现诺邓盐井的上下、内外关系，管窥晚期帝国如何通过"物"来实现对西南地区的治理。② 她的研究指出在西南区域研究物的流动性，不仅要关注民族之间的关系，同时也要考虑到国家力量、区域市场体系以及村落内部的社会结构等视角。

赵敏在对滇西区域盐井社会的研究过程中，首次提出"两河流域"盐泉的概念，来展开以澜沧江支流沘江和濞水流域为中心的讨论，流域文化的切入点，正好是沿着流域分布的盐井。具体而言，喇鸡井、顺荡井、师井、诺邓井、石门井、天井、大井、宝丰井分布在沘江流域沿线，弥沙井、乔后井、三场局盐井分布在濞水流域沿线。这样，区域内的族际互动也围绕盐井的开发展开。在研究中，赵敏具体指出因人类发展对盐的必然依赖，沘江和濞水"两河流域"盐井的存在使得"两河流域"成为"洱海区域原生文化的源头之一"。以"两河流域"为核心，"形成了滇西横断山区纵横交错的盐马古道网络"，"随着这一区域人们对盐利的开发，盐马古道逐渐成为以滇、藏、缅三角地带为中心，跨越澜沧江、怒江和横断山系，以'人背马驮'食盐为主要特征，并伴随商品交换形成了历史上宗教、科学观念等文化交流和传播的纽带"。③ 显然，赵敏的研究，以"微盐"看到了滇西区域在连接滇、藏、缅区域中所占据的关键位置，研究将滇西—云南—西南从既有研究中仅作为中原视角下的"边疆"置换为滇、藏、缅区域的"中间地带"，将滇西作为区域中心的视角，这是对学术圈既有"东方学想象"的回应。作为"中间地带"的滇西，其生产的食盐作

---

① 王振忠：《明清徽商与淮扬社会变迁》，生活·读书·新知三联书店，1996。
② 舒瑜：《微"盐"大义——云南诺邓盐业的历史人类学考察》，世界图书出版公司，2010；舒瑜：《从清末到民国云南诺邓盐的"交换圈"》，《西南民族大学学报》（人文社科版）2010年第7期，第51—56页。
③ 赵敏：《隐存的白金时代：洱海区域盐井文化研究》，云南人民出版社，2011，第3页。

为稳定社会结构的基础物质,使洱海区域的文化可以长期保持一种顽强的独立性,洱海区域文化可以在不断借鉴外来文化的基础上不断发展自己,但一直不会忘记自我的根基,这使得外来的文化只能成为此区域文化的构成部分而不可能具有绝对的统治地位。[①] 也正是在自由独立性的持有基础上,洱海区域文化才有了在南诏大理时期跨越既有自然地理的区隔,对周边区域形成较大辐射的能力。

(三) 研究述评

在中国的盐场地、盐法、盐政、盐务、盐业经济、盐文化、盐业人物、盐业档案、盐资料汇编等方面,都出现了一系列高水平的论著。前人做出的贡献包括各种专著论文的出版、盐业资料的整理以及工具书和通俗读物的编辑等。与盐有关的政治、经济、生产技术、法律法规、思想文化等课题,无不为人们所关注。但综观现有研究成果,无论相关论文、论著还是通俗读物,其研究范围多集中于盐的所有制形态、产运销经营体制、盐业生产技术、盐务管理体系,以及与盐政、盐商、盐税、盐法等相关的宏观问题的探讨上。总的来看,评议盐政、盐法、盐课、盐商的文章要比研究盐业生产、盐经营管理、盐业科技、盐文化等方面的文章多一些,反映了这些年来研究者的关注点所在。

从现有研究成果来看,其研究选取的时间范围主要集中于唐宋、明清及近现代三个历史阶段,尤其是研究清代私盐问题的成果较多,关注其他历史阶段的相关研究成果相对较少;从空间范围来看,则主要探讨了两淮、四川、两广、山东、河东等盐区的食盐问题,尤其是对两淮盐区的食盐问题讨论较多,对其他盐区诸如云南、西藏等地的研究相对较少,因此研究呈现出区域上的不均衡现象。食盐的研究几乎都是从历史学的角度来切入,从其他学科的视野来切入的研究较少。由于研究对象所处的区域比较集中,因此重复性研究屡见不鲜,有新意、有突破的成果相对较少。具体来讲,关于食盐的研究,还有以下一些问题值得做更深入的探讨。

首先,从研究的视角来看,在以往的相关研究成果中,学者们仍偏重从盐政、盐法等制度规定入手进行研究,不少还停留在阐述评论和资料整理的层面,从民族学、人类学等学科角度入手的研究并不多见。抽象的王

[①] 赵敏:《隐存的白金时代:洱海区域盐井文化研究》,云南人民出版社,2011,第43页。

朝国家食盐专卖制度必须落实到具体地区才能实现，而这一实现过程又必然要通过具体社会中的人来完成，因此，盐业与社会的关系、盐区与盐区之间的关系等问题都是在研究盐业问题时必须重视的。真正自下而上看待这些问题的研究较少。比如说民众是通过哪些途径获得食盐的？在无可奈何的情况下他们又是通过哪些方式来贩卖私盐的？盐的贩卖与当时的人口、交通及民众的日常生活又存在多大的关系？私盐盛行给基层民众带来了哪些影响？各基层组织在对待私盐问题上各持什么样的态度？等等。这些问题都值得做进一步的研究。很显然，诸如此类的问题决定了研究者们更应该关注制度层面以外的东西。

其次，从研究的区域来看，食盐的区域研究呈现严重的不平衡状态。盐业研究中对地区性盐业的关注点多集中在两淮、广东、四川等地区，相关研究论述也很多。但相对来讲，针对云南的盐业研究较少也较薄弱，而且研究起步晚，主要在20世纪80年代以后。而原本就不丰厚的云南盐业研究成果，又多侧重对盐商、盐法、食盐专卖制度的研究。其实云南盐业有其自身的区域特点和区域特色，重视对云南盐业的研究既是对整个盐业制度史的补充，也是对整个区域社会史研究的加强。

最后，研究方法和资料运用还比较单一。以往相关研究采用的依旧多是历史学文献分析的方法，使用的资料也主要依赖于正史、档案、地方志书等文献资料。近年来黄国信等学者试图采用历史人类学的方法，通过实地调查收集口述史料与历史文献。这是一个很好的尝试，但仍需进一步提高和深化。在当前讲求科际整合，多学科理论方法结合的动向下，民族学、人类学的田野调查等方法与理论值得借鉴和参考。

三 云南民族关系

云南民族关系的研究，就内容而言主要有两个大的板块，一块是云南的外来移民与云南土著民族之间的关系研究，主要涉及云南汉族移民及其在地化的研究。另外一块是民族之间的交往研究，是除了汉族移民之外的各个少数民族之间、汉族与少数民族之间的关系研究。以上云南民族关系的研究，呈现三类比较清晰的研究取向，第一类是民族关系的冲突论视角，第二类是民族关系的和谐论视角，第三类是兼容冲突论与和谐论的辩证视角。

(一) 云南民族关系研究内容

云南民族关系的研究内容，具体从云南汉族移民研究、云南民族交往研究两方面来呈现。

1. 云南汉族移民研究

移民是理解历史人群交往、文化互动的重要因素。葛剑雄先生在《中国移民史》的序言中就有指出："移民的历史与中国的历史、世界的历史共同开始，移民的作用和影响无所不在，无时不在，中国史和世界史的研究都离不开移民史的研究。"[①] 就云南而言也是如此，在云南民族关系的研究中，云南的外来移民与云南土著民族之间的关系一直是呈现重点。[②]

有研究对云南历史上的移民进行了关注，并就移民对于云南的历史文化变迁的重要性影响进行挖掘。方国瑜教授在总结元明清三代汉族移民在云南的发展轨迹时说："元代汉人主要住在城市，明代主要住在坝区，清代则山险荒僻之处多有汉人居住，且在边境莫不有汉人踪迹。"[③] 从历史上看，滇川黔桂相邻地区的文化交融分为两种情形：一是汉移民文化交融于少数民族文化；二是少数民族文化交融于汉族文化。元代以前，进入本地区的汉移民文化与当地民族文化交融的情形属于前一种；明清时期的文化交融则以少数民族文化融入汉族文化的情形占主导地位。[④] 方国瑜教授在著作《中国西南历史地理考释》中有提及元明清时期大量外来移民的进入，对本区域民族的社会风俗、社会习尚等产生了深刻的影响。[⑤] 在空间上，首先是府县治所即汉人聚集的城镇，成为一个个远离内地而仿照内地文明模式建立起来的处于周边土著民族包围中的汉文化据点，即汉文化丛。随着汉族移民沿着交通线的定居分布，汉族移民聚落不断增多，一个个汉文化据点发展为汉文化丛带。到清中后期，汉族移民逐渐深入远离交通干道的山区和边疆，于是，汉文化就从点、线向面上渗透、传播。这是一个以城镇为中心由近及远的空间扩展过程。

[①] 葛剑雄等编著《中国移民史》（第一卷），福建人民出版社，1997，第7页。
[②] 周家瑜：《近十年云南民族关系史研究综述》，《边疆经济与文化》2007年第12期，第97页。
[③] 林超民编《方国瑜文集》（第三辑），云南教育出版社，2003，第332页。
[④] 杨永福：《论元明清时期滇川黔桂毗邻地区的移民》，《贵州民族研究》2011年第1期，第92页。
[⑤] 方国瑜：《中国西南历史地理考释》，中华书局，1987。

以汉族移民为研究单元且比较成体系的研究成果是陆韧的《变迁与交融：明代云南汉族移民研究》一书，该书通过发掘新史料和探索新的研究方法，对明代汉族移民定居云南，移民居民化的实现，以及其对云南地方社会产生的影响都有涉及。① 这一研究将云南民族研究转向以汉族为主体的研究策略，确认了汉族为云南的主体民族，汉族对云南的国家化进程起到重要作用的定位。② 此外，王建平依托丰富史料，呈现了元代从中亚一带移居云南的穆斯林群体与云南当地居民的复杂互动关系。③ 古永继对元明清时期云南的外来移民进行了移民方式、移民来源、民族构成的系统论述。④ 李晓斌关注清代时期云南汉族移民迁移模式的转变，因内地与云南经济的互补性，云南的汉族移民由政策性迁移走向自发性迁移，这促进了云南的开发进程，以及汉族移民与当地土著的持续互动。⑤

林超民关注了云南自西汉至清代的汉族移民情况，总结了汉族移民对云南历史的重要贡献，汉族移民的入住，促进了云南汉文化的传播。在这一传播过程中，云南得以与中原的政治、经济、文化整合为一体。⑥ 云南成为统一的多民族国家的一部分，与历代王朝向云南移民有重大关系。汉族移民是云南统一于祖国大家庭的社会基础。正是汉族移民与汉文化在云南的广泛传播，使云南成为国家不可分割的西南边疆。明代在云南推行卫所制度，大量汉族军户进入云南，使"非汉人多，汉人少"的居民结构发生了根本改变。原住的非汉人与定居的汉人合为"云南人"。清代推行改土归流及汛塘制度，越来越多的汉族移民不断进入云南，并进一步渗透到坝区边缘与山区腹地。在推进移民的过程中，伴随着改土归流、开科取士等一系列政策的实施，汉文化在云南得到更加广泛和深入的传播。云南不仅在政治上、经济上、文化上与中原结成一个整体，而且进一步确立了民

---

① 陆韧：《变迁与交融：明代云南汉族移民研究》，云南教育出版社，2001。
② 陆韧：《变迁与交融：明代云南汉族移民研究》，云南教育出版社，2001。
③ 王建平：《元代穆斯林移民与云南社会》，《青海民族学院学报》（哲学社会科学版）1999年第2期，第3—5页。
④ 古永继：《元明清时期云南的外地移民》，《民族研究》2003年第2期，第69—78页。
⑤ 李晓斌：《清代云南汉族移民迁移模式的转变及其对云南开发进程与文化交流的影响》，《贵州民族研究》2005年第3期，第172—177页。
⑥ 林超民：《汉族移民与云南统一》，《云南民族大学学报》（哲学社会科学版）2005年第3期，第106—113页。

族国家的普遍认同，成为统一多民族国家不可分离的有机组成部分。①

《明代滇西地区内地移民对中缅关系的影响》对明代内地军事移民、商业移民在滇西、缅甸间的活动及其对当时中缅关系产生的影响，进行了相关的考察和分析，②指出明代的汉族商人移民中，来往云南的商人源自内地各省，而以江西为最多。第一，他们加强了西南边疆与全国各地间的经济联系，扩大了国内外贸易市场，对疏通和扩大滇、缅间的商品流通渠道、调剂有无、推动社会经济繁荣做出了贡献。第二，他们促进了滇、缅两地某些工商业中心及城镇的兴起和发展。第三，他们给偏僻、封闭的民族地区注入了清新的意识和空气。第四，他们加剧了中缅关系的紧张，恶化了边疆地区局势。《明代云南的驿堡铺哨与汉族移民》以空间的研究视角，分析了驿、堡、铺、哨的设置、分布和汉族移民定居情况，指出了汉族移民沿交通线向山区和少数民族聚居区推进，促进了云南山区和少数民族地区的开发，为文化交融创造了条件。③ 同时，在云南地处边陲与多民族杂居的特殊情况下，它们很容易成为汉族移民沿交通线向边远地区和少数民族山区深入的定居点，扩大了汉族移民定居的范围。李晓斌的《历史上云南文化交流现象研究》在论及元明清时期的云南文化交流时，指出这一时期云南民族文化交流的特点之一体现为汉族移民向云南的迁徙由强制性向自发性的转变。军事迁徙、贬谪迁徙，以及民屯、商屯引起的汉族迁徙是明代汉民族进入云南的三种非常重要的途径。④ 通过这三种途径进入云南的汉民族构成了明代汉族移民的重要部分。他们以上述三种形式进入云南实际上是明朝政府军事命令或行政命令的结果。因而他们进入云南的共同特点是具有一定强制性。换言之，明代汉移民进入云南的动因是政府的强制性政策，这与清代汉移民进入云南的动因有所不同。清代是汉族移民向云南的迁徙由强制性向自发性转变的时期。出现这种转变的原因在于双方存在经济互补性，这种转变给这一时期的文化交流带来了一些新的特点。

---

① 林超民：《汉族移民与云南统一》，《云南民族大学学报》（哲学社会科学版），2005年第3期，第106页。
② 古永继：《明代滇西地区内地移民对中缅关系的影响》，《中国边疆史地研究》，2008年第3期，第10—18页。
③ 陆韧：《明代云南的驿堡铺哨与汉族移民》，《思想战线》1999年第6期，第85—89页。
④ 李晓斌：《历史上云南文化交流现象研究》，民族出版社，2005。

整体而言，关于云南汉族移民的研究成果比较丰富。此类研究还有等待开发的部分，可就民族学、人类学的学科视野谈一点补充。首先，既有对云南历史汉族移民的研究呈现的是大范围区域性的研究，如对整个云南历史移民的关注，或在西南地域范围内的移民探讨之中兼谈云南，因此，还缺少对具体地方（如各个州、县）的具体研究，即有"骨架"却缺"血肉"。其次，对云南移民的研究多以史料为据，缺少实地的田野调查研究，从实地田野调查的家族、族谱、碑刻、口述史等一手资料，可以获得自下而上的研究视角，作为云南移民研究的重要补充。

2. 云南民族交往研究

云南作为多民族聚居区域，其民族交往有典型性。关于云南民族交往研究的优秀成果较多。早期如夏光南的《云南文化史》，凌纯声的《唐代云南的乌蛮与白蛮考》，陶云逵的《云南的摆夷族在历史上及现代与政府之关系》，方国瑜的《滇西边区考察记》和《旅边杂著》，徐嘉瑞的《大理古代文化史》，范义田的《云南古代民族之史的分析》，彭桂萼的《云南边地与中华民族国家之关系》，田汝康的《芒市边民的摆》等研究，都是从民族学、人类学、历史学等学科视角呈现的关于云南民族交往的经典研究作品。

云南的民族交往研究发展有三个比较显著的时间段。第一个时间段是抗日战争时期，此时云南作为战略后方，集聚了云南民族研究的相关专家学者。此时期的云南民族交往研究以西南联大和云南大学为主要的学术研究中心。在此期间，许多学者深入民族地区进行调查，完成了许多高质量的研究成果。例如马长寿深入大、小凉山调查，完成《凉山罗夷考察报告》《凉山罗夷的宗谱》。江应樑在对四川、云南的彝族进行调查后，写了《凉山夷族的奴隶制度》。

第二个时间段是新中国成立后，此时伴随民族识别工作的开展，学者相继展开了民族交往的研究工作。1954年，中央民委派出云南民族识别调查组，到云南的文山、蒙自、玉溪、大理、丽江、普洱等地，对彝族、壮族、傣族、哈尼族的支系进行民族归并和调查，形成了《中央访问团第二分团云南民族情况汇集》《云南民族识别参考资料》《云南民族识别综合调查报告》等文字资料。这些都是非常难得的一手资料，为后来的相关研究奠定了基础。这一时期的民族工作者，一部分成为云南民族研究的核心成员，相关研究得以延续与深化。

第三个时间段是 20 世纪 80 年代以来。在这个阶段，参与学者众多，学术研究百花齐放，出现了较多云南民族交往研究的新视野。如林超民、何耀华、王文光、李晓斌、龙晓燕、周智生、方铁、黄彩文、马健雄、何明等以历史学、民族学、人类学为学科主导的研究学者，在云南民族的交往研究方面提出了新方法、新理论，在相关领域起到了较好的推动作用。

（二）云南民族关系研究视角

专门关注云南民族关系，来自民族学、人类学、历史学等相关专业的学者，对云南民族关系形成了自己的解释。其解释路径大致包括三大类别，第一类是民族关系的冲突论视角，第二类是民族关系的平衡论视角，第三类是包含冲突论与平衡论的辩证视角。

1. 冲突论视角下的民族关系

从民族关系的冲突论视角来看。冲突论的解释主要有两个重要的社会历史背景。一个是来自外部的力量诸如移民、现代化、外来政治等进驻民族内部所带来的破坏性影响及该民族内部的反应；另一个是民族自身的人口增长、经济发展等因素带来"竞争性增强"，旧有的"和谐共生"被打破。[①] 在民族学、人类学界备受关注的《野鬼时代》，就是以冲突论视角呈现的民族志作品，讲述的是云南省楚雄彝族自治州永仁县直苴罗罗泼的民族志，关联了关于居所、记忆、暴力、族群等的问题。[②] 对于民族在面对资源分配时的情况，也多从冲突论的视角来解释。资源开发必将涉及国家与地方的权力关系、区域间各民族的权力格局，在既有的研究中，学者多借用族群冲突理论，用权力的博弈重点凸显在资源开发过程中紧张的人文生态环境。

2. 平衡论视角下的民族关系

从民族关系的平衡论视角来看。关凯在回应以亨廷顿为代表的文明冲突论时，指出了在不同的民族交往中秉持平衡论视角的重要性，我们应该关注的是文化之间的关系和互动，而不是文化之间的隔阂和边界，以这样的视

[①] 施琳：《超越"共生"与"冲突"：非洲民族研究方法论的精进与启示》，《世界民族》2019 年第 1 期，第 28 页。

[②] Eric Mueggler, *The Age of Wild Ghosts: Memory, Violence and Place in Southwest China*, California: University of California Press, 2001.

角，呈现的将是一幅更为和谐的图景。在这个图景中，真正具有普遍意义的是文明之间的融合而非冲突，或者说在融合的过程中，冲突只不过是文明磨合产生的副产品。[①] 杜国林指出云南民族之间是相互依存的，尤其指出了其在经济文化层面的互相依存，以及在政治上形成的统一整体。[②] 郭家骥认可云南民族多元一体的历史格局，他的分析偏重对"多元"的强调，并且他对"多元"的分析，多偏向民族关系冲突论的视角。他指出，云南民族自历史来看，长期的部落林立、土官遍野、各占山头、互不统属的分裂状态，是构成"多元"的重要因素。但是，他也强调在云南民族关系中，占主导地位的是相互吸收、相互依存、友好合作、共同发展，不占主导地位的是相互矛盾、相互排斥、隔阂冲突、武力冲突。[③] 伍雄武认为云南各个民族得以保留传承民族文化多样性要素的原因，在于他们对文化多样性的宽容及对民族差异性的宽容。[④] 同时，他也总结了云南民族关系的历史经验来自民族关系多元一体结构的形成，这源自多元一体的生态环境及多族源的文化渊源，对民族观、宗教观、价值观的秉持与和而不同的辩证思维。[⑤] 方铁教授在研究云南民族关系史的过程中，精要总结了古代时期的云南民族关系三大特点。一是各民族的关系总体而言比较和谐，各民族因杂居、混同乃至交融，形成你中有我、我中有你的血肉关系；二是云南特殊的自然地理环境，塑造了多样的生产生活方式，这使得云南民族众多，且民族内部支系复杂，在各个民族之间及民族内部是一种相互区别却又相互依存、相互补充的关系；三是在云南民族关系的影响因素中，汉族要素是重要的维度，自两晋南北朝到明清时期，汉族对云南民族关系的影响越来越大，直到成为云南民族中的主体民族。[⑥] 李晓斌在呈现云南民族关系的过程中，选取

[①] 关凯：《超越文明冲突论：跨文化视野的理论意义》，《中央社会主义学院学报》2019年第5期，第147页。

[②] 杜国林：《略论云南民族关系的历史特点》，《思想战线》1982年第6期，第54—61页。

[③] 郭家骥：《云南民族关系的历史格局、特点及影响》，《云南社会科学》1997年第4期，第52—53页。

[④] 伍雄武：《对多样性的宽容——论云南民族关系的历史经验之一》，《思想战线》2005年第6期，第70—74页。

[⑤] 伍雄武：《多元一体——论云南民族关系的历史经验之二》，《云南师范大学学报》（哲学社会科学版）2005年第5期，第1—8页。

[⑥] 方铁：《云南古代民族关系的特点及形成原因》，《社会科学战线》2013年第7期，第131页。

了民族间的文化交流维度，亦呈现典型的民族关系平衡论的表述。①

3. 辩证视角下的民族关系

从民族关系既包括冲突论又包括平衡论的辩证视角来看。20世纪八九十年代以来，居于民族关系解释路径主流位置的平衡论和冲突论受到了一定程度的反思与质疑。在此方面有贡献的学者是施琳，他认为现在在关注民族关系研究的过程中，要破除民族关系的"共生论"（平衡论）和"冲突论"，当共生论与冲突论成为论述民族关系的两大主流脉络时，他指出这两大主流的研究都将民族关系武断与简化了，在民族关系的共生时代，冲突与摩擦是事实，同时在冲突面前，民族间的互利共生、友好协作也是事实。具体的民族关系研究应该把握二者，具体可以透过纵向的"历史维度"、立体的"结构维度"和"广域深景"的民族志等多重视角，去做全面且具体而微的研究。② 具体到相关研究，杨德华的研究比较系统地呈现了云南的民族关系史，他的研究选取民族关系的和谐维度与冲突维度，认为民族之间既友好又斗争，统治者对民族既羁縻又镇压，体现出云南民族关系的复杂性及民族政策的两面性。③ 王文光、龙晓燕认为西南各民族在历史的交往过程中，既是和平友好、互相吸收的关系，又是相互排斥与矛盾冲突的关系，民族关系的发展就处于这样一种辩证的历史进程中。④ 当然他们的西南民族关系史的定位同样适合于云南各少数民族的民族关系。延续这样的民族关系定位，他们总结出云南民族关系上的大杂居与小聚居、政治的多元一体、经济的互补、文化的多元交融、社会发展的不平衡等特点。⑤ 李晓斌在总结秦汉魏晋南北朝时期的云南民族融合特点时，指出民族文化在交流、交往过程中，引发一系列的民族冲突与民族融合，且具体的民族融合还带有不平衡性和渐进性等特点。⑥ 民族关系冲突论与平

---

① 李晓斌：《历史上云南文化交流现象研究》，民族出版社，2005。
② 施琳：《超越"共生"与"冲突"：非洲民族研究方法论的精进与启示》，《世界民族》2019年第1期，第36页。
③ 杨德华：《云南民族关系简史》，云南大学出版社，1998。
④ 王文光、龙晓燕：《中国西南民族关系史散论》，《思想战线》2001年第2期，第34—37页。
⑤ 王文光、龙晓燕：《中国西南民族关系史散论之二》，《思想战线》2002年第1期，第63—66页。
⑥ 李晓斌：《秦汉魏晋南北朝时期云南民族融合研究》，《西南边疆民族研究》（第二辑），云南大学出版社，2003，第48—52页。

衡论的辩证视角在解释云南汉族与其他少数民族关系的研究中运用比较多，此脉研究认为随着汉民族定居云南，云南的民族关系得以改写。以黄彩文的研究为例，他在关注明代云南民族关系的时候，就指出大量的汉族移民使得整个云南的民族构成从"非汉人多，汉人少"转为"非汉人少，汉人多"。随着民族人口结构的改变，云南形成以汉族为主体的"大杂居、小聚居"和"普遍性散居"的居住格局。在从"非汉人多，汉人少"到"非汉人少，汉人多"的转化过程中，民族关系呈现交融与分化并存的局面，各个民族的经济社会发展呈现多样性与不平衡性，民族矛盾与阶级矛盾交织在一起，变得日益尖锐。总体而言，云南历史上各民族之间虽然有民族歧视、民族压迫、兵戎相见的情况，但你中有我、我中有你的亲缘关系和多元一体格局的民族关系才是主旋律。[①]

（三）云南民族关系研究述评

第一，关注民族互动与关系的研究仍有很大研究空间。既有云南民族关系的研究，多出自史学视角的研究脉络，从民族关系的政治性入手，虽然也出现一些从文化视角、经济视角等切入的民族关系研究，但总体而言，多是基于史料尤其是正史资料分析的宏观总结与提炼，相对缺乏实证研究，亦缺乏多维视野下的民族关系呈现。笔者的研究认为，民族关系呈现的是民族与民族之间的往来互动关系，主要包括政治上的联合、对抗；经济上的以物易物、商贸往来；文化上以宗教、婚姻、语言、技术、风俗习惯为依托的相互交流。因此，作为整体观之的云南民族关系，应该尽量囊括以上诸要素。王明珂有专文论述了西南民族互动的复杂性："在云贵地区，所谓'熟苗'在服饰与生活习俗上力求模仿汉人，或也自称'汉人'，以此将自己区别于邻近的'生苗'。如此亲近人群间 截截的歧视与模仿，便是推动汉化的重要社会机制。……过去在西南各族群中，经常土司头人模仿本地汉人士大夫或后来的新知识分子，因而上层土司头人在穿着上比一般平民'汉化'或'现代化'。服饰汉化的土著头人们也常宣称自身之祖籍为南京或湖广，以自别于他们的土著子民。而后逐渐地，以汉化之村寨而言，各家族也自称其父系祖先来自湖广麻城、江西吉安府、南

[①] 黄彩文：《试论明代云南民族关系的特点》，《中南民族大学学报》（人文社会科学版）2003年第1期，第93—95页。

京,并称其母系祖先为本地土著。在西南许多族群中,男人穿着比女人'汉化'也是一普遍现象。至少由清代以来,在许多较汉化的西南地区,男性在穿着上便与一般汉人农民没有多大差别。这主要是因为男人常与外界接触,着汉装可避免被视为落后的。而女人,则穿着有本地特色的服饰,以维持本地各族群之区分。由上所述可知,在近代成为少数民族之前,西南各地人群之'族群性'是相当多元而复杂的。各个族群间以及汉与非汉之间,在认同与文化表征上都有些模糊的边界,且族群区分又常被借以强化人群内的阶级、性别等区分。"①

第二,通过民族学、人类学与历史学的结合来做云南民族的关系研究,较具有延展性与可行性。可将民族学、人类学研究重视当下的现实关怀与历史学以历史文献做研究支撑的专长结合起来。斯蒂文·郝瑞在对西南彝族做深入调查之后,也深有此方面的感触,"我们要把历史学和人类学这两种观点结合在一起我们才能懂很多问题,政治、政策、学术,还有田野等都是交织在一起的,都在一个过程当中,是历史上的那些变迁造成了现在的这个局面"。②宋蜀华于2007年撰文提出西南民族文化的研究应与历史人类学相结合。历史人类学的研究,对于认识、理解现代有关各民族的族源、历史、社会、经济和文化,具有很大的帮助。因而历史人类学的研究应当是着眼于过去而又面向现在和未来。西南民族地区,这里主要指云贵高原和四川的大小凉山地区,该地区有着丰富的历史民族志资料,除二十五史中的民族传记与有关人物事迹外,还有许多关于少数民族及地区的专书,如晋人常璩的《华阳国志》,唐人樊绰的《云南志》,元人郭松年的《大理行记》,明人钱古训、李思聪的《百夷传》等。这些文献资料为历史人类学的研究提供了十分有利的条件。宋蜀华曾就西南区域的特殊性指出中国的三个主要文化区:北方和西北草原游牧兼事渔猎文化区;黄河流域以粟、黍为代表的旱地农业文化区;长江流域及其以南的水田稻作农业文化区。尽管这三大文化在中国辽阔的土地上互相影响,然而在北方和西北部找不到百越文化,在东南和南方也找不到游牧诸族文化。只有在

---

① 王明珂:《由族群到民族:中国西南历史经验》,《西南民族大学学报》(人文社科版) 2007 年第 11 期,第 5 页。
② 彭文斌问,[美]斯蒂文·郝瑞答《田野、同行与中国人类学西南研究——访美国著名人类学家斯蒂文·郝瑞教授》,《西南民族大学学报》(人文社科版) 2007 年第 10 期,第 20 页。

云贵高原才能较清楚地看见这三大文化共同存在。换言之，云贵高原是三大文化延伸、接触和交融的地区，犹如地壳上三大板块的接触和碰撞，从而形成云贵高原民族和文化的多样性、复杂性。历史人类学在厘清这种复杂性方面具有一定作用。[①]

综上，本研究充分把握既有的针对云南民族关系研究的三个维度，并对其进行甄别。在民族关系的考量上，本研究认为长时段的历史维度内，偶发的民族矛盾、民族问题是资源开发过程中民族生态的一部分，问题与冲突的把握对全盘掌握民族生态有裨益，但不能构成民族生态的重点或是全部。所以，本研究欲从民族关系平衡论的理论视角，强调资源开发与人文生态的精致平衡及维持机理。同时，本研究将从理论型研究走向田野，借鉴历史人类学的研究方法，用丰富的田野调查资料，用民族学关注民族关系的多维视角，用实证的方式来构架云南民族关系的立体结构。

第四节　研究框架

滇盐古道是民族与民族之间、民族与国家之间往来的公共场域，在此场域内，有内与外的互通、汉人与非汉人的互动、物品与金钱的交换、文化的传播与交融、地方与国家的张力、民族的互为认同，以此形成多样的文化基因。基于此，本研究逐一展开对滇盐古道的层级田野调查，以点、线、面逐层延展的方式实现民族学、人类学的区域研究探索。整合滇盐古道官道、商道、文道的三个面向，探讨滇盐古道周边区域的经济共生、文化交融形态及关系。

一　研究方法

在具体研究方法的运用上，本研究主要将田野调查法与文献研究法相结合。因盐在历史上作为重要的经济资源与战略物资，历来多记入官方史料及民间契约文书等各类地方文献中，这些以文字记录下来的资料对于研

[①] 宋蜀华：《论历史人类学与西南民族文化研究——方法论的探索》，《思想战线》1997年第3期，第32—40页。

究而言是弥足珍贵的。同时，笔者在运用民族学的核心研究方法——田野调查，去到田野点的时候，也深感自己做这样一个研究太晚了，因为很多亲历传统盐业生产时代的盐业艺人因年岁已老相继去世，就连在笔者田野调查过程中，给过笔者很多可贵口述资料的一些老人，也在未能等到笔者将自己成型的研究与他们分享的时候就已经去世了。笔者因此深感时间流逝之快与自己课题研究形成之慢。还好，既存的丰富史料给了笔者立体地深入了解云南盐业社会的机会。因此，笔者主要借鉴历史人类学的研究方法，将实地的田野调查与历史文献紧密结合，在历史文献中找线索、找问题，在田野过程中丰富资料，小心求证。在文献研究方面，一是从《清史稿》《云南史料丛刊》《云南省志》等大部头的国家级文献及省级文献入手，查找滇盐资料，同时，对滇盐的历史背景形成了解，为研究提供历史常识与历史情境。二是从盐井地、盐运中转站等重要田野点所属的府、州、县等区域性地方历史文献入手，透过这些资料，可以看到盐井、盐运中转站对于区域的重要意义，以及通过重要节点串联起来的区域民众交往形态，笔者的很多学术观点的提出也多是从此类地方志中获得的启发。三是到达具体的盐井及盐运中转站进行田野调查所获得的文献资料，如各地盐井志、地方家谱族谱、碑刻铭文、契约文书等，这些资料是重要的小地方与大区域相连接的例证。

　　从具体的田野调查方面，选取多点民族志、"线索民族志"、"田野链"的研究方法。笔者选取了多点民族志的研究方法，田野调查地点涉及滇盐产地：洱源县乔后镇、盐津县豆沙镇、大姚县石羊镇、景谷县香盐村、宁洱县磨黑镇和勐腊县磨歇村等古镇、古村。笔者还广泛行走于滇盐古道及周边代表性区域，搜集滇盐古道历史文献、口述史。将来自文献阅读的学术想象与实地的田野进行连接，形成较强的田野感，在田野调查基础上对盐业社会的历史变迁形成整体性观照，培养对滇盐研究的历史感与区域感。同时，本研究还有意挣脱传统民族志常见的对单一田野点的关注，在多点田野的基础上运用区域研究法，尝试点、线、面结合的区域研究方法。笔者在具体研究中关注滇盐古道的道路研究，试图突破民族学传统的村落研究形式，也试图突破对道路仅做线状认知的局限，将道路放到区域研究的视野里，探究由道路连接的区域社会经济和民族关系网络。笔者整合民族学的社区研究传统和区域研究尝试，延续民族走廊研究的区域视角；关注由盐产地、盐运驿站构成的"点"，由滇盐古道形成的"线"，由盐业生产、运输、消费辐射区域塑形的"面"，形成对区域社会的整体观照。

二 研究视角

（一）历史的纵向视角

作为一个完整体系的民族互动是一个长时段的历史的发展结果，因此，研究离不开对民族交往演变历史过程的考察。研究采取一种对历史关怀的态度，将当下人们民间生活的实践与地方历史发展过程结合起来加以关注。

（二）区域研究

因民族的交往具有地域的流动性，从历时性来看，各个云南盐井对外联系逐层扩大；从滇盐的流动来看，所涉及的区域包括云南区域，甚至还有邻近省份，乃至周边邻近国家。从物的社会生命史来看，滇盐的流动带动的是区域内人群的流动、文化的流动、观念的流动。滇盐的研究，指涉的是区域的研究。如张应强教授在做木材之流动所提及的："木材，木材的种植与采运，构成了清代以来清水江区域文化建构的重要内容；在这绵延不断的物的流动的背后，则是人们的活动、人的流动、人的思想观念的流动。"① 这也一样适用于笔者所关注的滇盐的研究。

（三）比较的视角

笔者的研究以多点民族志的形式进行田野调查，以发现云南诸盐井特殊性面向背后的同质性维度，主要涉及的田野点有黑盐井、白盐井、琅盐井、诺邓井，以上盐井产盐量大，盐业社会活力明显，对区域社会影响力大，因此笔者对以上盐井进行了重点调查。同时，笔者还会兼顾云南其他盐井如磨黑井、雒马井、磨歇井等，对其进行短期的田野考察，力求具有整体观的研究视野。此外，笔者还到出产的盐与滇盐同属于井盐类型的四川自贡盐井进行考察，以期在同属于井盐的两种盐的比较中，发掘滇盐更多可供参考的亮点。

---

① 张应强：《主持人语》，《原生态民族文化学刊》2010年第1期，第31页。

三 研究思路

人背马驮的古道交通，其人与人之间的亲密交流要比当下快速的公路、铁路交通更多，来得也更深入。滇盐古道成为民族与民族之间、民族区域与国家之间往来的公共场域，在此场域内，有内与外的互通、汉人与非汉人的互动、物品与金钱的交换、文化的传播与交融、地方与国家的互动、民族的互为认同，以此形成多样的文化样态。基于此，本研究逐一展开对滇盐古道的层级调查，结合点、线、面，实现民族学、人类学的区域研究探索，并整合滇盐古道官道、商道、文道的三个面向，探讨滇盐古道周边区域的经济共生、文化交融及二者的关系。

一是呈现滇盐古道的基本形态。第一，讨论滇盐古道作为空间的"空间社会生产"和"空间社会建构"两个维度。在具体的研究中，滇盐古道的"空间社会生产"以滇盐运输线路图、盐道网络的历时性变迁、滇盐古道现有文化遗存（古镇与古村落；特殊建筑如驿站、关卡、庙宇、会馆、学校、卫所）呈现。滇盐古道的"空间社会建构"以滇盐古道作为政治带（盐道景观与国家化进程、盐道与周边民族的国家认同）、经济带（经济共生）、文化带（文化交融），滇盐古道空间的生产与再生产，滇盐古道与现代高速公路背景下的民族关系比较研究来呈现。第二，讨论权力下的滇盐古道。在具体的研究中，我们可以看到卫所、邮驿主要分布于滇盐古道沿线，城镇、矿场地也主要分布于盐道周围。通过道路及附着其上的卫所、邮驿，国家实现了从外人身份向内人身份的转化。道路成为国家实现统治的垫脚石，逐渐向四周延伸，形成连通网络和防御网络。道路网络是一张具有磁性的网络，磁力将场域内的物质、人群、文化，哪怕民族之间、文化之间既存的彼此阻隔，统统吸附到这张网络上，使之成为彼此理解、消除抵抗的流畅通途。道路参与到区域经济社会的联动发展中，随着王朝统治的深入和道路不断地形成网络、体系，过去冗繁的民族问题、社会问题也渐渐疏导开来。在权力视角下，研究主要关注在盐井分布变化下，国家经略的地域倾向性及国家对云南开发的先后顺序；盐井数量增减、食盐产量增减幅度与国家经略的强力；国家经略与盐道建设；国家经略下的区域民族关系建设。

二是呈现滇盐古道的经济共生形态。在研究中，我们可以看到在盐产地、盐道、盐道区域呈现的以食盐贸易为中心的市场圈层和网络，区域的经济共生形态强力附着在滇盐古道的点、线、面各个层级。此部分的研究从以下几个层面展开：生态人类学视野下的滇盐古道经济共生的生态基础，云南呈现出生态多元的形貌特征，这样的生态特征奠定了经济共生形态的自然基础；生态多元的自然形貌下呈现的区域生计互补形态；你中有我，我中有你的商品贸易与流动；经济共生样态下的市场圈；道路资源的共享与经济共生之关系。

三是呈现滇盐古道的族际交往形态。作为官道、商道的滇盐古道同时也积淀了文化的因子，形成文道属性，本研究对于其文道属性围绕文化交融来考察。首先，道路的修建与民族的国家认同、民族认同，三者之间的变化呈现循序渐进的状态。认同过程表现在日常社会生活中，即对不同民族文化的互相交融和创新。在道路修建以后，国家成为民族的庇护，道路修建前的自为民族关系中，多了地方与国家关系，国家的民族认同逐渐生成。同时，道路的开通也逐渐使得原本呈封闭式的切割状的民族走到了一起，得知我族与他族的不同，深化了我族何以为我族的存在感。其次，道路稳固了民族关系，呈现文化交融样态，具体可将居住格局、语言、婚姻圈、信仰圈等作为衡量文化交融程度的指标。

建立在对滇盐古道三维度基础上的探索，欲解释好三个议题：滇盐古道周边区域以生态多元、生计互补、市场互依等基础形成的经济共生形态；滇盐古道周边区域以居住格局、语言、婚姻、信仰为测定标准的文化交融样态；滇盐古道周边区域经济共生与文化交融表达，突出"区域经济共生"对文化交融的重要意义及二者的逻辑关系。同时，总结滇盐古道作为文化线路所带来的启示与道路对于民族和谐的启示。

本研究逻辑框架图如图1-1所示。

四 预期目标

本研究欲在继承既有研究成果的基础之上，形成自己的学术创见。一是从滇盐古道的研究来重新定位云南区域社会，从路学的视角来看，云南区域呈现的是连通的、流动的社会，呈现"中间地带"的样貌。二是从滇盐古道的研究来看中国社会的乡土社会：并非封闭的，而是开放的。三是关注道路与人的观念的变化，路成为深度的技术变革要素，路让区域人群

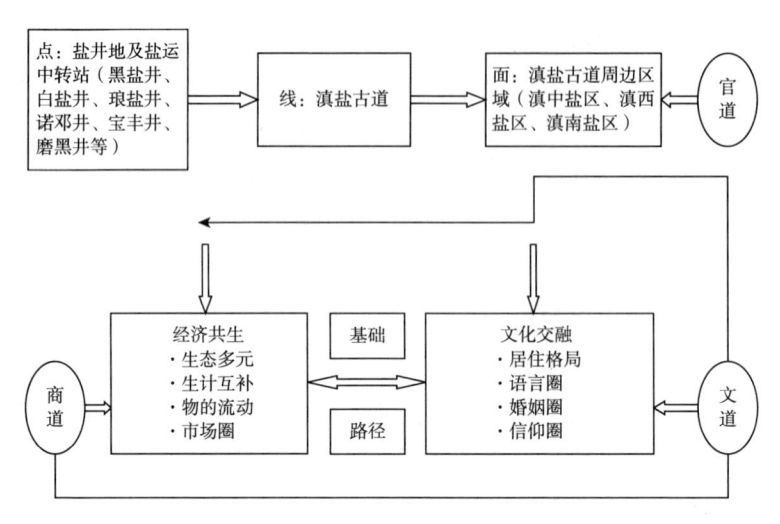

```
点：盐井地及盐运中转站（黑盐井、白盐井、琅盐井、诺邓井、宝丰井、磨黑井等） → 线：滇盐古道 → 面：滇盐古道周边区域（滇中盐区、滇西盐区、滇南盐区） ← 官道

商道 → 经济共生
  ·生态多元
  ·生计互补
  ·物的流动
  ·市场圈

基础 / 路径

文化交融
  ·居住格局
  ·语言圈
  ·婚姻圈
  ·信仰圈
  ← 文道
```

图 1-1 研究逻辑框架

从没办法流动到有条件流动。四是讨论滇盐古道"官道""民道""商路"性质的叠加，以及移民迁徙（改变民族的区域分布结构）、古道建筑、技术的传播、文化路线在滇盐古道上的复杂呈现。

在具体的研究过程中，首先尽可能实现点、线、面结合的区域研究方法。为此，本研究整合既有研究学术成果，如民族学、人类学的社区研究传统。民族学、人类学试图关注区域研究，如民族走廊相关研究对区域的关注，就试图打破民族研究偏重单一民族的视角。在此基础上，本研究关注由盐井地、盐运中转站构成的"点"，滇盐古道形成的"线"，盐业生产、运输、消费辐射区域形成的"面"，来形成对滇盐古道经济共生与民族关系二者关系的整体全面的观照。

其次，在理论上对民族学、人类学道路研究的继承与突破。"路学"是杜克大学的周永明教授在2006年从事西南藏区公路研究时提出的概念，他对"路学"提出了泛化的研究框架。道路作为研究对象已然被纳入人类学的研究视野。在文献梳理过程中，笔者发现民族学、人类学对道路的研究，多是在现代公路，尤其是高速公路框架下来进行的，关于古道的研究还很薄弱，而从历史学、民族史、生态学等切入的古道的研究已有一些研究成果。这些研究现状正好给笔者的研究提供空间。在具体的研究中，笔者整合了古道研究成果与当下路学研究成果,还借助人类学关于空间的研究,将道路作为空间的生产方式。空间的生产伴随权力,空间的生产在一定程度上是一种主导权力的生产,黄应贵的空间、力与社会的关系研究就是这方面研究成果的代表。笔者的研究路径定位在将盐道作为空间及空间的生产,附含权力观念及行动,借空间的力形塑周边民族区域的社会形态、文化观念及权力格局的过程。

再次,整合人类学经典理论。在人类学中,婚姻圈、市场圈、信仰圈成为学科探索地方社会结构的三种经典理论范式。前人的研究,多集中在对一种范式的探讨上,而在笔者的研究中,三者成为滇盐古道周边区域经济共生与文化交融的"铁三角"关系。

最后,滇盐古道的研究是对既有古道研究的深化。盐作为民众生活的必需品,是历史上国家维持安全稳定与地方经略的重要管控对象。"滇之大,惟铜与盐",滇盐古道成为了解云南区域社会的一个切入点。而云南是民族众多的省份,民族文化大省成为云南建设的名片,对云南民族的研究应该是一个持久的话题,由此关注滇盐古道与周边民族关系,是研究国家经略、地方治理、民族文化交往交流交融的较好路径。

总体而言,研究欲实现以下四点突破。一是滇盐古道的研究转向。包括云南在内的西南一带,自然地理地貌由高山峡谷和河流切断,使得原本直线距离很近的地方需要"绕山绕水"才可以到达,相对保留了丰富多样的地理形貌和文化形貌。然而貌似孤立的一个个地理空间,却因人而形成彼此密切联系和互动的区域共同体。而促成彼此密切连接的通道就是道路。那么从"茶马古道"转变到"滇盐古道"的研究意义何在?既有道路研究涉及最多的是"茶马古道""丝绸之路",其中提到的茶和丝绸,均属于人类为了追求更高层次生活而使用的享受型物质,在历史上应该不被所有民众日常获取,而更多由贵族群体所独享。而盐,却是维持人类生命与生存最基本的物质,作为民众日常生活所需,是"飞入寻常百姓家"的既普通又金贵的物质。由此,盐的转向更多了多维度的考量——大众生活的考量、国家层面的考量等。同时,既有研究多强调盐的经济史价值,笔者在继承前人研究基础之上,转而关注盐的社会文化意义。市场的初级商品是盐、米、茶,市场是在这几种初级商品的交易基础上形成和发展的,且进而形成由初级商品市场扩散出去的扩大市场。

二是将道路放在空间的生产和生态人类学的视野中考量。既有研究将道路研究置于物质文化研究框架内，但与其将道路作为物质文化的创造物，不如将道路作为生态的附加物，因此，笔者更趋向于将道路研究置于生态人类学研究视角内来考量。路作为空间，是社会的创造物，随着社会的变迁，路也实现着作为空间的生产与再生产。而在另一层面，空间的生产本身，又是权力的生产。道路的形式与变化，无不充满权力的统摄与博弈。尤其是在讨论"国家—地方"关系时，依托道路的空间生产，附着了国家对地方资源的支配、转化与储存的能力。道路的存在意义，在权力视角可以有两个层面，一是就国家层面而言的控制（政治控制、经济控制、文化控制）用意；二是就地方层面而言，道路是物资互通有无、文化交流共享的通道。道路的重新布局，会打破原有利益格局并重建利益格局。道路具有互联互通的特性，不同级别的道路连接了乡村、城镇、都市，活络了区域，也因为道路发展的日新月异，整个世界都朝着"世界社会"的方向迈进。以道路为切入点研究，可对既有的民族学、人类学方法形成对话与补充。比之传统的村落民族志研究，道路的研究可以弥补村落研究仅对点进行研究，而忽略了对面（区域）研究进行观照的缺陷。有的研究虽然提到了道路互通性与民族间文化形态的交融与冲突层面，但笔者的研究更强调文化的交流与交融层面。笔者将"冲突"看作交流的形式，是文化交融的偶然阶段而非必经阶段，并不将"交融"与"冲突"当作对立面来考量。

三是将滇盐古道作为文化沉积带的观照。一方面，滇盐古道逐渐被现代的交通网络体系取代，从实用意义而言，滇盐古道逐渐淡出历史的舞台，尤其是在城镇化的进程下，滇盐古道沿线的古镇古村落正在消亡，老街遭废弃，古镇被蚕食；另一方面，在文化遗产保护语境下，滇盐古道沿线又成为文化遗产富集地带，滇盐古道又以文化之名重塑了文化价值，在滇盐古道逐渐退场和文化遗产保护的双重语境下，对滇盐古道的研究也就有了学术意义和现实意义。

四是摆脱既有古道研究多侧重单一物品流动的桎梏。"茶马古道""丝绸之路"的研究多形成了关注茶、丝绸等单一物品的研究定式，而在笔者的研究中，盐的流动仅是切入点，其带动的是马、柴薪、米、铁器等商品的流动。由此，笔者用经济共生来统摄诸商品流动形成的稳固区域样态。

第五节　田野点概况

据统计资料，云南重要的盐井及其区域主要有 20 余处。从史料记载的盐井所在行政区划来看，有位于安宁州的安宁井，位于大理府云龙州的云龙井，位于楚雄府定远县的黑盐井、琅盐井，位于楚雄府姚州县的白盐井，位于楚雄府广通县境内的元兴井、永济井、阿陋井，位于楚雄武定直隶州的草溪井，位于景东厅的景东井，位于镇沅府的按板井、恩耕井，位于威远的抱母井，位于普洱府宁洱县的石膏井，位于丽江府的喇鸡井、老姆井，位于丽江府剑川州的弥沙井、乔后井，位于元江直隶州的猛野井、磨铺井，位于普洱府分防攸乐地方的乌得井。根据刻于清代同治年间的《云南盐法道提名记》及《清盐法志》的记载，清代记录在案的盐井有 26 个，依次是黑盐井、元兴井、永济井、白盐井、乔后井、丽江井、老姆井、喇鸡井、云龙井、石膏井、磨黑井、抱母井、香盐井、按板井、恩耕井、景东井、琅盐井、安宁井、阿陋井、草溪井、只旧井、弥沙井，另有乌得井、磨者井、整懂井、猛乌井四井因产盐量少，获利较少，特别免除盐课，因此在一些史料中多不包括这四井而将盐井数规范为 22 个。在《云南盐法道提名记》中还有记载，同治年间，滇盐年产量达到 3 万吨，岁课银达 37 万余两。

笔者均会尽力阅读文献并进行田野调查，同时，选取滇中、滇西、滇南食盐主产区域具有典型性的盐井地来进行更为深入的田野调查，以期以重点突出的形式对田野进行全观认识。滇中、滇西、滇南三大滇盐生产区域的形成是一个长时段的历史过程。云南盐井三大区域的食盐开发，按时间段可以粗略地划分为：汉代及以前的时间段，此时的滇盐开发区域集中在滇中地区；汉代至明代，此时的滇盐开发区域集中在滇中、滇西地区；清代与民国时期，此时的滇盐开发区域呈滇中、滇西、滇南三片区域共同发展的局面。

陈立夫在《中华盐业史》中，将云南盐井根据产盐量与盐税量粗略地划分为三大盐井区，第一井区是位于滇中的黑盐井区，其中包括黑盐井、元永井、阿陋井、琅盐井；第二井区是位于大致滇西位置的白盐井区，其中包括白盐井、乔后井、喇鸡井、云龙井；第三井区是位于滇南位置的磨黑盐井区，其中包括磨黑盐井、按板井、香盐井。[①] 滇盐的三大食盐主产区，包括滇中盐区、滇西盐区、滇南盐区。滇中盐区包括黑盐井、元永井、琅盐井、阿陋井等；滇西盐区包括白盐井、云龙八井等；滇南盐区包括磨黑盐井等。研究关注三大盐区，同时重点关注三大盐区中的重点盐井。重点关注的盐井有滇中盐区的黑盐井、琅盐井，滇西盐区的白盐井和云龙井（主要是云龙八井中的诺邓井、宝丰井），滇南盐区的磨黑井。

在云南诸多盐井中，黑盐井、白盐井在滇盐产量中长期位于第一、第二位。"二十四井[②]之中，惟黑井、白井出盐最旺，未尝淡缩。一省产盐不足四千万斤，而二井居其大半，盖滇盐之精华也。"[③] 黑盐井、白盐井因食盐产量大、区域影响力广，故而成为笔者重点关注的田野。而对滇南磨黑盐井的关注，则是考虑盐的区域分布要素，对每个盐井区均做关注，以期对滇盐形成全观性呈现。通过普遍田野与重点田野的方式，调查的田野点得以涵盖滇盐的三大食盐主产区。在以下各个章节的资料使用中，多采用重点盐井的田野资料，为方便读者对盐井诸地形成大体的理解，笔者专门对以下田野点盐业社会形态进行介绍。

一　滇中盐区：黑盐井、琅盐井

滇中盐区包括黑盐井、元永井、阿陋井、琅盐井、元兴井、承济井、草溪井等。清康熙元年（1662）的资料记载，滇中盐区的黑盐井、阿陋井、琅盐井、草溪井四井年缴纳盐课白银 105385.55 两，占全省盐课的 72%。[④] 其中黑盐井是滇中盐区第一大井，亦是滇盐三大盐区的第一大井，此外滇中盐区具有代表性的盐井还有琅盐井。

[①] 陈立夫：《中华盐业史》，台湾商务印书馆，1997，第 431 页。
[②] 云南二十四井的说法，包括：黑盐井、新井、沙卤井、白盐井、安丰井、丽江井、老姆井、琅盐井、安宁井、新洪井、云龙井、阿陋井、草溪井、只旧井、抱母井、香盐井、按板井、恩耕井、景东井、弥沙井、磨黑井、木城井、安乐井、石膏箐井，二十四井每年额定的食盐生产量为 39068100 斤。
[③] 云南省地方志编纂委员会：《云南省志·盐业志》，云南人民出版社，1998，第 58 页。
[④] 云南省禄丰县地方志编纂委员会：《禄丰县志》，云南人民出版社，1997，第 14 页。

（一）黑盐井

黑盐井①位于现在的楚雄彝族自治州禄丰县黑井古镇，历史上也称为"黑井""黑牛井"。黑盐井的发展是伴随食盐的开采而开始的，关于盐井的开采，在地方志书中有记载："唐有李阿召者，牧黑牛饮于池，水皆卤，报蒙召开黑井。"② 当地流传着黑牛发现食盐的传说：一位名叫李阿召的姑娘，在黑盐井一带放牛，其中有头黑牛长得比较健壮，有一天，这头黑牛丢失了，李阿召顺着黑牛的足迹去寻找，后来在一处有泉眼冒出的地方发现了这头黑牛，黑牛在不停地舔食泉水。李阿召很好奇，就尝了一下泉水，惊喜地发现泉水是咸的。当她准备赶着黑牛回家的时候，这头牛化为了石头。黑盐井就此开启了开发食盐的历史。人们为了纪念黑牛发现了盐

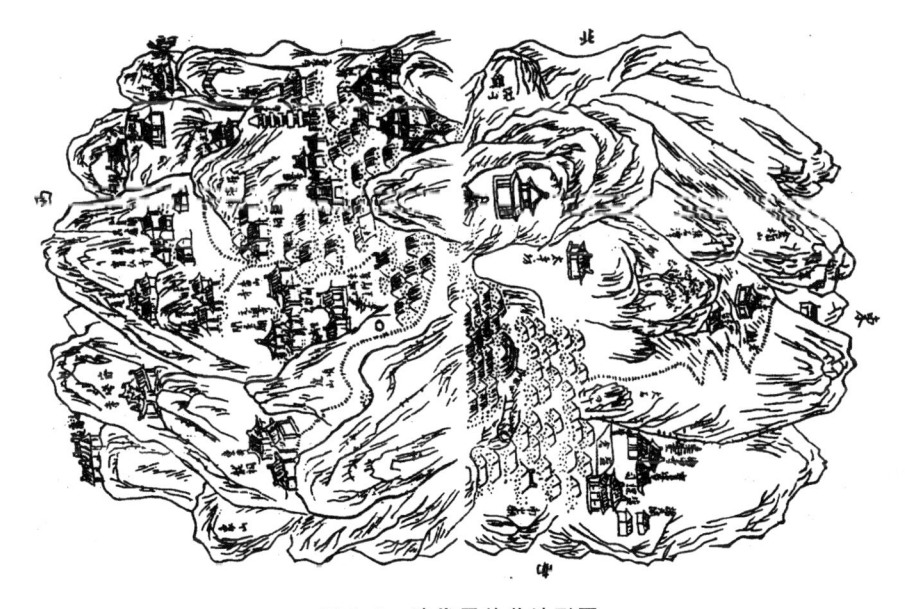

图 1-2 清代黑盐井地形图

资料来源：（清）沈懋价修，杨璇等纂（康熙）《黑盐井志》卷一·舆图，赵志刚校注，载杨成彪主编《楚雄彝族自治州旧方志全书·禄丰卷下》，云南人民出版社，2005，第 593 页。

---

① 本研究所提及的黑盐井、黑井、黑牛井、黑井古镇，以及地方志所指的盐兴，在当地均为同一地理概念，在论文中，笔者统一用"黑盐井"，但涉及引文、访谈、参考资料时，还是沿用原出处的名称。

② 云南省地方志编纂委员会：《云南省志·盐业志》，云南人民出版社，1993，第 57 页。

水，就将此地命名为"黑盐井"。从地方志的记载与传说的流传来看，黑盐井制盐历史悠久。黑盐井作为滇中盐区下辖的盐井，其下又包括诸多盐井：新井、大子井、东井、尾井、沙卤井、德洋井、龙泉井、低竜上硐、天恩井、乾元井、元升井、新山上井、新上下井、中兴井。

元顺帝至元六年（1340），黑盐井设盐课提举司，管理盐课。明洪武十五年（1382），明朝平定云南后，在云南置云南布政使司，下设府、州、县。原中庆路改为云南府，其余府、州、县基本沿用旧名。这一时期，重新设置黑盐井盐课提举司，管理黑盐井、琅盐井、阿陋井和元谋县只旧井、武定州草溪井的盐课。民国二年（1913），将定远县的黑盐井、琅盐井，广通县的猴井、阿陋井划出，成立盐兴县，盐兴县成为因盐井而设的县。直至1958年，禄丰、罗次、广通、盐兴4个县合并，形成今天的禄丰县县域区划格局。

黑盐井"以卤代耕"，盐业生产为黑盐井重要的生计方式，"蠡尔之地，又在深山大泽之中，男不耕，女不织，饮食日用，日视其井水煮以为盐，上以输课，下以资身"。[1] 黑盐井在编的灶丁共731丁，所有灶丁在食盐生产中，每月分为天、地、人3班，每班煮盐10天，每班分为3党，每党又分为5甲，食盐生产中有完整的人员体系。[2] 除了灶丁体系，还有其他食盐生产与运销的规范体系，形成"煎有灶，贮有仓，课有额，行有地方"[3] 的规范体系。

黑盐井地狭人稠，缺少耕种的土地，粮食供给主要依靠周边区域，"地狭且隘，即欲耕亦无田，而在饔飧半在取粲于四方"。[4] 同时，黑盐井因盐业生产之故，对移民群体具有天然的吸引力。居住在黑盐井的人群复杂性比较高，既有当地的土著，也有自明代初期起因为谪戍而来的，有游宦寄籍的，有前来从事商业并且定居下来的，有邻近区域来此租赁居住下来的。

---

[1] （清）沈懋价修，杨璇等纂（康熙）《黑盐井志》卷六·艺文志上，赵志刚校注，载杨成彪主编《楚雄彝族自治州旧方志全书·禄丰卷下》，云南人民出版社，2005，第708页。
[2] （清）沈懋价修，杨璇等纂（康熙）《黑盐井志》卷五·盐政，赵志刚校注，载杨成彪主编《楚雄彝族自治州旧方志全书·禄丰卷下》，云南人民出版社，2005，第666—667页。
[3] （清）沈懋价修，杨璇等纂（康熙）《黑盐井志》卷五·盐政，赵志刚校注，载杨成彪主编《楚雄彝族自治州旧方志全书·禄丰卷下》，云南人民出版社，2005，第684页。
[4] （清）沈懋价修，杨璇等纂（康熙）《黑盐井志》卷二·义田，赵志刚校注，载杨成彪主编《楚雄彝族自治州旧方志全书·禄丰卷下》，云南人民出版社，2005，第638页。

黑盐井"以卤代耕"的生计方式，对周边区域具有较强的依附性，同时也对物流、人流具有吸附性。黑盐井在长期的发展中，形成具有特色的盐业社会，如活跃的市镇、多元的文化。黑盐井的市镇主要集中在"坊"的位置，据康熙《黑盐井志》记载，黑盐井在康熙年之前有十六坊，其中记录在册的有金泉坊、龙川坊、利润坊、玉碧坊、中凤坊、安东坊、德政坊、归化坊、新附坊、锦绣坊、武德坊、太平坊。在康熙年间，十六坊合并为六坊，分别为龙泉坊、锦绣坊、利润坊、中凤坊、安东坊、德政坊。①六坊的叫法与格局一直延续到民国时期，现在黑盐井的主要城镇区域格局也是以六坊为核心圈发展起来的。

从节庆来看，可以感受到黑盐井文化的交融性与多样性。黑盐井一整年的节庆习俗如下。元日：祀天地、祖先、桃符、门丞，往来贺岁。立春日：春盘赏春。元宵节：赏灯，次夕携游，插香于道，相传以祛病，俗云"走百病"。二月八：登绝峰山烧香。三月三：插芥菜于门户，以厌蝇虫。清明：拜扫。四月八：浴佛。立夏：各携饮馔于树下送春，围灰墙角以避蛇。端午：悬艾虎，系续命缕，饮菖蒲酒，以角黍相馈。六月朔日至六日，礼南斗祈年。星回节：点火把燃松炬。七夕节：妇女穿针乞巧，用瓜果祭祀织女星。中元节：在家中祭祖先。中秋节：用瓜果祭月。九月朔日至九日：礼北斗祈年。重阳节：登高，饮茱萸酒，做花糕，互赠亲友。十月：到墓地祭祖先。腊八节：作五味粥。腊月二十四日：祭灶神。除夕：饮守岁酒，迎灶神。②

黑盐井文化的交融性与多样性也体现在当地的宗教信仰层面。根据康熙《黑盐井志》的记载，黑盐井的宗教空间有：城隍庙、土主庙、关圣庙、关张庙、铎风台、东岳庙、龙王庙、南山庙、东山庙、天子台、大王庙、厉祭坛、龙池庵、玄圣殿、魁阁、龙门寺、白衣庵、真武祠、梓潼阁、文殊阁、观音寺、玉皇阁、三教殿、真觉禅寺、天王殿、宝弘寺、毗卢阁、玉皇阁、宝光明殿、莲峰庵、杖泉庵、静乐庵、香山寺、圆通寺、解脱寺、生成馆、观音堂、米勒庵、密塔寺、滴露庵、观音阁、诸天阁、

---

① （清）沈懋价修，杨瓍等纂（康熙）《黑盐井志》（卷一·形势），赵志刚校注，载杨成彪主编《楚雄彝族自治州旧方志全书·禄丰卷下》，云南人民出版社，2005，第595页。
② （清）沈懋价修，杨瓍等纂（康熙）《黑盐井志》（卷一·风俗），赵志刚校注，载杨成彪主编《楚雄彝族自治州旧方志全书·禄丰卷下》，云南人民出版社，2005，第602—603页。

海月庵、宝莲庵、桃花庵、德海寺、启明殿、水月阁等，共计48处。①

图1-3　今黑盐井全貌
资料来源：作者拍摄。

黑盐井的盐业在整个云南盐业历史中处于重要位置，"滇产九井②，而黑井居其首"，③ 这样的记载在文献中常能看到，黑盐井因盐而取得的经济、文化位置是相对恒定的。黑盐井的食盐"味咸倍于八井"；"以滇视井，则井弹丸耳，则课额则当云南地丁之半，而八井则什百焉。故人之言

---

① （清）沈懋价修，杨璿等纂（康熙）《黑盐井志》（卷二·城隍），赵志刚校注，载杨成彪主编《楚雄彝族自治州旧方志全书·禄丰卷下》，云南人民出版社，2005，第613—616页。
② "九井"是清代中期及以后，关于云南较大盐井较为普遍的概括说法，云南"九井"包括：黑盐井、白盐井、磨黑井、乔后井、按板井、抱母井、喇鸡井、石膏井、云龙井。"九井"是以年产盐量在100万斤以上来界定的。根据20世纪初期（清代末年）的统计，云南各盐矿年总产量达5297万斤，"九井"中的黑盐井年产1853万斤；白盐井年产509万斤；磨黑井年产722万斤；乔后井年产553斤；按板井年产424万斤；抱母井年产336万斤；喇鸡井年产197万斤；石膏井年产190万斤；云龙井年产188万斤。具体参见刘刚《发展的选择——社会文化变迁途程中的云南民族集团》，云南民族出版社，1996，第254—255页。此外还有"八井"的说法，"八井"包括黑盐井、白盐井、磨黑井、按板井、抱母井、喇鸡井、石膏井和云龙井。
③ （清）沈懋价修，杨璿等纂（康熙）《黑盐井志》（卷五·盐法），赵志刚校注，载杨成彪主编《楚雄彝族自治州旧方志全书·禄丰卷下》，云南人民出版社，2005，第684页。

赋税者，率以黑井为巨擘，而征求倍于他井"。① 从历史情境与地理位置来看，云南相对于中原已是偏安一隅，而黑盐井又位于云南区域不甚起眼的地方。具体来看，黑盐井位于楚雄州的北部，从楚雄州现在的交通来看，黑盐井在区位上不具备优势，但正是这样一个在现在区位优势不甚明显的地方，过去却富庶一方，因为生产食盐，且食盐生产量高，为云南赋税做出重要贡献。据康熙《黑盐井志》记载，黑盐井在康熙时期的盐税为银约3.8万两。② 黑盐井行盐区域共51个府、州、县、卫等。③ 盐是黑盐井的生计与民生，是当地人的衣食所系。食盐也正好体现了黑盐井于更大区域社会发展的意义。

（二）琅盐井

琅盐井现位于云南省楚雄州禄丰县妥安乡琅井村，琅井村于2008年被评为云南省历史文化名村。关于琅盐井较早的记载，可见《南诏野史》，书中记载了当地因有一狼神舐地而卤出，就名狼井，后又更名为琅盐井。琅盐井"处万山深谷中，无田可艺，以卤代耕，井民米谷仰给邻土"。④ 琅盐井在大理国时期，属于当地土司高氏的封地。明代初期，在琅盐井设盐课司，隶属安宁提举司分管。在天启三年（1623），安宁提举司移到琅盐井，因此，既有的琅盐井盐课司撤销，琅盐井直接由琅盐井盐课提举司来管理。而在康熙四十五年（1706），琅盐井同黑盐井、白盐井一道，直接隶属于云南布政使司，接受云南布政使司的直接管辖。

因琅盐井盐业经济的发展及其在区域社会中的重要性，其本身产生的历史得以重视，最重要的史料是《琅盐井志》，先后修过四本，均为官修。一为清康熙五年（1666）版的《琅盐井志》，二为清康熙五十一年（1712）版的《琅盐井志》，三为清雍正九年（1731）版的《琅盐井志》，四为清乾隆十一年（1746）版的《琅盐井志》。在乾隆《琅盐井志》中，就有"岁

---

① 《黑盐井志序》，(清)沈懋价修，杨璇等纂（康熙）《黑盐井志》，赵志刚校注，载杨成彪主编《楚雄彝族自治州旧方志全书·禄丰卷下》，云南人民出版社，2005，第579页。
② (清)沈懋价修，杨璇等纂（康熙）《黑盐井志》（卷五·盐政），赵志刚校注，载杨成彪主编《楚雄彝族自治州旧方志全书·禄丰卷下》，云南人民出版社，2005，第666页。
③ (清)沈懋价修，杨璇等纂（康熙）《黑盐井志》（卷五·盐政），赵志刚校注，载杨成彪主编《楚雄彝族自治州旧方志全书·禄丰卷下》，云南人民出版社，2005，第667页。
④ (清)孙元相：《琅盐井志》，禄丰县志办公室校注，云南科技印刷厂印装，1997，第128页。

供万缗，较州邑赋倍甚，故国家财用地也。前明天启中，移连然盐司于琅画疆而理。凡灶之瘠肥，商之淳狯，盐之通塞，课之盈缩，惟盐司是问，厥职綦重矣"①的记载，专门解释了如琅盐井这样的弹丸之地以产盐贡献国家财政收入，于国家具有经济、政治意义，因而得以修志。当时参与乾隆版《琅盐井志》修撰的修志人员共计185人，②修志成为官民共举之事业。

在滇盐生产过程中，最重要的一环是柴薪供给，在《琅盐井志》中有"盐出于卤，而卤必需柴，是柴为煎盐之最要。大抵柴价平则煎办易，而课款无亏；柴价昂则煎办艰难，而不免堕误"的记载，柴薪供给关乎盐业的正常生产，薪本的多寡也关乎成盐的利润，在盐业生产中，"薪本银"是用于购买柴薪的生产资本，对于滇盐生产来说是整个盐业生产成本的最重要一环。《琅盐井志》中，有关于薪本银的具体数额的记载，"查目下市价，柴桐每千则买银四两五钱，枝叶每担买银八分，每灶每月煎盐三限，每限需柴桐二千，枝叶二百七十担，三限共需柴桐六千，价银二十七两；枝叶八百一十担，价银六十四两八钱。又应人工饭食器具等银一十三两五钱，共银一百五两三钱零。除领获银八十三两零外，每灶每户实不敷银二十二两零。以天干而论，每百斤必需薪本银一两九钱二分。如遇阴雨连绵，则计算无所底止。日剥月削，穷灶何以堪！此将见死徙逃亡之苦势所难免"。③记载中，每煎盐三限就需要薪本银一百五两三钱，可见柴薪消耗在整个盐业生产中的巨大开支比例，同时，实际由上拨付给灶户的薪本银只有八十三两，还有二十二两是薪本开支所不足的部分。不足的薪本只能通过"借薪本""添薪本"等迂回的方式来弥补空缺。

乾隆年间，琅盐井"灶分三十有二，井民数百余家"，④因当地地势狭隘不开阔，又因经年累月煮盐，日夜烧柴火煮盐之故，当地的温度比周边环境要显得更热，"琅井在深山中，地势卑隘，昼夜熬盐，烟火不停，故

---

① （清）孙元相：《琅盐井志》，禄丰县志办公室校注，云南科技印刷厂印装，1997，第3页。
② （清）孙元相：《琅盐井志》，禄丰县志办公室校注，云南科技印刷厂印装，1997，第5—6页。
③ （清）孙元相：《琅盐井志》，禄丰县志办公室校注，云南科技印刷厂印装，1997，第51页。
④ （清）孙元相：《琅盐井志》，禄丰县志办公室校注，云南科技印刷厂印装，1997，第4页。

比会城较暖",①据此时期志书记载,当地的卤水偏淡,"煎之必三昼夜始成",②可见柴薪的消耗量之大,以及其所带来的局部变暖现象。琅盐井的盐业生产与林业生态、盐业生产与社会发展之间的矛盾较之前有了深化,"今日之琅井,尤有难者,同一卤而淡浓有殊,同一薪而贵贱有殊,同一煎熬而劳逸有殊,此琅井所以愁苦无措而不能安集者,良有由也";"卤之昔浓而今淡,薪之昔贱而今贵,煎熬之昔逸而今劳"。③引发盐业生产较大变化的原因是盐业生产基础设施陈旧及柴薪价高,"后以井中四镶俱朽,淡水浸捘,煎煮柴薪三倍于昔,灶户困莫能支,井司调济无法"。④当地盐业社会面临这样的新变化,也是催生乾隆《琅盐井志》修撰的一个动因,人们正是通过修志的方式,来记录琅盐井的新变化。乾隆版的《琅盐井志》比之之前的井志,疆域、山川、形势、风俗、学校、胜景等条目无太多变化,而变化最大的就是赋税、盐课等关于盐的社会生产生活部分。

琅盐井"官三灶七分卤",如在清代初期,琅盐井每月额定的煎盐量是133330斤,这一总数的3/10的量大约4万斤盐,销售权及销售所得归官府,官府将盐交给盐商来销售,所得的收入用作办纳课款的银两。产盐总量的7/10约93330斤的盐,就交由灶户销售,收入作为柴薪工本,用于盐业的再生产。但不同时期的盐额量、官与民对盐的利益分配、"民销""官销"等形式会有不一样的变化。在清康熙八年(1669),琅盐井盐就改为"商运商销",收回灶户自主销售食盐的权力,因卤水减少,每月额定的食盐减为12万斤,官府将12万斤的成盐编为40票,全部由官府指定的商人来销售并收回收入,再由官府每个月给灶户发放薪本银2700两。"商运商销"的形式渐渐暴露了问题,在康熙二十六年,有商人故意拖欠课款,这就影响了盐的再生产。同时,商人会故意压低盐价,在康熙二十九年,盐商王德等将原来每百斤二两九钱的盐价压低到每百斤二两七钱。康熙三十年,又将盐价压低到每百斤二两五钱,致使灶户"薪本不敷,灶倒丁逃"。⑤灶、商、官的利益分配不均,加之当地一些特殊的社会环境,亦

---

① (清)孙元相:《琅盐井志》,禄丰县志办公室校注,云南科技印刷厂印装,1997,第2页。
② (清)孙元相:《琅盐井志》,禄丰县志办公室校注,云南科技印刷厂印装,1997,第14页。
③ (清)孙元相:《琅盐井志》,禄丰县志办公室校注,云南科技印刷厂印装,1997,第4页。
④ (清)孙元相:《琅盐井志》,禄丰县志办公室校注,云南科技印刷厂印装,1997,第6页。
⑤ (清)孙元相:《琅盐井志》,禄丰县志办公室校注,云南科技印刷厂印装,1997,第27页。

很容易在盐井地引发生存危机，这体现出盐业社会的脆弱性。如在康熙五十五年（1716），当年米价与柴薪价格都居高不下，生活生产成本顿时增加很多，同时商人索要的称头盐①过重，卤水比较有限但额定生产的食盐过多，造成当地灶户逃亡，食盐生产停滞不前的局面。其后，时任提举的沈鼐通过减轻称头盐、增加灶户薪本银的方式，才使当地盐业生产得以好转。

琅盐井的一口灶需要使用九口锅一起搭建，在煮盐过程中，九口锅轮流放置不同浓度的卤水，相互配合以实现成盐的最大效率，铁锅成为柴薪之外煎盐最重要的要素。铁锅因为日日夜夜在工作，所以很容易烧毁，平均一口锅烧一个月就得换新，灶户换铁锅较为迅速，因繁重的盐额必须保证每口灶都正常运转。在这个过程中，有些商人就认准商机，垄断铁锅的销售，同时抬高价格，将锅体做得轻薄。这样的铁锅往往遇水火就开裂，灶户损失惨重，亦苦不堪言。其后，或者灶户逐渐取得铁锅的铸造权，或者由盐官与地方官员联合治理铁锅乱象，问题才得以解决，灶户群体利益得到保障，食盐生产得以顺利进行。

各地的盐井地，就是一个个中心，围绕中心"散发"出去的盐道，就是盐井的动脉系统，起到物资流通的作用，盐井的盐往往除了满足当地需求外，还需要长距离运往外地。琅盐井地的食盐就常年运往云南东部的建水州、阿迷州、宁州、通海县、河西县、新兴州共六州县。据雍正十年（1732）的额定量，行盐量约两百万斤。② 运销食盐要通过道路来连接盐井地，琅盐井"东路为六州县行盐要道，南至威楚，西至定远，北至黑井，皆米薪所必由，非数年一修，即未免莩难行也"。③ 因盐道日常的人流量很大，每隔数年就需要大的修缮。道路修建在盐井志书中常有记载。康熙五年，由当地提举沈鼐筹集资金来修缮盐井东路；雍正五年，由提举汪士进、吏目孙复及众灶户捐资修建东路；雍正十二年，由提举李国义在东路与南路修建施水设施，设立水缸，以解决商旅饮水问题。同年，提举李国义还修缮了西路、北路的部分路段。乾隆二十年（1755），提举孙元相与

---

① 因盐在运输过程中会有损耗，称头盐不计入销售的食盐总量中，仅用于补充食盐长距离运输过程中的损耗。
② （清）孙元相：《琅盐井志》，禄丰县志办公室校注，云南科技印刷厂印装，1997，第29页。
③ （清）孙元相：《琅盐井志》，禄丰县志办公室校注，云南科技印刷厂印装，1997，第10页。

众灶户修通了东路转塘及鳌峰、高枧槽山脚一带的道路。① 盐道，多为官民共建，主要由地方官员提举发起，其中"民"，尤其是灶户出力出资最多，《琅盐井志》就有"行盐道路，与通衢不同，多系请项或捐修者"②的记载。琅盐井周边有十三处关哨，主要的工作是"传递文书，护送薪课"。③ 在乾隆时期的琅盐井井地内，有永正桥、玉带桥、西石桥、永康桥、鹿鸣桥、永济桥、玉城桥、河道木桥，这些桥的兴建与修复以地方灶户为主力。

在琅盐井盐业生产过程中具有盐政管理性质的空间主要有盐课司、行署、大使署、省城公署、盐仓。盐课司是当地最高盐业管理官员提举的办公驻地，也是所有建筑中最有气势的一处。有正堂三间、东西吏舍三间、大门三间、仪门三间、川堂五间、厢房六间、内宅后楼五间、左右翼舍各两间、饮冰厅三间、石舫一间、筠轩三间。行署又为公署，是用来贮藏盐课的地方。大使署亦是盐业官员驻地。省城公署作为盐课提举司的公产，收取的房租用于灶户每月到省城昆明上课支薪的开销。盐仓用以存放制好的食盐。

盐井地多能显示区域社会的典型性，在琅盐井具体体现于教育、市场、慈善、宗教文化层面等，这使其在区域社会中居于前列。琅盐井与州郡庠序并立而设有文庙，"以井地（琅盐井）人文渐盛，议照各省盐运司例，详请设学于司治东，置买民房，建立文庙"，④ 因琅盐井地文风日渐昌盛，原先"琅井儒童，旧系定远县汇考送府"，而在天启年间，改为"署司事楚雄府通判马良德详分井童归提举考，汇送府复考，送道取准拨入各学"。⑤ 这样一来，早至明代天启年间，琅盐井在教育方面，就拥有如定远县一样的教育特权，直接由提举司取得选拔人才的权力，选拔出来的人才直接参加楚雄府试。其后，琅盐井的教育特权还逐渐强化，在雍正三年（1725），"抚臣杨名时题定，岁科各取进附生八名，由提举司送府转院"，⑥

---

① （清）孙元相：《琅盐井志》，禄丰县志办公室校注，云南科技印刷厂印装，1997，第12—13页。
② （清）孙元相：《琅盐井志》，禄丰县志办公室校注，云南科技印刷厂印装，1997，第8页。
③ （清）孙元相：《琅盐井志》，禄丰县志办公室校注，云南科技印刷厂印装，1997，第7页。
④ （清）孙元相：《琅盐井志》，禄丰县志办公室校注，云南科技印刷厂印装，1997，第65页。
⑤ （清）孙元相：《琅盐井志》，禄丰县志办公室校注，云南科技印刷厂印装，1997，第73页。
⑥ （清）孙元相：《琅盐井志》，禄丰县志办公室校注，云南科技印刷厂印装，1997，第73页。

这样，每年参加府考的人员中，出自琅盐井的人才就有了定额，这为琅盐井人才的向上流动提供便捷通畅的渠道。从这种向上输送人才的畅通渠道，可以看出琅盐井的人才辈出。在教育层面，琅盐井在民国时期就办有琅井区高等小学校、琅井区国民小学校、琅井区女子国民学校。

琅盐井在清朝时期的集市分为安宁、永正、文昌、兴隆四个街区，在四个街区都建有门楼，由井兵轮流看守，康熙年间，提举来度还在四个门楼上题有"东来金碧""西迎苍洱""南瞻威楚""北拱神京"的匾额。琅盐井的慈善空间包括：惠穷仓（用以接济贫苦人家）、社仓（储存谷物、用以保证地方粮食安全）、养济院（为无依无靠的贫穷老人提供居所）、养生房（为没有房屋之人临时生育子女或出嫁女儿之用）、漏泽园（为穷苦的死者提供安葬之所）。琅盐井现存及历史上有志书记载的庙宇空间有：文庙、崇圣祠、文昌宫、魁星阁、明伦堂、风云雷雨山川坛、社稷坛、武庙、三公殿、敕封灵源普泽龙王庙、城隍庙、厉祭坛、旗纛神坛、土主祠、节孝祠、桂香殿、龙潭庙、奇峰寺、观音寺、兴隆寺、开宁寺、玉阁、归善寺、七宝寺、西来寺、玉皇阁、北极宫、白马庙、一真庵、保宁庵。

二　滇西盐区：白盐井、云龙井

滇西盐区包括白盐井、石门井、诺邓井、大井、天耳井、山井、金泉井、师井、顺荡井、乔后井、喇鸡井诸井。其中白盐井为滇西盐区的第一大井。此外，本研究亦选取了云龙八井中的诺邓井、宝丰井作为田野点。

（一）白盐井

白盐井[①]位于云南省楚雄彝族自治州大姚县西北部的石羊镇，距县城35公里，历史上也称为"白井""白羊井""美盐井"。[②] 白盐井下辖小西井、天福井、正硐井、旁井、扬云井、福寿井、添福井、宝泉井、大中井、灵羊井、石羊井、天成井、庆丰井、新井、正德井、新挖井、五福

[①] 本研究所提及的白盐井、白井、白羊井、白盐井区、石羊古镇，以及地方志所指的盐丰，在当地均为同一地理概念，在本书中，笔者统一用"白盐井"，但涉及引文、访谈、参考资料时，还是沿用原出处的名称。

[②] 周边彝族（里泼支系）称"白盐井"为"chu^{35}du^{55}"，意为盛产食盐的地方。

井、天德井、大厢井、中井、上井诸井。

现白盐井所在的石羊镇总面积407平方公里，人口2.8万人，有彝、白、哈尼、回、傣、苗等11个少数民族，共6365人，占人口总数的23%，是一个多民族聚居镇。① 在《大姚县盐业志》有记载：最先开发白盐井的民族为白蛮，白蛮尚白，因而所开发之盐井被称为白盐井。② 蜀汉建兴三年（225），诸葛亮五月渡泸水，将盐税用于军事开支。诸葛亮班师回蜀中后，白盐井盐即远销四川、西藏。蜀汉建兴十四年，越巂郡太守张嶷"开通旧道，千里肃清，复古亭驿"，丝绸之路畅通，往来盐商沿南方丝绸之路云集白盐井，中原文化随之传入蜻蛉。③ 到了唐代天宝年间，南诏和唐代边疆官吏发生矛盾，县域白蛮向西迁移入大理，继续开发白盐井食盐的为乌蛮。五代末至宋，白盐井属大姚堡千户所，隶属于大理万户府，由大理段氏政权统辖。西汉至宋，食盐销售由民自便，民煎民销。④

明洪武十五年（1382），在白盐井设置盐务管理机构——白盐井盐课提举司。明代白盐井共开凿有盐井21井，经营煎盐灶户达百余户，有灶丁200余人，柴薪伐运者300余人，年产盐33万斤，占全省产盐量185万斤的17.84%。贩运盐驮马四五百匹，白盐井区市场繁荣。在清代，由于地方官吏采取"计口授盐"政策，甚至"无盐有课"，激起民愤，嘉庆二年（1797）发生"盐祸"。嘉庆四年改为"灶煎商销"，盐商向提举司购买盐票，到指定灶户领盐后运销各地。光绪、宣统年间，白盐井食盐划定行销范围为23个府、厅、县、地区，年销969万斤盐。⑤ 民国元年（1912）置盐丰县，地方政权与盐政分治，井场改隶属于省实业公司，白井场署置督煎督销局。清代至民国末期，先后开的井硐达60余处，到了民国三十四年（1945）持续提卤煎盐的井硐有24井。

---

① 大姚县地方志编纂委员办公室：《大姚县志（1978—2005）》，云南人民出版社，2010，第30页。
② 大姚县地方志办公室：《大姚县盐业志》，楚雄日报社印刷厂印装，2002，概述部分第1页。
③ 大姚县地方志办公室：《大姚县盐业志》，楚雄日报社印刷厂印装，2002，概述部分第1页。
④ 大姚县地方志办公室：《大姚县盐业志》，楚雄日报社印刷厂印装，2002，概述部分第1页。
⑤ 大姚县地方志办公室：《大姚县盐业志》，楚雄日报社印刷厂印装，2002，概述部分第1—2页。

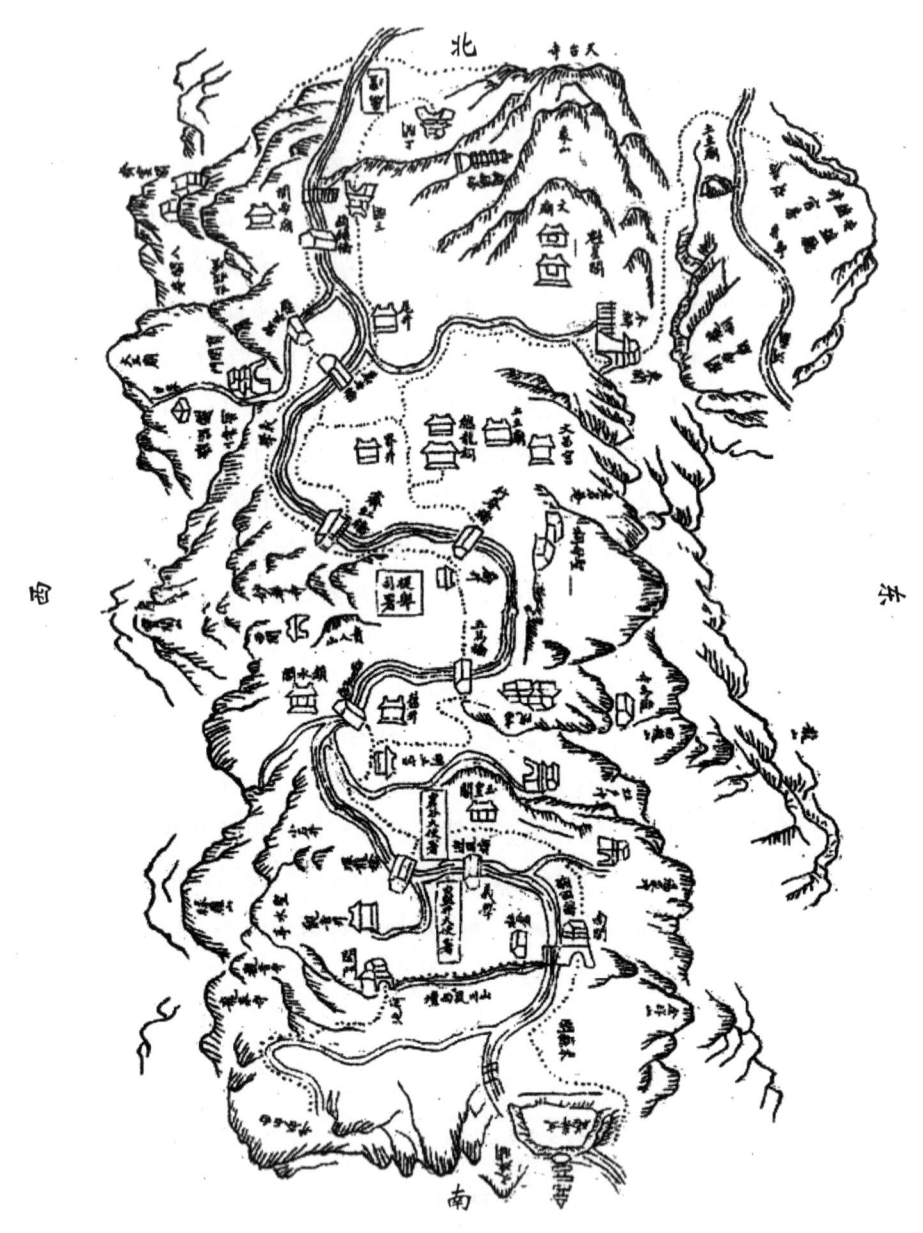

图 1-4　清代白盐井地形

资料来源：（清）郭存庄纂修（乾隆）《白盐井志》（卷一·地图），张海平校注，载杨成彪主编《楚雄彝族自治州旧方志全书·大姚卷上》，云南人民出版社，2005，第405页。

在当地的地方志中，有盐对于白盐井重要性的表述："其地以盐名，学以盐开，凡兹一切兴建文物之得比于州郡者皆以盐，故而旁流上达，则盐政之因革损益，所关于吏治民生者，诚不可以苟焉而已。夫白井开于汉，益于唐，其始不过听民自煎，收其岁入而已，至明而乃渐增，迨本朝而遂以数百万计，毋亦天壤。山泽之利，有渐辟而至于极盛者，与抑物华天宝，人杰地灵，有不可遏抑者也。"① 白盐井的发展"皆以盐故"，由于盐业开采时间早，其社会发展在云南区域范围内较早，社会发展脉络跟随食盐生产而变化。

白盐井因井在深山中，地势逼仄，加之煎盐烟火昼夜不停，故盛夏比当时的姚州城更热。白盐井在食盐生产过程中对柴薪的大量消耗，造成当地小环境的改变，也从一个侧面反映当地"以卤代耕"的生计形态。白盐井在明清盐业兴盛之时，每天熬盐需要消耗柴薪数万斤，且不算做燃料的枝叶。据《新纂云南通志》记载，清代中叶白盐井每生产 100 斤盐需要消耗柴薪 300 斤至 400 斤。若按照清代康熙四十五年（1706）的盐产量 870 万斤来计算，平均每天产量为 2.4 万斤，则需要消耗柴薪 8 万斤左右。如果每人每天砍柴 300 斤，每天大约需要雇 270 人上山砍柴。加之运输的工人，需要的人工量可想而知。因此砍柴、运柴、卖柴就催生了一批以柴谋生的人群。同时，卖柴薪成为周边少数民族经济收入的主要来源。

图 1-5 今白盐井全貌

资料来源：作者拍摄。

---

① （清）郭存庄纂修（乾隆）《白盐井志》白盐井志跋，张海平校注，载杨成彪主编《楚雄彝族自治州旧方志全书·大姚卷上》，云南人民出版社，2005，第 543—544 页。

新中国成立之后，为解决民众日常的食盐需求，政府采取财政补贴制盐薪本的形式，统一全省盐价。1955 年，白井盐场更名为白井盐厂，隶属于云南省盐务管理局。1958 年，大姚、盐丰二县合并置大姚县，食盐销售归大姚县商业局管理。1964—1968 年，因在楚雄的一平浪盐厂建成投产，又正值石羊盐厂煎盐柴薪缺乏，于是大姚县盐厂停办。1969 年，为解决大姚县人民的用盐问题，抽调民工联办大姚县石羊盐厂。1970 年，石羊盐厂引进了平板锅制盐生产线，改用煤作为燃料，结束了长期以来采用筒子锅烧柴煎盐的历史。白盐井的食盐运销以 20 世纪五六十年代为时间节点，从之前的人背马驮，发展到拖拉机、汽车运输。①

（二）云龙井

除白盐井外，在滇西区域有影响力的还有云龙井，云龙井亦是以区域盐井群的形式出现的，云龙井区域下设八大盐井。民国时期，整个云龙八大井共有在编灶户 445 户，其中石门井 68 户、金泉井 55 户、诺邓井 75 户、大井 72 户、天耳井 84 户、山井 15 户、顺荡井 36 户、师井 40 户。② 云龙八大井的食盐主要运往滇西的永昌一带，从盐井地到永昌，有十七站的路程，没有任何水运可以依靠，唯有人背马驮，大井年均产量为 28 万斤的食盐就是靠这样的方式一一运送出去的。通常一匹马所运的一驮食盐约为 100 斤，每站脚价 2 钱。因云龙一带位于典型的横断山脉，沘江、澜沧江、怒江对云龙进行了南北切割，加之山高谷深、箐多林密、岩突石悬，交通艰难程度可想而知。在云龙八井中，笔者重点关注的田野点是诺邓井、宝丰井两个盐井。

1. 诺邓井

诺邓位于现云南省大理州云龙县诺邓镇南部，是一个典型的山地村落。诺邓所属的云龙县，在西汉至南北朝时期的古地名为"比苏县"，这是一个白语地名，意为"出产盐的地方"。因产盐之故，诺邓的咸菜比较出名。在诺邓，因为卤水资源和适合发酵的环境，当地四季都在腌制食物，如以蔬菜为原料腌制的豆豉、豆腐乳、豆瓣酱、豆饼、腌菜等；以猪肉为原料制作的火腿、腊肠、吹肝、套肠等。当地妇女将各类腌制品的制

---

① 大姚县地方志办公室：《大姚县盐业志》，楚雄日报社印刷厂印装，2002，概述部分第 2—3 页。
② 李仕彦编著《记忆大井》，云南民族出版社，2007，第 60 页。

作作为必备的技能，而妇女的本领也就在每餐饭食间得到了展现。这些腌制品的得名都得益于卤水资源，这些咸菜也成为当下从盐业社会转向旅游开发的过程中，外地游客在当地的特别味觉体验。

整个村落沿着山地地形而居，地势较为陡峻，直到现在，整个村落因为地形的制约，村落建筑依台构建，道路没办法修到村里的每家每户。因此，当地的公路仅到村口，进村需要徒步，重物需要人背马驮。现在游客进入村内旅游，专门会有人赶着村里的骡子帮游客运送行李。村落的最低处即进村口，要走到村子的最上头文庙一带，需要徒步40多分钟时间。这样一个于当下交通通达性越来越高的社会中不符合理想人居条件的诺邓，过去就是因为生产食盐而形成村落的。诺邓村落从传统农耕社会的角度来看，并非理想的定居之所，因为坡度较大，不利于房屋建盖与出行，地形过于狭隘，不利于村落的发展，同时，当地缺乏水田，仅有少量的坡地。在当地还未转型旅游生计的时候，尤其自1996年当地盐业生产彻底停止以来，当地面临严重的土地不够用、粮食不够吃的问题。这样看来，诺邓村的形成皆以盐故，当地在村落发展的历史中，也充分发挥了能动性，发展出适应当地特殊自然人文的独特建筑风格。诺邓自《蛮书》有记载以来，

图 1-6　现诺邓古村村貌

资料来源：作者拍摄。

已经有千年的历史，梳理当地的历史，可以发现其是一部当地人为了更好的生活而积极营建当地生活生产环境的历史。

诺邓现有两家私人性质的民俗博物馆——杨黄德家庭生态博物馆和黄霞昌家庭生态博物馆，馆内均有大量的盐业时代的旧物件、家谱、契约等实物资料。现主持管理杨黄德家庭生态博物馆的黄文光先生，其祖上就是专门从事盐业生产的，因此他家的博物馆专门有展柜展出祖上从事盐业生产的物件，如刻写有"诺井同义盐号"和"复兴号"的印章。

诺邓村现有古建筑保存较好，这得益于建筑建于台地地形，免去了洪水等灾害的侵袭。这是一笔宝贵的盐业时代的财富遗存。诺邓井的古建筑一部分是古民居。古民居共有 103 座，① 均是清代至民国时期保留下来的建筑。因地势因素，当地巧妙利用地形而形成具有当地特色的"一颗印四合院""四合五天井""三坊一照壁""五滴水四合院""台梯式四合院"等建筑形式。房屋的内部结构也比较讲究，于盐业时代的一般人家而言，家里都有供桌、八仙桌、太师椅等和中原文化中比较类似的物件。诺邓井的另一部分古建筑是宗教庙宇。诺邓村宗教庙宇空间在历史鼎盛时期有 40 多座，② 现经过重建、修复等，仍存在的共 20 多座。有玉皇阁、文庙、武庙、文昌宫、弥勒殿、真武庙、云崇寺、香山寺、王母寺、古岭寺、观音寺、三崇庙、本主庙、财神庙、龙王庙、川祖庙等。

在诺邓盐井，至今还能看到卤水龙王庙。其位于进村口处，这里是整个诺邓村地势较为平坦的地方。卤水龙王庙建筑所占面积也比村内其他宗教空间要大，是村落的核心宗教空间。卤水龙王庙设有龙王的牌位，牌位上方有五条龙，中间写有"敕封灵源普泽卤脉兴旺得道龙王之神位"，这一牌位的文字与白盐井如出一辙。舒瑜在研究中，专门讨论了诺邓盐井卤水龙王与周边淡水龙王的关系隐喻。在她的考察中，盐井的卤水龙王地位高于周边淡水龙王，强化盐业社会"以卤代耕"的道德合法性，从而缓解中国传统社会中"重本抑末"的道德危机。③ 诺邓的龙王庙中供奉的龙王与周边从事农业生产供奉的龙王是完全不同的。因煮盐之故，当地盐业社

---

① 杨国才：《中国白族村落影像文化志——诺邓村》，光明日报出版社，2014，第 44 页。
② 杨国才：《中国白族村落影像文化志——诺邓村》，光明日报出版社，2014，第 133 页。
③ 舒瑜：《微"盐"大义——云南诺邓盐业的历史人类学考察》，世界图书出版公司，2010，第 249—257 页。

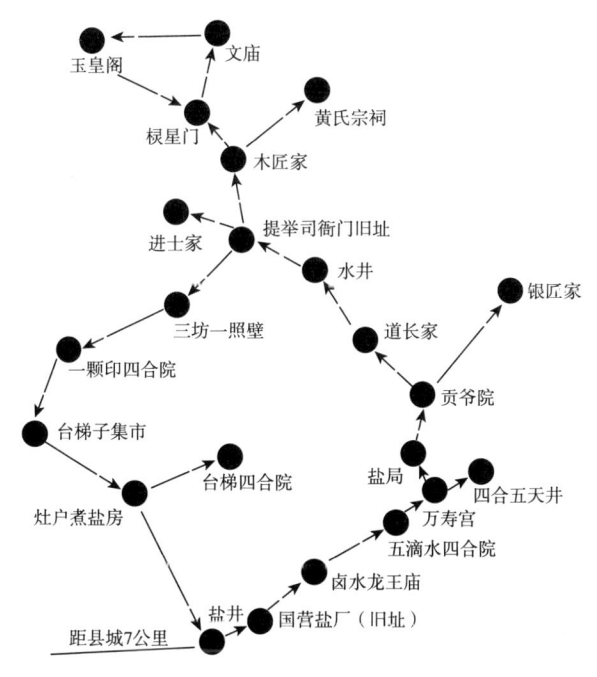

图 1-7 诺邓主要文化空间示意

会将雨水龙王替换为卤水龙王，祈求不要有过多雨水而多出卤水，以实现食盐产量的增加。诺邓卤水龙王庙正殿对联写有"井养不穷资国赋，龙颜有喜利民生"，横批"以井养民"，道出诺邓盐功能意义的两个维度，一是国家赋税的构成部分，二是民众的用盐安全保障，其于国于民都是有利的。正殿供奉卤龙王夫妇，神像周边写有对联"玉液甘霖徐徐润，金波法雨涌涌来；龙颜有喜家家乐，玉泽常流处处恩"，横批"利国利民"。每年正月，诺邓均有祭龙王的仪式，盐井地的祭龙王，不像农业社会一样祈求下雨，以获得庄稼的收成，相反，盐井地祭祀龙王，会祈求天少下雨，这是为了保证卤水的高浓度。高浓度的卤水可大大减少食盐的生产成本，提高食盐产量。每年诺邓井祭祀龙王的仪式——龙王会，会持续几天，戏班唱戏，酬神娱人，祈求"卤旺盐丰"，龙王会期间还伴随有隆重的商品交易活动。

诺邓村因悠久的盐业社会文化积淀，成为有独特优势资源的旅游村落。2002 年，诺邓村获"省级历史文化名村"称号，2005 年被有关部门列为云南省开发建设型旅游小镇，同年获评"中国最具旅游价值古村落"称号，2007年由国家文物局和建设局公布为"中国历史文化名村"之一，由中国国土经济学会古村落保护和发展委员会公布为"中国十大景观村落"之一。

2. 宝丰井

宝丰井位于云南省大理州云龙县，旧称雒马、金泉井、旧云龙，今为宝丰古镇。宝丰古镇"因盐而兴"，在历史上是著名的云龙八大盐井之一。宝丰古镇以盐业为依托，具有深厚历史文化底蕴，享有"文墨之邦"的美誉。宝丰古镇于2007年被授予"省级历史文化名村"的称号，并于2012年被评为第一批"中国传统村落"。

宝丰井因产盐之故，因井设治，后为了解决"其实云龙以盐课为要务，井司遥隔，不无鞭长莫及之势"[①]的问题，在明代崇祯年间，云龙州府被由旧州迁至雒马井。这一来强化了宝丰井的盐务管理，其盐务的重要性从光绪《云龙州志》中可以见得，该版本的志书中特设"盐政"一卷，对宝丰井盐政进行详细梳理；二来提升了宝丰井的政治地位，州治迁移到宝丰井，标志着宝丰井在经济地位基础上又增加了区域的政治地位。这样，以宝丰井取得州治中心为标志，宝丰井区域政治中心的位置得以确立。

今宝丰古镇，就是在盐业的基础上发展起来的地方经济、政治、文化中心。在宝丰井，最早设立的管理部门是盐业机构——盐业提举司，提举司在开始的时候仅管理盐政。"先是雒井士民，以其地文风渐兴，学校未立，士游别庠。又提举司惟司盐政，民事不得预，非便，屡请改州建学。"[②] 随着盐业社会的不断发展，当地在经济发展的基础上文风渐兴，科举制度下培养出来的人才也越来越多。其后，宝丰井就拥有了更多文化自主性。将宝丰井改为州的建制，设立与州匹配的教育机构，给宝丰井专属的学额，为宝丰井的发展提供了更多的资源与机会。

宝丰井位于滇西，地理位置非常偏僻，但因为有盐井，其向周边区域源源不断供应食盐，久而久之，形成了高度通畅的交通网络。宝丰井的区

[①] （清）王浒纂修《康熙云龙州志校注》，黄正良、张杨校注，云南人民出版社，2019，第4页。

[②] （清）陈希芳纂修《雍正云龙州志校注》，黄正良、尹含校注，云南人民出版社，2019，第4页。

域交通，在当地的地方志中有记载："在府治西五百里。东自砥柱桥起，五里至邮亭，又五里至瓦工桥，又十里至太平哨，又五里至木瓜笼桥，又五里至石门井，又七里至大井，又三里至天耳井，又二里至山井，又十五里至新关哨，又二十里至关坪，又十五里至九渡，又二十里至三哨贤，又五里至云浪分疆。共计一百一十七里，交浪穿县界。"① 从宝丰井的交通来看，可以看到宝丰井与周边区域保持着密切的联系，其与大理府、云龙其他盐井地，均有交通的联系。而使交通得以流畅的邮亭、桥梁、铺、哨、渡口等，建设也较为完善。交通的通达性正是食盐顺利运输的有力保障。康熙时期，云龙州交通有"十二里"的记载，"十二里"分别为：云銮里、雒马里、松坞里、汤稿里、永定里、归化里、师井里、顺荡里、十二关里、诸邓里、上五井里、箭杆里。

大雒马是宝丰井食盐的出关通道，康熙年间云龙州知州顾芳宗所写的《大雒马山邮亭碑记》，专门记载了虽然当地地势险峻，但为了道路的通畅，为了食盐的顺利运输，当地还是进行了筑路工程。"云龙虽僻在西南鄙，然而南连永绵，北通丽水，西亘潞江，东扼楚豫滇黔之冲……而鸟道迂回，悬车束马，难以飞渡。一当春夏霪潦之交，洪波汩没，裹足不前。蛟螭窝其中，而猿狄号其上。昔人曰'蜀道之难，难于上青天'。与五云甸较之，觉蜀道犹为坦途也。余自戊寅夏，叱驭至此，拔木甃石，次第兴举。又募五丁手，伐崖蟠石，建邮亭十数椽于大雒马山之巅。瞻蜀汉之仪像，可以作忠。瞰隔岸之温泉，用以祓濯。……为州牧者，视涂视馆，高其闲阌，厚其墙垣，加之以丹腰黝垩焉，所以重王命也。若夫行道之人，苦蔽风雨，义浆之设，解相如渴，特其余事耳！成予志者，州之绅衿，灶属耆旧。"② 一方面，宝丰地处滇西，地理位置比较偏僻。另一方面，其地理位置也有特殊性，南可通缅甸；北可到丽江，进而进入藏区；西与怒江接壤；东则可以进入滇中，进而进入贵州等地。虽然云龙仅有羊肠小道，要修路简直比"蜀道难"还难。但当地还是开足马力，开通了雒马山道路，在雒马山山顶修筑了雒马亭。对于道路建设，州府官员尤为重视。修

---

① （清）陈希芳纂修《雍正云龙州志校注》，黄正良、尹㐌校注，云南人民出版社，2019，第7页。
② （清）顾芳宗：《大雒马山邮亭碑记》，载（清）陈希芳纂修《雍正云龙州志校注》，黄正良、尹㐌校注，云南人民出版社，2019，第88—89页。

建好的雏马亭,"可以往来憩息,可以迎送宾客,可以防盗贼之越逸,可以补风气之残缺",① 进一步强化了宝丰对外食盐运输路线的通畅性。

图 1-8 现宝丰古镇局部

资料来源:作者拍摄。

宝丰井在明代即"四方汉人慕盐井之利争趋之,因家焉,久之亦为土著。其俊秀子弟渐渍而为衣冠文武之士",② 因盐业资源促进了移民与人的流动,渐渐地,宝丰井形成汉族移民与地方少数民族并存的人口结构格局,他们的后代在科举体制下成为"衣冠文武之士",也成为被国家认可的阶层。因此,汉族移民的在地化,同时也是当地土著实现向上的社会流动的重要方式。

三 滇南盐区:磨黑井

磨黑井区下包括磨黑井、按板井、香盐井、益香井、石膏井。从滇盐

---

① (清)陈希芳纂修《雍正云龙州志校注》,黄正良、尹含校注,云南人民出版社,2019,第89页。
② (康熙)《大理府志》(卷十二),杨世钰、赵寅松主编《大理丛书·方志篇》(卷四),云南民族出版社,2007,第114页。

开发的整个地域来看，较早开发的是滇中地区和滇西地区，这两个地方的盐产量也较大，开采的延续时间也最长。滇中与滇西两地的食盐开采，据有关历史资料的记载，可以追溯到汉代，汉朝在这两个区域设有盐官，代表国家力量来管理盐井。其后，食盐产量逐渐增加，所产食盐在区域的影响力也逐渐增强。盐不管作为自然资源、经济资源还是文化资源，在滇中和滇西盐产地都能感受到其强烈气息。而滇南盐区的盐业开发大致自清代才逐渐兴起，此前因食盐产量较小，多为当地民众自煎自食。自清代以后，滇南盐区才被纳入国家的管理范围，并伴随生产力的提高，逐渐以国家为主力在此开采食盐。

磨黑井位于现云南省普洱市宁洱县磨黑镇，磨黑是傣语的汉译地名，意为"开采盐矿"的地方。其因作为滇南盐区的食盐主产地，素有"滇南盐区"的美誉。磨黑井于雍正三年（1725）开井取卤。道光二十六年（1846），磨黑井归石膏井大使管辖。同治十三年（1874），政府在磨黑井设立磨黑盐课司，磨黑井的国家化程度得以加强。民国时期，政府在磨黑井设有煎督煎销总局，在民国三年（1914），磨黑煎督煎销总局改为磨黑盐场总局。民国五年（1916），磨黑盐场总局改为磨黑盐场公署。民国二十七年（1938），磨黑盐场公署改为迤南盐场公署。现磨黑井的食盐还在生产中，云南省盐业有限公司普洱制盐分公司就设在磨黑井，生产大象牌的食盐。

自清代滇南盐区的位置得以确立之后，磨黑盐的产量比较可观。尤其以清代同治四年为标志，磨黑井的宝兴硐成为采盐矿后，制盐工艺由汲卤煎盐改为采矿溶矿煎盐。制盐技术的这种改变，大大降低制盐成本，提高了制盐效率。至清代光绪二十一年（1895），磨黑井的食盐可以达到3260吨的产量，实现了全省产盐量第二，排名仅次于黑盐井。而到了民国时期，磨黑井可以实现7000多吨的产量。不过，随着磨黑食盐年产量基数的增大，磨黑井也面临着食盐生产原料柴薪的供应危机。"附近山林大多砍伐殆尽，目前所用，均系数十里以外地区运来，故柴薪甚感缺乏。"[1] 民国时期，磨黑井针对柴薪问题，还于磨黑制盐同业公会下设有"公柴处"，[2] 专门处理盐业生产过程中的柴薪问题，柴薪作为一个问题被提到盐业生产

---

[1] 云南省档案馆：《民国云南盐业档案史料》，云南民族出版社，1999，第157页。
[2] 云南省档案馆：《民国云南盐业档案史料》，云南民族出版社，1999，第115—116页。

的重要议程中。公柴处利用组织力,收集周边区域柴薪,商议柴薪价格。在柴薪供给困难的时候,其通过强力要求前来运盐的牛马脚人,须运送进一定数量的柴薪方可获得食盐的销售权。

"磨黑井盐之运赴猛烈,计程七站,运赴王布田,则由井至元江计陆程八站,由元江经水路二站而至斐脚,再起载转运,以至王布田边岸,又计程九站。以上各井公安运输边盐程站,平夷者少,仄陂者多,无论驮载担负,人马均易疲困,故每日仅行四五十里或七八十里,平均而计,约以六十里为一站,此亦地势使然,非人力之不求进步也。"[1] 档案资料专门有关于磨黑井区食盐销售的路况问题及解决的说明:"查磨元段运输盐斤,其唯一工具,不外马牛驮运及用人背挑二种,盖次磨黑至元江一段,崇山峻岭,羊肠马道,不惟山路崎岖,且途多草芥,商旅苦之。而运盐商脚被劫抢者屡见迭出,为维护盐运起见,职处迭函请元墨石县府随时游击查拿请准保护。再元邑乃迤南孔道,军旅及各界公务人员经过,常发生封马情事,马脚闻讯,即行逃避,甚至七八日尚未敢出面者,不惟影响运输,而一般奸商即为借此居奇之机会。主任莅元以后,自睹斯况,除设法向当地县政府予以严重交涉外,并呈请迤南场署发给运盐脚商护照,饬其随时携带身边,借资保护矣"[2]。滇盐交通本身艰难,加之很多人为因素对路造成的破坏,滇盐的运输更是充满了风险。因此,滇盐的正常运输非常强调区域间的协同合作,以共同规避可能的道路隐患。

元江位于今云南中南部的元江哈尼族彝族傣族自治县,历史上是磨黑盐的集散中转站,所产食盐要么往东运往滇东的建水、蒙自、个旧等,要么往北运往昆明、玉溪等地。在元江,主要的交流物资就是食盐,新中国成立以前专门经营食盐的较大店铺就有30多家,其中挂有盐号的有张泉鸿的"永生利"、杨殿清的"正兴龙"、李和才的"和利源"、熊鱼斌的"胡庆昌"、张建中的"瑞兴利"等。盐号一般拥有自己的马帮,如李和才的"和利源",其是拥有500多匹骡子的马帮,一般在磨黑与元江之间运输大米和食盐。马帮走得远时会到玉溪、昆明、石屏一带。[3]

---

[1] 云南省档案馆:《民国云南盐业档案史料》,云南民族出版社,1999,第3—4页。
[2] 云南省档案馆:《民国云南盐业档案史料》,云南民族出版社,1999,第294页。
[3] 王仁湘、张征雁:《中国滋味:盐与文明》,辽宁人民出版社,2007,第142页。

第二章
盐与滇盐生产

盐是如此平常普通，如此易于获得，并且如此廉价，以至于我们已经忘记，从人类文明开始直到大约 100 年前，盐都是人类历史上搜寻频率最高的一种商品。[①]

本章主要关注滇盐的历史发展议题，为后续的研究提供开阔的历史、政治等多维背景的支撑，以便更好地理解滇盐、滇盐古道、周边区域的经济共生、周边区域民族关系研究的逻辑与意义。本章具体围绕滇盐的意义、滇盐的发展历史、滇盐与盐政、滇盐与国家化四个要素来展开讨论。

第一节 滇盐的意义

滇盐的意义正是笔者关注滇盐的出发点，亦为透过滇盐看云南区域社会提供合理性解释。盐是维系人类、动物甚至植物生命体征的重要物质，直到现在都具有不可替代性。因盐的重要性，盐一度成为与货币同等价值的一般等价物。盐是人类日常生活中的常见物品，也以不可取代的价值被奉于神堂，通过仪式固化盐的神性。而滇盐，对于云南区域社会而言具有重要意义，亦是全面理解云南区域社会的一扇窗口。滇盐对于云南区域社会的重要意义表现在三个维度，一是滇盐的盐税是云南税收的重要来源；二是滇盐的开发为云南人口的增长保驾护航，同时，云南人口的增长亦促

[①] 王仁湘、张征雁：《中国滋味：盐与文明》，辽宁人民出版社，2007，第 176 页。

进了滇盐的生产，加大其对云南区域社会的贡献；三是从物质文化的流动视角看，滇盐的生产与运销，盘活了人的流动与其他物品的流动，促进了云南区域社会的发展。

一 盐的重要性

"斗米斤盐""白金"一类的说法，是对盐在历史上作为日常生活必需品且富含较高价值的形象表述。盐在历史上的重要性，会通过一些从过去留存至今的词语表现出来。英文单词的"薪水"（salary）一词源自拉丁文的 salariun，意为"买盐的钱"，是罗马帝国时代发给士兵用于买盐的钱。在罗马帝国时代，人们会用盐的价值去衡量一个奴隶的价值，有"他（奴隶）不值这么多盐"之类的说法。

中国历史地理学家任乃强在梳理历史文明的时候，将盐与文明繁衍之间的关系做了大胆的联系。他在《羌族源流探索》一书中为这样的大胆假设进行了求证，指出人类的文明实则就是追寻着盐的味道而一步步迁移扩散的历史。[①] 如羌文化圈，就是从青藏高原的若干盐湖扩散开来的。如山西河东成为尧、舜、禹的故乡，成为中华文明的发祥地，其实也是当地解州盐池的盐利之故。由此看来，盐就是一把解开纷繁复杂历史谜题的钥匙，有了这把钥匙，理解历史的线索就得以明晰。

在历史进程中，盐因其重要性，曾成为一般等价物，在云南就有"以盐为币"的历史遗存。李京的《云南志略·诸夷风俗》记载："金齿百夷，交易五日为一集，旦则妇人为市，日中男子为市，以毡、布、盐、茶互相贸易。"[②] 这段记载指出，在少数民族集市中，盐成为集市贸易的重要物资，且少数民族集市呈现繁荣气象。在《马可·波罗行纪》中，有云南"以盐为币"的现象，"以盐为币"，凸显和稳定了盐的价值，同时，也拓展了盐的流通渠道。沙海昂在后续给《马可·波罗行纪》做注释的时候，也专门强调了"用盐作交易货币，在缅甸、掸种诸国及云南等，昔颇风行"，[③] 尤见"以盐为币"习俗的区域广度。在南诏时期，就有将食盐制成

[①] 任乃强：《羌族源流探索》，重庆出版社，1984。
[②] （元）李京：《云南志略·诸夷风俗》。
[③] 转引自王仁湘、张征雁《中国滋味：盐与文明》，辽宁人民出版社，2007，第191页。

重为一两或二两的颗盐的,"颗"成为盐币的计量单位,主要用于小规模的商品交换与购买。以盐为币,增加了食盐的流动量,同时也强化了食盐的价值,提升了区域内经济的聚合能力和区域内民族交往的凝聚力。"以盐为币"的相关习俗在云南的地方志中也能找到,如明嘉靖年间的《大理府志》卷二中就有记载大理、永昌(今保山一带)有专门的盐市出现。①在清初云南实行"废贝行钱"之前,盐与贝币在云南长期并行使用,形成用作交换的一般等价物。哪怕是在"废贝行钱"之后,盐还在一些地区充当了一般等价物,如在康熙年间的《元江府志》中有记载"昔多用贝,今易以土盐,夷民甚便"②,虽然行钱制度在深入,但地方人群用盐代替货币的惯习还未改变。直到 20 世纪,盐币在一些少数民族地区还有保存。方国瑜先生于 1936 年在云南南部区域的拉祜族地区做田野调查的时候,就发现了"适值集市日期,凡交易先买盐块,再以盐价购零物"③的现象。

因食盐生产所需要的薪本是以金钱的形式来体现的,在云南有个别地方在清代时货币还难以流通,如在丽江,带着银两去买柴薪是行不通的,需要"以物易物",以食盐交换柴薪。"丽江井邻栗粟、巴苴、俅人、怒人等类,无附近街市,买卖不知用钱,煎盐不给薪本。惟以煎获盐斤半给各灶作薪,与夷人易柴薪、杂粮,资煎煮用度。余为官盐,运入府境行销"。④ 在丽江井附近没有市场,当地民众没有市场的概念,钱也就无法在该地流动。因此,在丽江井就没有薪本一说,而是采用了折中的做法。将生产的食盐留于井区一半,用来与周边居民交换柴薪等,剩余的一半再用于别地销售。

盐在历史上是金贵之物,并非每个个体都能安全地吃上食盐,有歌谣就这样形容吃盐的艰辛,"斗米难换一斤盐,想吃咸点等过年。索索吊起舔一舔⑤,娃娃哭得泪涟涟"⑥。在传统食物中,咸的食物会置于好食物的

---

① (嘉靖)《大理府志》(卷二)。
② (康熙)《元江府志》。
③ 方国瑜:《云南用贝作货币的时代及贝的来源(附:云南用盐块代钱的记载)》,《云南社会科学》1981 年第 1 期,第 41 页。
④ 《新纂云南通志》(七),牛鸿斌等点校,云南人民出版社,2007,第 215 页。
⑤ 吃盐困难的地方,就有一些吃盐的独特方式,人们未将盐直接放入食物中,而是将盐块用绳子(俗称索索)吊起来,吃饭的时候用舌头舔一舔,称为吃吊吊盐或舔盐。
⑥ 王仁湘、张征雁:《中国滋味:盐与文明》,辽宁人民出版社,2007,第 113 页。

顶端，如火腿、咸菜，这些食物需要利用大量的食盐来进行腌制，且利于保存，是人们从日常食物里获取盐的便捷途径。在田野调查中，笔者听过这样的例子，在过去请人来家里吃饭，最怕食物淡而无味，而相反，如果一家的食物偏咸，则是一种好的味觉体验。从今天的饮食理念来看，少盐，甚至有时做点淡菜是健康的，而回到过去宴请客人的时间空间，这就是很没有面子的事情了。因此，盐的咸这样的味觉体验在历史时期也体现着一家人的面子，成为身份的象征表达。在盐业社会，盐的先天易获取，成就了盐业社会偏咸的特色食物。因此，盐业社会中生活的人们，口味也是稍微偏咸的，如从"不咸不淡，九斤半"的白盐井用盐习惯来看，一年每个人吃九斤半的食盐，已然超出了现在每天健康的用盐标准。[①] 著名的马帮菜"水煮牛肉""卤牛肉"，就是将卤水作为天然的卤料来成就的美味。偏咸的味道正好补充了马帮行进过程中汗水流失过后的盐分所需。同时，盐是天然的防腐剂，这类马帮菜也利于马帮在行进过程中的食物保存。当下被炒得火热的诺邓火腿，其价格是周边区域火腿的两倍多，好的品质得益于诺邓的盐。黑盐井、白盐井、磨黑井、诺邓井等盐井地，用盐为原料做的腌制品也比较出名。

不只是人类，很多动物也如人一样，必须依赖盐才能维持生命，比较典型的像羊、牛、马、鹿等，就常常眷顾于有盐的地方。在元代，"至顺二年（1331）十一月，云南行省言，亦乞不薛[②]之地所牧国马，岁给盐，以每月上寅日啖之，则马健无病。比因伯忽叛乱，云南盐不可到，马多病死。诏令四川行省以盐给之"。[③] 亦乞不薛的势力范围在贵州，此信息一则透露贵州多食用滇盐的情况，二则透露盐作为国家战略物资的重要意义。盐是国家战略物资，在国家出现紧急情况需要应急的情况下，政府对食盐有调配的权力与能力，故而在军事中，在贵州马匹因缺少食盐而遭病死的紧急情况下，政府立马调配了地缘上近邻四川的盐进入贵州，以缓解军队食盐紧缺带来的危机。三则体现盐对于生命生成的重要意义。食盐不仅是

[①] 世界卫生组织发布的每天健康的用盐标准是每人6克，而白盐井的每天用盐则是每人12克。
[②] 《新纂云南通志》（七）中为"亦乞不薛"，据文献《亦溪不薛考》考证，此名在文献中还有"亦溪不薛""亦奚卜薛""亦乞卜薛""也可卜薛"的表达，以"亦溪不薛"的表达最多见。参见史继忠《亦溪不薛考》，《贵州社会科学》1981年第4期，第38—41页。
[③] 《新纂云南通志》（七），牛鸿斌等点校，云南人民出版社，2007，第145页。

人类生命生存的必需品，也是动物维持生命体征不可或缺的物质。与人类社会紧密联系的马匹、牛羊、猪等牲畜，均需要人定期喂食一定数量的食盐，才能维持正常的生命需求，这就势必加大日常生产生活中盐的用量。盐的正常供应与否，涉及人类正常的生产与生活能否开展的问题。盐的生产与运输过程，也带动了为人类充当重要劳动力和重要肉食来源的诸多动物的生存与繁衍，动物的繁衍反过来促进了人类社会的再生产。在滇西的山地白族地区，会有专门给牛羊马喂盐水的场地"盐槽地"，也有专门在立春时节给牛羊马喂盐的特定习俗"饲盐节"。[1] 人类以动物世界对食盐的强烈依赖为表征，表达人类社会对食盐同样强烈的依赖诉求。

"盐"的重要性在地方的地名与民族命名中有直接体现。在白族方言中，"盐"为"bi"，而在当地地名与人名中书写为汉字的"比""沘""宾""宓""濞"等，这些在白语中都是同音字，都表达"盐"或与"盐"相关的意义。因此白语中的"沘江"就是"盐江"的意思，"比苏"就是指因为食盐而聚居起来的人群。也有研究考证，现作为白族支系的"那马人"，其白语的发音与骆姆、老姆、诺邓诸盐井地的发音类似，且都含有"龙人"的意思，因此，"那马人"也就有了"龙井地的制盐人"[2]之意。

盐的重要意义也会通过仪式象征的方式表达出来。例如，诺邓的"盐米碗"仪式。盐在仪式中被认为具有超能力，会与健康、长寿、性能力、生殖、真诚、纯净等意涵联系在一起。因此，盐在仪式中多有避邪的作用，因邪恶之神也是惧怕食盐的，如在惠州客家人迎新娘的习俗中，会在接新娘的途中撒盐、米、芝麻，用于祭祀桥神和路神，避免以新娘的到来为标志，将其他不好的部分也带来。如淡食成为苦难的记忆，同时，也成为自我约束的仪式表征。在历史文献中，我们能看到一些地方守丧会延续一种淡食的习俗。盐也是重要的社会关系沟通物。如在贵州的侗族地区，盐亦运用到婚礼习俗中，男方请媒人到女方家说媒，会为媒人准备半斤盐和二两茶叶。如果女方同意说媒，会收下盐和茶叶，如果不同意则会退回。因盐的重要性，盐已经泛化到众多的仪式中，在仪式现场呈列的食物

---

[1] 赵敏：《隐存的白金时代：洱海区域盐井文化研究》，云南人民出版社，2011，第16页。
[2] 李万昌、李晓岑：《大理古代若干科技成就讨论》，载张旭主编《南诏·大理史论文集》，云南民族出版社，1993，第226页。

中，多容易看到盐的身影。笔者于2021年5月29日参加的大理周城栽秧会，其仪式现场献祭的食物中就有食盐。

二　滇盐的区域意义

滇盐于云南区域社会的重要意义，一在于盐税是云南税收的重要来源；二在于滇盐在促进云南人口稳定增长方面做出重要贡献；三在于滇盐的生产与运销促进了云南区域社会的发展。

盐税是云南税收的重要来源。在中国的税收历史中，盐税占据了重要位置，有"天下之赋，盐居其半"①的说法。食盐要素是理解区域社会历史的一个重要维度。"滇之大，惟铜与盐"的记载，可以看到盐对于理解云南历史的特殊性与重要性。师范的《滇系》有记载："滇南大政，惟铜与盐。盐皆井盐，设提举三，其不归提举者归州县官。黑井、白井各五，琅井一。……考雍正间，额煎盐二千七百二十八万七千四百余斤，正课银二十七万八千余两，盈余银四万七千七百余两，如是而已。后来公私交迫，总归盐铜，加煎加销，至余于倍。盐政大坏，民力不堪……"②盐与铜在云南的地位，具体是通过为税收做出的贡献来实现的。以雍正年间的滇盐来看，其缴纳盐税共计325700余两。

云南来自粮食的税收有限，"通省税粮，不及中州一大县之一半"，于是，其就通过开矿场，挖卤井，用盐税、铜税等来补充粮税的不足，以满足税收所用开支。但也有入不敷出的情况，"然其所入有限，所给无穷，一遇兵兴，辄请四川、南京协济"。③明万历二十二年（1594），蜀中当事追讨了借给云南的饷银，并遵奉云南的兵饷自己解决，不再外借的规定。云南用借取方式弥补税收开支的路径开始无效，于是云南进一步在盐税与铜矿税方面下功夫，加大盐井、铜矿的开采力度。原本盐税的旧额为52722两，盐井加大开发力度后，增加新的盐税30883两，合计达83600余两。足见在明代，云南的税收支出对盐税的依赖就很明显，各个盐井因有额定的产量和定期缴纳的盐税，其压力可见一斑。

---

① 转引自王仁湘、张征雁《中国滋味：盐与文明》，辽宁人民出版社，2007，第159页。
② 见王文成等辑校《〈滇系〉云南经济史料辑校》，中国书籍出版社，2004，第76页。
③ 见王文成等辑校《〈滇系〉云南经济史料辑校》，中国书籍出版社，2004，第115页。

第二章　盐与滇盐生产

滇盐在促进云南人口稳定增长方面，做出重要贡献。社会在发展过程中，对盐的需求量是日渐增大的，推动食盐需求量剧增的两个较大的社会变化，一是人类从游牧文明向定居农耕文明的转变。在游牧文明中，肉是主要的食物，在动物的肉与血中，便有可满足人体需要的盐。而在向定居农业文明转化的过程中，人类的主食从肉食转为五谷与蔬菜，在饮食结构调整之后，人类需要努力寻找五谷与蔬菜所没有的盐分。因此，盐井的开发逐渐铺展开来，而人为的盐井开发亦为养活更多的人、巩固农业文明聚族而居的形式提供了可靠保证。二是人口的激增。农业文明带动人口发展，人口的发展又带动新一轮精耕细作式的农业升级，这两个过程是相互为伴、相生相长的。在人口激增的过程中，食盐作为人类生存的"刚需"，扮演着重要角色。为了食盐得以可靠供应，食盐作为政治物资的属性成为其第一属性。

滇盐因为其生产与运输的特殊性，多于本省销售，外盐鲜有进入。因此，滇盐对于云南区域社会内的人口增长具有特别的意义。人口的增长，是以食盐的顺利供给为前提的。在明代，针对云南人口稀少的情况，政府在云南实行富民实边的政策，即从中原一带向云南发起大规模移民。在师范的《滇系》中就有这样的记载："既奏迁富民以实滇，于是滇之土著皆曰：'我来自江南''我来自南京'。……皮逻阁建十睑，以张、王、李、赵、杨、周、高、段、何、苏、龚、尹十二姓居之；袁滋过河东州（即今赵州），谓村邑连甍，沟塍弥望，大族有王、杨、赵、李四姓。"[①] 透过师范的文字可以知道，早在南诏时期，多姓氏杂居的居住格局已经确定下来，同时，杂居姓氏中有大姓出现。而到了明代，以傅友德、蓝玉、沐英带领中原一带 30 万大军入住云南为标志，云南出现批量的移民。所谓的"土著"其实也是来自江南，尤其是来自南京应天府一带的移民在地化的结果。明代洪武年间，云南人口数量为 59500 多户，共计 259200 多人。到了明万历六年，有 135500 户，共计 1476600 多人。[②]

明洪武年间是云南人口机械增长的重要时间节点，现在在云南的诸多地方，都能搜罗到大量关于明代洪武年间的移民信息。刘愷的《节妇阮氏

---

① 见王文成等辑校《〈滇系〉云南经济史料辑校》，中国书籍出版社，2004，第 182 页。
② 王文成等辑校《〈滇系〉云南经济史料辑校》，中国书籍出版社，2004，第 32 页。

传略》中，呈现了明代洪武年间云南移民屯军的事实，"故节妇阮氏，庠生袁佩环妻。袁自洪武初，调卫来滇，遂居永北清水驿，以诗礼世其家"。①袁佩环一家祖上因洪武年间对云南规模化的军屯政策而来到云南，具体定居在永北的清水驿。这一个案为我们呈现了明代洪武年间云南屯军的事实，而在具体的安置环节，则是将移民安置在道路交通沿线，即各个驿站、哨所、铺等道路交通的关键节点。关于这次云南历史上的大移民，在相关文献中多有记载。

以明洪武年间的云南移民事件为标志，汉族成为云南的主体民族，同时，汉族在在地化过程中，也与地方少数民族不断交往、交流、交融，形成你中有我、我中有你的民族互嵌样态。明代洪武年间成规模的云南移民有三次，第一次是明洪武十四年，明太祖朱元璋任傅友德为征西将军，同时任蓝玉、沐英为左右副将军，他们率领30万军队从南京高石坎柳树湾一带出发到达云南进行征讨。征服云南之后，沐英及其部队继续世守云南。继而，沐英在云南进行了一系列改革。一是"改土归流"，将云南既有的土官制改为流官制；二是实行屯田制，批量的土地被前来的部队开垦，促进了云南的土地资源开发；三是召集士兵家属随迁，士兵家属一并随迁到云南，稳定了既有迁移人口，也促进了云南人口的机械增长，这批人得以在云南的土地上世代发展。伴随着沐英对移民的管理政策，出现了明代洪武二十二年的第二次移民，沐英继续携来自江南一带的25万人入滇。第三次移民在明洪武二十五至三十一年，沐英之子沐春镇滇，又移江南一带的30万人入滇。

到了清代人口激增。促发人口激增的一个标志性事件是清康熙五十一年（1712），康熙皇帝下谕"盛世滋丁，永不加赋"。自此，人口迅速增长，而人口的增长速度远超土地的增长速度，这样一来，农业之外如手工业、商业等能够养活更多人的生计方式也就随之兴盛。为了满足生存与发展的需要，人们另寻出路的流动也相应增强。这正如法国历史学家费尔南·布罗代尔所认为的，人口增长越快，人们为之做出的反应也就越多，人口的增长就像是一种无声的命令去促发社会的反应与变化。比如，人口增长了，人们相应的消费与交换也就增多，过去置于边远地区的土地会被

---

① 王文成等辑校《〈滇系〉云南经济史料辑校》，中国书籍出版社，2004，第420页。

利用起来以解决粮食短缺的问题,① 手工业与商业也会随之发展,放到盐业社会来看的话即人口增长对食盐的需求量增加。同时,不管是人口的增长,还是人口增长带来的商业繁荣,都形成对盐业发展的有利要素。

滇盐的生产与运销,促进了云南区域社会的发展。许慎的《说文解字》中有"盐,卤也。天生曰卤,人生曰盐"的说法,天然的"卤"是早于人力附加的"盐"而出现的,在早期的文献中,"卤"字出现的频率要高于"盐"字。"盐"与"卤"的区别即在于"天生曰卤,人造曰盐",从"卤"到"盐"的过程,即自然状态下的盐水通过高温蒸发、去除杂质形成人工化的产物。从"卤"到"盐",从自然物到人工物,是人类利用自然为其服务的一大进步。从此,"咸"开始方便运输,可以在更大范围内填补区域内没有盐的空白,拓展了人群积聚的广度,其运输的便利性与易得性,也为养活更多的人口提供了可能。同时,"咸"这样的味觉体验进入商品化的过程,也促进了不同地域物资的互通,实现以物的流动带动的人与人之间的交流。

一般而言,盐井地的商人将食盐运输到供给地,回程的时候会带回别地的特产物资,如布匹、铁器、茶叶、丝绸等。或者从别地来到盐井地的商人会带来出自他们当地的物资,在盐井地售卖之后带上食盐再回到当地售卖,这样就避免路途中单程的物资空缺,从而实现双向的物资交流,也将商人的经济利益最大化了。专门关注滇西区域盐业的赵敏就特别强调:"食盐是最早推动商业发展的商品","是各地民族之间交往的重要媒介",② 因为没有其他商品,可以像作为商品流通的食盐一样,是人类生存的必需品。如茶叶、丝绸、陶瓷,与食盐相比,只能算消费品,并且很多都可以算奢侈消费品,其消费不带有普遍性,只是这类商品的经济附加值高,所以才能成为长距离流动的商品。作为关乎人类生存的盐,其消费具有普遍性,其本身的流动继而催生了其他商品的流动,也才促进了区域的商品化过程。

如果说,将滇盐在历史上的重要性做一个时间划分的话,也应该是在工业化之前,至少是在工业化还未到来,区域内身价金贵的食盐还没有受

---

① 〔法〕费尔南·布罗代尔:《15至18世纪的物质文明、经济和资本主义》(第一卷),顾良、施康强译,生活·读书·新知三联书店,1992,第30页。
② 赵敏:《隐存的白金时代:洱海区域盐井文化研究》,云南人民出版社,2011,第53页。

到工业化背景下批量海盐冲击的时候，滇盐作为"白金"的位置一直是岿然不动的。任乃强就特别强调食盐与文化发展的关系，在越远古的社会中，食盐与文化的关联度就越高。① 我们当下的食盐，虽然还是生存必需品，但它已经不具备昂贵的价格，褪去了神秘的面纱。所以，笔者的盐业区域社会研究，并没有长篇累牍地论述当下的时间维度，而是将盐置于历史维度中，主要强化明清以来至盐业衰落之前的时间维度，让我们得以在刻意被强调的时间与空间中，去感受盐被供奉于神坛对于区域历史、区域社会的典型意义，去寻找快被时间淹没的集体性历史记忆。

第二节 滇盐的发展历史

从滇盐的发展脉络来看，滇盐的发展历史有几个重要的时间段——汉代、明代、清代。在汉代，滇盐与全国盐业一样，开始纳入王朝国家的管理范围内。在明代，随着滇盐盐课提举司的设置和"开中法"的施行，王朝国家对滇盐的管理进一步加强，促进了滇盐的开发和云南的开发。而到了清代，随着一系列盐务政策的落实，滇盐实现了产量的巅峰。根据总体的滇盐生产特点来看，"柴""运""税"可以成为用于总结滇盐发展历史的三个特点，亦成为滇盐问题之所在。"柴"在于滇盐生产过程中，对柴薪消耗具有必然性需求。"运"在于滇盐处于云南山高谷深、自然地理环境复杂的条件下，其运输主要依靠人背马驮的形式，运输成本较高。"税"在于滇盐盐税负担重的问题。

一 滇盐的发展脉络

在整个中国的税收历史中，盐税占据了重要位置，有"天下之赋，盐居其半"的说法。食盐要素是理解区域社会历史的一个重要维度。"滇之大，惟铜与盐"的记载，可以看到盐对于理解云南区域社会的特殊性与重要性。

在汉代，对于滇盐来说，影响最大的事件莫过于滇盐开始纳入王朝国家的管辖范围内，而主要的管辖方式是设置盐官。"元封元年（公元前110），因桑弘羊请置大农部，承数十人，分部主郡国，名往往输盐、铁

---

① 任乃强：《四川上古史新探》，四川人民出版社，1986，第223页。

官。盐官凡二十八郡，益州、连然。"① 自汉代起，王朝国家开始在云南，即过去被称为益州郡、连然郡的地区设置盐官，从事盐务管理，此后，国家对包括滇盐在内事务的管理进一步加强，食盐从地方之物上升为国家之物。其中，重要的管理形式就是对食盐征收附税，税收上缴国家。在东汉时期，关于滇盐征税、以利中土的记载就更多了："东汉光武末，始请内属，置永昌郡统之，附其盐、布、毡罽以利中土。"②

在明代，对于滇盐影响较大的事件之一，是明洪武年间在云南设盐课提举司，这标志着对滇盐的管理更为规范与强化。食盐生产是明朝在边疆治理中积极经营的内容。明朝设都转运盐使司管理沿海地区的盐场，另设职官品位较低的盐课提举司管理其他地区的盐场和盐井。见于记载的盐课提举司全国共有七处，其中云南就设置有四处。明代洪武十五年（1382）十一月，王朝国家在云南设置四处盐课提举司，分别是黑盐井盐课提举司、白盐井盐课提举司、安宁盐井盐课提举司、五井盐课提举司。黑盐井盐课提举司下辖三个盐课司——黑盐井、阿陋猴井、琅盐井；白盐井盐课提举司下辖一个盐课司——白盐井盐课司；安宁盐井盐课提举司下辖一个盐课司——安宁盐井盐课司；五井盐课提举司下辖七个盐课司——诺邓盐井盐课司、山井盐课司、师井盐课司、大井盐课司、顺荡井盐课司、鹤庆军民府剑川州弥沙井盐课司、丽江军民府兰州③井盐课司④。明代洪武年间，云南的盐课提举司岁办大引盐 17800 余引，岁入太仓盐课银 35000 余两。⑤ 另据《皇明世法录·盐课》，明代万历六年（1578），云南省的盐课额为 1827877 斤，岁解太仓银 35547 余两，遇闰进银 38528 余两。⑥ 据《明实录》记载："滇南唯矿盐二课，为力滋大。"⑦ 可见云南盐税的重要性。从有关记载来看，云南省制取的食盐基本上可以满足本省需要，而邻近的广西和贵州消费的食盐，则有一部分需要从外地输入。

① 《新纂云南通志》（七），牛鸿斌等点校，云南人民出版社，2007，第 143 页。
② 《新纂云南通志》（七），牛鸿斌等点校，云南人民出版社，2007，第 144 页。
③ 兰州：今云南怒江州的兰坪县。
④ 《明史·食货志》，转引自《新纂云南通志》（七），牛鸿斌等点校，云南人民出版社，2007，第 145 页。
⑤ 《明史》卷 75《职官四》。
⑥ 郭正忠主编《中国盐业史·古代编》，人民出版社，1997，第 639 页。
⑦ （明）《熹宗天启实录》卷 31。

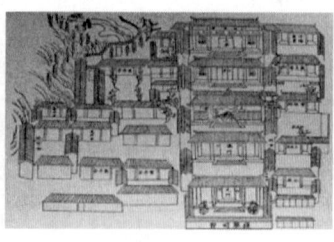

图 2-1 雍正、乾隆、光绪年间白盐井盐课提举司

说明：图左为雍正年间白盐井盐课提举司，图中为乾隆年间白盐井盐课提举司，图右为光绪年间白盐井盐课提举司。

资料来源：（雍正）《白盐井志》，台湾成文出版社，1967；（清）郭存庄纂修（乾隆）《白盐井志》卷一·地图，张海平校注，载杨成彪主编《楚雄彝族自治州旧方志全书·大姚卷上》，云南人民出版社，2005，第406页；（清）李训铉、罗其泽纂修（光绪）《续修白盐井志》卷首·各图，赵志刚校注，载杨成彪主编《楚雄彝族自治州旧方志全书·大姚卷上》，云南人民出版社，2005，第580页。

在明代，对于滇盐而言影响较大的事件之二，是在正统年间对滇盐实行"开中法"政策，这刺激了人的流动与物资的流动。"正统三年（1438），召商纳马中盐，令商客中纳官盐，支给不敷者，云南盐课提举司于河东、陕西、福建、广东各运司兑支。又令云南中盐客商免纳引纸。"[1] 面对云南地广人稀，缺少人员开发的局面，王朝国家出台"开中法"措施，要求商人以粮食换取盐引。[2] 因粮食长距离运输会增加成本，众多商人就地种粮，积极开发云南土地资源，这吸引了陕西、福建、广东一带的商人。他们在云南的土地上广种粮食，用收获的粮食换取盐引，以此来换取食盐，继而获得食盐的销售权，以实现经济收益。

在"开中法"政策推行下，明朝先后在云南的昭通、曲靖、昆明、建水、霑益、普安、玉溪、红河、楚雄、大理、保山、德宏等地实施商屯。商屯政策下的商人，来到云南开垦土地、种植粮食，用粮食来换取盐票，

---

[1] 《新纂云南通志》（七），牛鸿斌等点校，云南人民出版社，2007，第145页。
[2] 引为食盐计量单位，分为大引和小引，300斤为一大引，50斤为一小引，小引也称为"小票盐"。自道光六年（1826）之后，大引改为100斤。因"惟滇省山多路窄，不通舟楫，小民运销井盐，肩背马驮，领买大票者，分起行走，参前落后，每至卡隘盘验，难以计票点盐，夹带影射多由此出。道光六年，乃将井盐三百斤大票改为每票一百斤，俾骡马驮载，一驮一票，易于盘验"。参见《新纂云南通志》（七），牛鸿斌等点校，云南人民出版社，2007，第216页。

以购买盐井地的食盐,再运至别地销售。在云南各地进行商屯的商人中,除了本地的地主兼商人以外,更多的则是"客商"。明成化(1465—1487)以后,随着国内商品经济的发展,"开中法"由缴纳粮食折成货币银。换言之,此类地租形态已由实物地租过渡到货币地租,"商屯"便逐渐解体。其后,明朝政府宣布废除"开中法"。①

清初,滇盐的变化主要有两个。其一,滇盐盐政得到强化,盐政从既有的隶属于巡按,改为隶属于巡抚。这样,清初时期,滇盐就由云贵总督直接来管理,这一时期,直接出自云贵总督的关于滇盐的发文也渐渐多起来。滇盐的盐政得到了进一步强化,引岸制度得到调整与强化,食盐产量得到进一步提高,盐税收入也较为可观。清代,云南盐井的生产出现了新的飞跃,表现最为明显的就是盐井数量的迅猛增长。从清朝初期到清朝中期,云南盐井数量从 9 井上升为 29 井。清代云南盐产地的发展速度,超过历史上任何一个朝代。② 这一时期,确立了滇中、滇西、滇南三大食盐生产中心。在清代,雍正年间的盐井开采力度是最大的,王朝国家的投注也是最多的,这样的背景,才催生了雍正时期白盐井的首部盐业志——雍正《白盐井志》。据记载,嘉庆、道光年间(1796—1850)云南开发的盐井有 28 处,清代云南盐井最著名者有 26 处,至清末云南省食盐的年产量达 5297 万斤,其中年产 100 万斤盐的大盐井有黑盐井、白盐井、磨黑井、按板井、抱母井、喇鸡井、石膏井和云龙井共八大盐井。上述的一些盐井在清代以前已见于记载,至清代产盐量达到了更高水平。清代云南所产盐已能充分满足本省的需要,此外,还可以供应食盐匮乏的贵州。甚至越南、老挝所需的一部分食盐,也由云南供应。食盐的大量生产,为清王朝创造了可观的赋税收入,据记载:清代嘉庆八年(1803),云南省应征盐课银为 372625 两;清代光绪八年(1882),云南省应征盐课银为 372500 余两。③

到了 20 世纪初期即清朝末年,云南各盐矿年总产量达 5297 万斤,其中黑盐井年产 1853 万斤,白盐井年产 509 万斤,磨黑井年产 722 万斤,乔

---

① 申旭:《云南移民与古道研究》,云南人民出版社,2012,第 151 页。
② 黄培林等主编《滇盐史论》,四川人民出版社,1997,第 38 页。
③ 《清史稿》卷 123《食货四》。

后井年产553斤，按板井年产424万斤，抱母井年产336万斤，喇鸡井年产197万斤，石膏井年产190万斤，云龙井年产188万斤，以上九井为云南年产百万斤以上的大盐井。此外，年产十万斤以上的盐井有恩耕井、阿陋井、琅盐井、景东井、香盐井、老姆井、只旧井、草溪井、安宁井、石羊井、镇沅井、磨歇井、江城井等。①

"引岸"是实现食盐按计划销售，保障盐业市场秩序，解决食盐销售问题的主要做法。引岸专门划定了各个盐井所产食盐的固定消费地，如若在食盐监察中发现食盐跨越了既有地区进行销售，会遭到严厉的处罚。如在光绪年间，盐业监管部门发现缅盐已经严重冲击滇盐的市场。云南的永昌府、腾越厅、龙陵厅、保山县、永平县一带与缅甸毗邻，有若干低价缅盐在以上诸地销售，占去了这片地方原是乔后井盐和云龙井盐销售的份额。乔后井盐、云龙井盐滞销，影响这两个盐井盐税的正常缴纳，进而影响国家盐税的正常收取。鉴于此，光绪十四年（1888），云贵总督岑毓英及云南巡抚谭钧严厉查处缅盐，将查获的缅盐按照处理私盐的流程进行处罚，并于光绪十七年，严格规定腾越厅七土司干崖、南甸、陇川、猛卯、户撒、腊撒、盏达地区，专门销售云龙井食盐。② 通过强硬的治理手段，贩卖缅盐的问题得到根治。

如若因为特殊因素对食盐引岸进行更改的话，需要有正式的批复才可以。更改引岸，也就成为临时应对盐业生产困境的举措。如在康熙三十四年（1695），将原定贵州普安一带食滇盐改为食川盐，是减轻民众消费食盐负担的重要做法。在规定普安地区仅能销售滇盐的时期，滇盐因煎熬成本高、脚价高、盐税高，到达普安一带的食盐售价为每百斤4两3钱。普安地区改食川盐之后，在普安一带销售的食盐售价仅在每百斤3分至4分。同时，在普安地区的销售环节，川盐的流通性比滇盐强。川盐可以零星售卖，适合小户人家按需买取，而滇盐一般得整块销售，对于小户人家来说很难有能力一次性购买。川盐除了用货币购买外，还可以用米、布之类的物品进行交换，而滇盐仅能用货币购买。普安一带改食川盐，解除了"价

---

① 刘刚：《发展的选择——社会文化变迁途程中的云南民族集团》，云南民族出版社，1996，第254—255页。
② 《新纂云南通志》（七），牛鸿斌等点校，云南人民出版社，2007，第184页。

值太昂，必致累民"①的困境。

今昭通、曲靖一带不产食盐，所需食盐长期靠滇中一带盐井供应，但在清代，滇盐成本高、运输费用昂贵导致的价格居高不下的情况出现后，昭通、曲靖一带也无力食用滇盐。于是，出现庆福、张允奏请购买二百万斤川盐以济昭通、东川盐荒的情况。此后，云南还在雍正七年（1729）至乾隆三年（1738），先后奏定昭通、东川、宣威、镇雄、沾益、平彝等府改食川盐。乾隆二十八年和乾隆二十九年，为了解决昭通、东川府食盐不够吃的情况，当地向四川引川盐 1642200 余斤，供应昭通、东川府。乾隆三十年，云南买进粤盐 50 万斤；乾隆三十一年，云南又买进粤盐 220 万斤。在食盐行销严格根据边岸划分区域来进行的历史时期，根据现实情况通过政策强制力来进行引岸的特殊调整，在一定层面上不失为实现食盐安全的灵活调动。而每次食盐边岸的调整均会通过规范的文件下达各地，在历史文献中，也较容易找到这一类边岸调整的信息。

滇盐产地的区域分布差异性明显，从大的区域分布来看，大的食盐产区主要集中在滇中及滇西区域（迤西区域），而在滇东及滇北一带是没有盐井地的。如食盐没有严格的引岸制度，这些区域多依赖市场的调节，食盐消费多来自外盐的供给尤其是川盐的供给。而当食盐的供给与销售有严格的引岸制度的规约，滇中及滇西一带就会不遗余力，打破自然地理的阻碍，将食盐运至食盐匮乏的地区销售。总体而言，引岸制度虽然一方面保障了食盐匮乏地区的用盐安全，但另一方面其不灵活性导致民众食盐消费成本过高等问题。长期来看，滇盐销售的具体走向就在遵循引岸制度与遵循纯粹市场两者之间流动。滇盐的区域性差异还在于不同盐井食盐质量的差异性，一般而言，卤水的质量与柴薪的供给决定食盐生产的质地与成本，也就决定了食盐在市场中的竞争力与认可度。当然，在严格的引岸制度下，食盐质量差异带来的市场差异影响度就会降低。

从引岸制度产生，到调整适应，再到消亡的过程，可以看到盐从政治性商品到经济性商品的转型。盐的发展历程，是政治性减弱和经济性增强的过程。对于滇盐而言，引岸制度的取消及销盐牌照的取消，是这一转变过程中的重大事件。民国五年（1916），滇盐取消边岸制度，食盐打破了

---

① 《新纂云南通志》（七），牛鸿斌等点校，云南人民出版社，2007，第 148 页。

其固有的销售区域，实现自由流动。民国二十年（1931），滇盐取消销盐牌照，这意味着食盐的销售没有了特权，它的销售权并非仅保留在有限的区域和有限的群体中，而是面向每一个民众开放，每个个体都可以参与进食盐的销售赢利中。食盐的政策转向，将滇盐更深、更广地推入市场。滇盐逐渐褪去国家保护政策保护的外衣，变得更加日常化。

盐税占云南整个财政收入的比重变化，也可以反映食盐从"国家的食盐"向"民众的食盐"的转化。在云南的历史中，盐税是第二大税收来源，仅次于田赋。这样的比重在民国时期以后，尤其是新中国成立以来，出现了较大的转化。民国时期，据统计数据，民国元年，云南的财政收入为639.38万元，其中盐税为180.54万元，盐税占了全省财政收入的28.24%。民国二年（1913）财政收入为731.74万元，其中盐税为148.33万元，盐税占了整个财政收入的20.27%。① 盐税在整个云南税收中的位置依然重要，但是这一数据比之民国时期之前的情况，已经呈现下落趋势。这一数值在这以后继续下落，到了1957年，云南盐税在云南税收中所占比重下落至3%，1978年降至1%，1986年更降至0.3%。② 盐税在云南税收中的贡献率逐渐缩减，正是滇盐从政治性商品变为经济性商品的表达。

其二，在清代，滇盐开始逐渐暴露出盐税过重的问题。在康熙元年（1662），题准的滇盐课银，黑盐井课银96000两，其中每斤征银1分6厘；白盐井课银28560两，每斤征银8厘；琅盐井课银9600两，每斤征银6厘。③ 这与同时期滇盐之外的其他外盐相比，所征收的盐税是较重的。同时期的浙江食盐所征收盐税，下则不足1厘，上则不超过2厘，而与滇盐同属于井盐的川盐，每斤食盐盐税仅有6毫8丝。这样看来，滇盐盐税高至每斤1分6厘，远远高于别地盐税。加之滇盐制盐成本高、运输成本也高。滇盐的制取，多需要先从井中取卤，然后置于铁锅熬煮，其生产资料柴薪需要人背马驮，生产成本较高。在食盐价格不变的情况下，滇盐盐税之重就可想而知了。

因为盐税过重，一些灶户不堪重负，采取消极逃离的做法，继而影响

---

① 云南省地方志编纂委员会：《云南省志·盐业志》，云南人民出版社，1993，第215页。
② 云南省地方志编纂委员会：《云南省志·盐业志》，云南人民出版社，1993，第5页。
③ 《新纂云南通志》（七），牛鸿斌等点校，云南人民出版社，2007，第147页。

了滇盐的生产。同时，商人所需要付出的运输成本也较高，"行盐之商，率皆朝谋暮食之人，非复淮、浙巨商，挟重资而行运也。且驮运于崇山峻岭，岂能损本而贱卖"。① 负责滇盐贩卖的商人多为小本经营者，多倾其资产投注到滇盐的运销中，因脚价高，商人卖出食盐必须有所赢利，因此，即使手头食盐积压，也不会轻易贱卖食盐。这就造成滇盐食盐价格过高，民众难以接受食盐昂贵的价格，被迫选择淡食，个别地区的民众，有几月不知盐味的极端情况。这样一来，就出现民众食用来自沿海一带私盐的现象，这无疑扰乱了既有食盐按区域来销售的秩序。滇盐因为价高，也较易失去竞争力。

康熙年间，在云贵总督范承勋向上呈递的文书中，就提到"滇省盐课最重。而黑井尤甚，较之他省竟至二十余倍"。② 面对这样的问题，盐业管理者采取降低盐税的办法，来试图解决。面对特殊的年份，也会施行豁免盐课的做法。如在康熙年间，黑盐井食盐产销因为盐税过重暴露出严重的问题。盐课重，只能通过多生产食盐来解决，但食盐生产过多会带来滞销，且盐价居高不下，民众无力购买，灶户、商人、民众蒙受损失，深处困境。面对食盐滞销的困境，云南开始出现"烟户盐"，并得到大范围的普及。"烟户盐"即"计口授盐"，根据户口来分配食盐，从而以户为单位缴纳盐税。"烟户盐"虽然在一定程度上可以做到按需生产，解除了食盐生产与需求不匹配的情况，但是，"烟户盐"在长期施行的过程中，弊端日益暴露。按户分配食盐解决不了一户人家因人丁数量不同而所需食盐不同的问题。一些人丁兴旺的大家庭，常面临供给的食盐不足，而又很难买到新食盐的情况。而有一些人丁较少的家庭，对食盐的需求量较少，这就造成旧的食盐还未用完，新的食盐又分发下来的情况，而定期的盐税仍需要缴纳，给小家庭带来了巨大的负担。

二 滇盐发展特点

"淮浙之盐出于海，而云南之盐出于井。"③ 井盐"煎煮有蒭薪之费也，

---

① 《新纂云南通志》（七），牛鸿斌等点校，云南人民出版社，2007，第147页。
② 《新纂云南通志》（七），牛鸿斌等点校，云南人民出版社，2007，第148页。
③ （清）沈懋价修，杨璇等纂（康熙）《黑盐井志》（卷五·盐政），赵志刚校注，载杨成彪主编《楚雄彝族自治州旧方志全书·禄丰卷下》，云南人民出版社，2005，第684页。

挽运有牛马之劳也，以视夫出于海、载于舡者径庭矣"。① 这正好指出了滇盐在"产""销"方面与海盐相比存在的特点。一方面，滇盐多出自卤水，人们需要用卤水熬制食盐，在云南盐井地缺少煤炭资源的现实条件下，熬制食盐必然有对柴薪的刚性需求。另一方面，云南的自然地理多为山地地形，且海拔高差明显，食盐的运输基本依赖牛马，尤其是马帮的运输，运输成本较高。

滇盐从开矿、制卤、煎煮到运销，关关有卡，层层索税。"滇之盐井有八，其课之重曰黑盐井，曰白盐井，曰琅井，曰安宁井。……灶户赔累不堪，计其不得不论者，一曰卤淡，二曰薪远，三曰难熬，四曰费繁。"② 总结来看，"柴""运""税"是阻碍滇盐生产的三个重要因素，"柴"涉及生产资料柴薪，"运"涉及运输费用，"税"涉及盐税。"柴""运""税"可以成为滇盐的三个特点，亦成为滇盐问题之所在。

"柴"，在于滇盐在生产过程中，对柴薪消耗具有必然性需求。这个部分就是笔者整个研究关注的出发点。"柴"的问题，也是三个问题中的基础与核心。滇盐生产对柴薪具有刚性需求，在"不患无卤而柴难"的情况下，盐产量不变或是增加，批量的柴薪供给势必增加食盐生产成本。而在"卤淡"的情况下，柴薪的消耗量势必加大，因此"卤淡"与"柴难"更是捆绑到了一起，通常而言，"卤淡"的问题加剧了"柴难"的问题。"柴"的问题影响"运"的问题和"税"的问题。周围山林的柴薪供给随着砍伐而逐渐减少，其运距越来越大，柴薪运输成本增加，食盐的生产成本也随之增加。同时，食盐外运的交通困难，也增加了食盐的成本。在食盐生产成本增加的情况下，盐税没有实质的下降，反而增加，逐渐增加的食盐生产成本与不降反升的盐税之间的矛盾，经常成为滇盐问题的爆发点。

"运"，在于滇盐处于云南山高谷深、自然地理环境复杂的条件下，其运输主要依靠人背马驮的形式，运输成本较高。这也就限制了滇盐的远距离运输。因此除一些特殊时期外，滇盐多限本省销售。同时，外省盐因为运输成本高昂，也鲜有进入滇盐市场的情况。"运"的特殊性，也表明了

---

① （清）沈懋价修，杨璇等纂（康熙）《黑盐井志》（卷五·盐政），赵志刚校注，载杨成彪主编《楚雄彝族自治州旧方志全书·禄丰卷下》，云南人民出版社，2005，第684页。
② （清）孙元相：《琅盐井志》，禄丰县志办公室校注，云南科技印刷厂印装，1997，第141页。

图 2-2　白盐井汲卤井

说明：图片展示了云南盐井普遍采用的采汲卤水制盐的方式。李泽润先生的画作是根据记忆的历史重构，较大程度地还原了历史风貌。画作里的每间房子，当地的老人们都能一一对应。

资料来源：白盐井当地人李泽润先生的写实画作。作者拍摄自石羊古镇文化站。

滇盐对于云南区域社会的重要性。"运"的维度与笔者关注的"柴薪与盐"的关系，[①] 也有直接的相关性，"运"之难不仅体现为食盐运输之难，也体现为柴薪运输之难。

"税"，在于盐税负担重的问题。滇盐盐税与海盐和川盐等盐类相比较高，因云南人口较少，多山地地形，田地开发有限，田赋征收也就有限。于

[①] 李陶红：《危机的调适：清末云南白盐井盐业生产与林业生态互动研究》，《西南民族大学学报》2019 年第 6 期，第 50—57 页。

是，云南在很长的历史时期里，税收的大头出自盐税和铜税等一些自然资源税。所谓"滇之大，惟铜与盐"。在嘉庆年间，24井每年额定的食盐生产量为39068100斤，其中，从中征收的盐税为：正课银264183两4钱7分3厘，养廉银、经费银58332两7钱6分1厘，井费银53759两3钱7分6厘，共征收盐税376275两6钱1分。①"滇之灶户，从井汲卤，始方锅煎，其柴薪背负肩挑，人力工本所费既繁，又复加以重课，则灶困矣。"②食盐生产所需的柴薪及食盐销售所必需的马帮运输成本，都会附加到食盐成本中，致使食盐生产成本过高，而云南的盐税与海盐盐税相比，甚至与同是井盐类型的川盐的盐税相比，其制定并未考虑实际情况，即云南盐税的制定并未考虑滇盐生产成本过高的问题。因此，从比较的层面，滇盐的盐税负担是过重的。

云南的盐税，还成为名目繁多的地方建设等所需的经费来源，所谓"正额有定，浮羡无穷"③，盐税压力自然更大。一些社会发展中的偶然性因素，如战争，所需经费也会临时从盐税中支取，这无疑加重了盐业生产负担。如民国四年（1915），云南组织护国军讨袁时，军费主要来源于盐税。④因盐的重要性，盐成为政治争夺、战争发起的要素。清代的咸丰、同治年间，云南发生了杜文秀起义，滇西、滇中、滇南都为战火所笼罩。由于筹款需要，清统治者与起义军都视食盐为必夺之物，视盐井为必得之地，在黑盐井、白盐井、琅盐井、云龙井等大的产盐地进行了反复的拉锯战，使得盐产地受到极大损害，生产能力有所萎缩。⑤

对于黑盐井与白盐井而言，盐税过重的问题就更为凸显了。在明末战乱时期，黑盐井的盐税高达96000两，其中每斤食盐征银1分6厘；白盐井的盐税达28560两，每斤征银8厘。而江浙一带的盐税，每斤盐征银仅在6毫8丝至2厘之间波动。⑥巡抚石琳在其所写的《进呈编辑全书疏》

---

① 《新纂云南通志》（七），牛鸿斌等点校，云南人民出版社，2007，第163页。
② （清）沈懋价修，杨璇等纂（康熙）《黑盐井志》（卷六·艺文上），赵志刚校注，载杨成彪主编《楚雄彝族自治州旧方志全书·禄丰卷下》，云南人民出版社，2005，第754页。
③ （清）沈懋价修，杨璇等纂（康熙）《黑盐井志》（卷五·盐政），赵志刚校注，载杨成彪主编《楚雄彝族自治州旧方志全书·禄丰卷下》，云南人民出版社，2005，第685页。
④ 云南省地方志编纂委员会：《云南省志·盐业志》，云南人民出版社，1993，第1页。
⑤ 黄培林等主编《滇盐史论》，四川人民出版社，1997，第166页。
⑥ （清）沈懋价修，杨璇等纂（康熙）《黑盐井志》（卷六·艺文上），赵志刚校注，载杨成彪主编《楚雄彝族自治州旧方志全书·禄丰卷下》，云南人民出版社，2005，第754页。

中，专门集中反映黑盐井与白盐井盐税过重的问题，并提出减轻盐税的建议。"黑、白二井盐课过重，宜减也。"① 因云南九井中，黑盐井盐税为26600余两，白盐井盐税为10500余两，其他7个盐井中除了阿陋井，总的盐税为10649两3钱6分。

　　云南的盐税过重，参与食盐生产的灶户及作为食盐销售主体的盐商，也自然获利不多。灶户只有煎盐的能力，而无销售食盐的能力。食盐的生产与销售分属于灶户群体和盐商群体。盐商到盐井地购盐，要先缴纳盐税才能取得盐引，进而才能得到食盐从事销售工作，这一先税后盐的方式，自然也加大了盐商的风险。这些也正好可以解释，相比沿海一带，云南鲜有巨富盐商的原因了。在康熙《黑盐井志》中，有文字专门反映当地灶户富庶表象背后的生存之难，"蚓百孔千疮之黑井乎！问其课，则岁十万；问其盐，则岁六百万；问其行销，则三十六州县。盐课不为不多，地方不为不广，而井灶尤疾首蹙额，而井官尤瘝职是惧怕也。人以膏腴目我，而我不以膏腴相应，则其人必怨且怒，而其患及于官，并及于灶，此黑井之所以难也。其故为何？曰课重，曰盐多"。② 这段文字就叙述了黑盐井地方主体的声音，是对黑盐井另一种真实的呈现。从表面看来，黑盐井生产大量的食盐，产生较大比重的赋税，食盐远销三十六州县。但是因为盐税过重、食盐产销不畅等，作为盐业生产主体的灶户，所得收益有限，食盐生产压力大。当灶户压力过大难以接受时，就会出现"灶倒丁逃，盐壅课逋"③ 的局面。灶户逃亡，变成灶户保留生存权利的最后一根稻草，而这样的极端情况，会严重威胁到食盐的正常生产与用盐安全。而于黑盐井的盐官而言，面对盐税的按时征收、食盐的正常生产等问题，压力也非常大，因此盐官会尽可能调节食盐生产中的诸多环节，以避免类似极端情况的出现。

---

① （清）沈懋价修，杨璇等纂（康熙）《黑盐井志》（卷六·艺文上），赵志刚校注，载杨成彪主编《楚雄彝族自治州旧方志全书·禄丰卷下》，云南人民出版社，2005，第754页。
② （清）沈懋价修，杨璇等纂（康熙）《黑盐井志》（卷二·名宦），赵志刚校注，载杨成彪主编：《楚雄彝族自治州旧方志全书·禄丰卷下》，云南人民出版社，2005，第624页。
③ （清）沈懋价修，杨璇等纂（康熙）《黑盐井志》（卷五·盐政），赵志刚校注，载杨成彪主编：《楚雄彝族自治州旧方志全书·禄丰卷下》，云南人民出版社，2005，第684页。

第三节 滇盐与盐政

滇盐盐政大致可以总结为:"盐赋权舆于汉,盐引领发于明,而制度规章,则自清顺治以后始臻明备焉。惟各井章制不一,时有变更。康熙中叶,官运官销之制行,未始不收统驭之效,而官司不得其人,匪庸惰即奸贪,弊乃日积。自嘉庆五年(1800)定民运民销之法,终清之世不改。至末季,定额难顾,趱运堕课之弊生,其害乃浮于官运,方拟改弦更张,集议入告而清社已屋矣。此亦云南盐法得失之林也。"① 总体来看,滇盐的盐政,经历了从"官运官销"到"民运民销"的过程。

一 官运官销

滇盐盐政的一条发展脉络,即从"官运官销"向"民运民销"的转变,以清代嘉庆年间的"盐祸"为标志。"官运官销"时期,王朝国家对食盐加注了强力进行管控,这一做法计划在先,防范了一些可见的风险。但"官运官销"制度在施行过程中,日渐暴露的弊端将其推至深渊。这段取自《云南史料丛刊》中的文字,总结了长期以来施行的食盐"官运官销"政策的问题。

> 他省行盐,兼及外省,云南则只行本省,东川、昭通尚系行销川盐,广南、开化尚系行销广盐,以本省之所出供本省之用,而民反以口腹之微利,致身家之大累,何哉?非立法之不善,而行法者之不善也。向例,井官督率灶户煎办各井出盐,定额按月完纳省仓,其行销之法,则按各州县户口多寡酌定额数,地方官备价雇脚运回本管地方,设店收贮,分发所属铺贩销售,每百斤交课银三两,此历来官运官销定例也。在立法之始,灶户所领官给薪本敷裕,交额盐外,尚有余盐可以藉润,地方官领售额盐,照例价发卖,扣还脚价之外,尚有余课足供帮贴,官民均无不便;迨行之日久,不肖州县官勾通井官,于额盐之外私买余盐,行销肥己,灶户利于卖私,益滋偷漏,而盐法

---

① 《新纂云南通志》(七),牛鸿斌等点校,云南人民出版社,2007,第143页。

第二章 盐与滇盐生产

坏矣。于是欲杜其弊也,遂令各州县官应销额盐十万斤者,或加销二万斤、一万斤,以为州县办公之费。灶户薪本不敷,无力加煎,遂有搀和灰沙,多凑斤两之弊矣;州县不能按月行销,遂有派累之事矣;至收买私盐,并发州县销售,欲以弥缝无着亏空,而应销额盐积压愈多,于是州县有计口授盐,短秤加课之弊,而民不聊生矣。所谓以口腹之微利而致身家之大累者,岂立法之不善哉,行法者之不善也。嘉庆四年,奉旨准盐务归民,由井收课,而后缧绁之苦绝于道,暮夜之呼绝于门,山氓野老共庆更生,法诚善矣,然余卤走私及互争销路,在所(必)不免也,是在因地制宜,务使利不归中饱,不归奸商,斯下有以便民,而上有以裕课,立法之善,尤在行法者之得人云尔。①

"官运官销"制度下的各个盐井,小至每个灶户单元,食盐的生产都有定额,不计市场需求的多寡,不管盐井的特殊情况,固定的食盐生产量造成灶户的重压。一些灶户为利益所驱,或为了在产盐量难以达标的情况下完成额定食盐量,就会在食盐中掺杂沙土。最为严重者,有在 40 斤净盐中掺杂 60 斤沙土,以凑够 1 石的情况,显然这样的食盐已然不能食用。为了让掺杂沙土的食盐能够顺利通过检查,灶户接着亦会串联盐官,官商勾结,这部分食盐便很容易在灶户、盐商的串通一气之下顺利到达经销地,最终将食盐危机转嫁到每个食用食盐的普通民众身上。对于民众而言,在"官运官销"时期施行的"计口授盐",也未考虑每个家庭人员的多寡,形成实际用盐与摊派到户的食盐数量难以对等的情况,加大民众食盐负担。个别州、县等地方官员与盐官有勾结,买入私盐,因私盐比之额盐价格更低,他们在买入私盐之后,再高价销售到自己所属领地。其后,这一做法被更多官员效仿,渐成为官员生存的普遍样态。官员以牟利为先管控了食盐,这无疑扰乱了正常的盐业秩序,加大了普通民众的用盐成本,影响了民众的用盐安全。凡此种种,普通民众成了"官运官销"制度下的最终受害者,制度的缺陷全由民众来买单。

盐政问题影响到云南的食盐产销安全及用盐安全。以云南的永北地区为例,永北一带不产盐,官府又控制得紧,再加上运输条件有限,故"盐

---

① 方国瑜主编《云南史料丛刊》(第十三卷),云南大学出版社,2001,第 338—341 页。

价奇昂"。清代康熙年间，每百斤盐价为白银二两五钱到四两五钱；光绪年间每百斤盐竟需白银七八两；乾隆年间盐价稍微转低，但仍然居高不下，每百斤盐价在三两白银上下。就以每百斤盐三两白银计，乾隆十四年（1749），永北厅一个衙役每月发伙食费白银五钱，大约只够买十七斤井盐。至于广大贫苦百姓吃盐不易的情况也就可想而知了。所以，前人记述"民多淡食""惨状难以笔书"的情况绝无虚言。[1] 原先永北厅所属乡镇食用的井盐只能从姚州白盐井购取，至嘉庆五年（1800）才"奏准灶煎灶卖、民运民销，不拘进口"，这样弥沙、乔后、云龙等井盐才得以经人背马驮贩至永北，永北一带的用盐安全才逐渐得到保障。

嘉庆年间的"盐祸"事件，是由普通民众发起的，"盐祸"暴露了既有的滇盐盐业制度问题，在"盐祸"事件中，我们可以看到民众暴力维权的过程。此次"盐祸"事件，动摇了既有的食盐制度。乾隆年间，云南人民饱受"烟户盐"摊派之苦。1792年，不堪其苦的滇西诸州县民变纷起，人们涌入衙署，惩治以官盐为害于民的凶役劣绅。"乾嘉之际，民不堪官盐之苦，迤西诸州县百姓纷纷扰扰，一时俱变。白井为姚州地，姚州亦聚数千人，几为乱。嘉庆四年，初大中丞以盐务奏定归民，民大悦，祸乃止。"[2] 滇西盐案引起盐政管理官员对食盐"官运官销"弊端的重视。嘉庆五年，云南巡抚初彭龄在任内改滇盐的运销体制为"民运民销"。[3]

二 民运民销

清代嘉庆五年（1800）的盐务改制，是云南盐业史上具有重大意义和转折意义的改革。云贵总督富纲提议改变滇盐运销模式，改原有"官运官销"为"民运民销"。其在《改令民运民销归井收课疏》中阐明了原食盐运销体制的弊端及改进方案，"缘各井灶户鲜有殷实，历系官给薪本，责成提举、大使督煎配运。法久生玩，即有奸猾灶户借口柴米昂贵、薪本不敷，始则搀和沙土，继则偷漏走私。……查旧定章程，原系官运官销，故

---

[1] 永胜县文史资料委员会编《永胜文史资料选辑》（第五辑），1995，第12页。
[2] 《重修白盐井志序》，（清）李训铉、罗其泽纂修（光绪）《续修白盐井志》，赵志刚校注，载杨成彪主编《楚雄彝族自治州旧方志全书·大姚卷上》，云南人民出版社，2005，第555页。
[3] 《重修白盐井志序》，（清）李训铉、罗其泽纂修（光绪）《续修白盐井志》，赵志刚校注，载杨成彪主编《楚雄彝族自治州旧方志全书·大姚卷上》，云南人民出版社，2005，第559页。

经手书役层层舞弊。经臣体察，似应酌量变通，改令民运民销，归井收课，课款不致坠误，官吏无从勒派"。①

将"官运官销"旧法一改为"商民运销"的新方式，成为云南盐务制度的重大改革。新方式的施行，使得除分配卤水、拟定盐额、发放盐票和按票收税外，其余的产、运、销则由民（灶户和商贩）经办。就销售者而言，他们可以直接向灶户收购食盐，自行运销，减少了官府运输和分配的环节。就生产者而言，食盐生产者可以直接和销售方见面，灶户可以通过市场来最快地调节生产。就消费者而言，他们有了选择食盐的自由，也解除了压盐之苦。

而到了咸丰、同治年间，因战争、起义、盐务废弛等，自同治十三年（1874）至民国元年（1912），原有的"灶煎灶卖"变成了"灶煎官卖"，实行官发卤水给灶户，灶户将盐煎好后交给官仓，商贩向官仓购买食盐运往销售地的运销制度。

在民国时期，滇盐运销体制多变，却不外乎民运民销、官运官销、官运民销三种形式。但总体而言，盐务管理混乱，诸多弊端凸显。民国二十年（1931），当时的云南盐运使张冲在《云南盐政改革方案》中，揭露官场、灶户、盐商等三方面存在的弊端。从灶户方面来看有五大弊端：勾串管理矿卤员役，私放矿卤，或盗取矿卤，以图煎制私盐；勾串查灶员役，煎多报少，或暗藏盐产，以图私售；勾串场官、盐商，或缉私营队，暗将私煎、私藏的盐，偷税销售；故意怠煎，使产量减少，供不应求，以期抬价私售；不履行职责，视井硐坍塌于不顾，致使产量日减，盐价上涨。② 在民国三十四年（1945），食盐取消专卖，恢复商销。云南盐务管理局民国三十五年（1946）的年报提及，"民国以还，几经改革，抗战而后，变更尤大，究不足以挽衰颓，济民食"。20世纪40年代后半期，云南全省人口约为1600万人，年销食盐不到5万吨，平均每人年消费食盐3千克左右，不及正常需求的一半。在边远山区、少数民族地区，或因盐价昂贵，"斗米斤盐"，群众购买力低，不胜负担；或因交通梗阻、驮运艰辛、商贩稀少，缺盐淡食情况极为普遍。③

---

① 《楚雄州盐业志》编撰委员会编《楚雄州盐业志》，云南民族出版社，2001，第367页。
② 云南省地方志编纂委员会：《云南省志·盐业志》，云南人民出版社，1998，第130页。
③ 云南省地方志编纂委员会：《云南省志·盐业志》，云南人民出版社，1998，第3页。

徐昭受的《盐法议》，阐明了滇盐从官运官销到民运民销的转变及各自存在的问题。"滇省产盐计十六处，所行销有额数，诚国课攸关，不得不责成于官办。向例官运官销，未为不便，然正课日亏缺，而民间按照烟户计口，压盐又短秤，加课盐额难销，官追日急，壅大利成积弊，起奸者微而效尤者甚也，今则贪染私之状已彰矣。"[1] 食盐属于涉及国家安全的战略物资，历来就有国家管控的底色。这在清代滇盐的官运官销体制中尤其明显。盐税是云南除田赋之外的第二大税收来源，国家对云南的盐税必然比其他省份抓得要紧，因此，政府在云南实行了较长时间的食盐官运官销体制。在官运官销体制中，盐到了民间，加入了"计口授盐"的环节。为图私利，灶户、盐官、商人、地方官员往往串通，用多种途径将正额盐变成加增盐的部分，这样就可以规避盐税，获取最大利益，长此以往，严重违背了设立食盐官运官销体制的初衷。国家的初衷是最大化掌握食盐来获取盐税，同时实现民众用盐安全，但在具体的施行过程中正额盐越来越少，盐税也越来越少。不断堆积的问题促发盐政的改革。

其后，云南进行了重大的食盐产销改革。"从前不法事仰蒙禁革，改定民运民销，不限地远近。法立于公，为利斯溥。盐法之良无逾于此，其大体固若是也。夫本计之图不嫌于纤悉，防制之意必及于隐微。以今听民自便，贩商赴井运盐纳课后，官给以引。凡过历关隘，有所查验截角以相会计，其杜私甚密。然关之胥吏及州县巡役非尽良者，附井之巡役与灶户伙，州县之巡役与贩商伙，尝以商无漏课为歉，若有之，彼得以勒取肥润，岂肯报获？况夫黠徒计利各有所溺，如使贩商与灶户通，同可漏一引之课，持所盈余分之弱半以加倍于灶户，灶户利其多于定价也，无不乐售者；而贩商得强半之利，又公纳一引之课，并怀挟旧引，混淆耳目，巡禁有觉，啖以余贿，是后便坦然售其所私而无从加察。入市肆，则价稍减于课盐，而愚民趋买者若鹜矣。"[2] 这次重大的食盐改革，将既有的"官运官销"改为"民运民销"，国家缩小了其权力介入滇盐的范围，使食盐市场更为自由，食盐销售地也打破了既有的边岸制度，而"不限地远近"，这

---

[1] 徐昭受：《盐法议》，载王文成等辑校《〈滇系〉云南经济史料辑校》，中国书籍出版社，2004，第408页。

[2] 徐昭受：《盐法议》，载王文成等辑校《〈滇系〉云南经济史料辑校》，中国书籍出版社，2004，第408—409页。

样,根据市场供给来进行食盐产销调整的能力就更强了。这样的改革比既有的"官运官销"要更能符合时代的需要与民众的诉求,体现出时代的优越性。但是随着"民运民销"的不断发展,盐井地的巡役、灶户,州县一级的巡役、商贩等,亦为利益所驱,想尽办法利用盐政的漏洞结党营私,中饱私囊,不断扰乱着盐业市场秩序。

总体而言,从"官运官销"到"民运民销",我们很难去评价谁优谁劣,去看具体的"官运官销""民运民销"的时代性,比评价优劣更有意义。徐昭受的《盐法议》,是对滇盐"官运官销"到"民运民销"体制变化的具体总结,而王芝成的《云南盐法议》,从更深的层面来探讨滇盐的问题,他将问题归结为"官私之别",并从取消"官私之别"来论述破解滇盐体制中出现的各类问题的途径,其论述可谓直指要害。王芝成开篇直接指出滇盐的"官私问题"。"盐有官私,盐法之弊所由生也。井各有销盐之地,地各有解课之额,私盐充斥,则官盐堆积而课无所出。在他处犹可遏贩私之涂,以疏官引,惟云南山路丛杂,遏之为难。于是司其事者不得不出于计口授食、按户均销,以图照额征课,而短秤昂价,掺土苛派之弊丛生。夫盐之有官,所以别乎私也,官之异于私,由于销盐征课之各分其地也。凡人购物,利贱而恶贵,官贵私贱,而欲使之反其情按地销盐,假手胥役而欲使之平其价,此虽繁设科条,重立刑罚,有所不能矣。"① 滇盐一直以来有"官私之别",私盐的存在,就给了盐业生产的利益主体冒着贩私的风险来谋取巨额利益的空间。尽管"计口授食"的模式是出于保护官盐、抑制私盐的目的,以保证官盐的正常销售,但是这一模式长期来看是违反健康市场要求的,即健康的市场,是一个物美价廉的食盐受欢迎的市场。依托官方强制力的"计口授食"模式的盐业市场,不论市场远近,不管食盐质量优劣,不计食盐产量变化,均统一为一个价格。在"计口授食"具体的食盐分配环节,亦不顾每户人家的人口多少,均按户配给统一计量的食盐。而私盐就可以规避以上官盐所存在的问题,因此,"计口授食"模式实则让私盐大行其道。偷税漏税者层出不穷,官官相护,一步步蚕食着官盐的税收。

滇盐问题的最根本之处在于"官私之别",那么破解之法即取消官与

---

① 王芝成:《云南盐法议》,载王文成等辑校《〈滇系〉云南经济史料辑校》,中国书籍出版社,2004,第412—413页。

私的划分。王芝成就此论述道："止弊之道，贵正本，不贵持末。盐之弊既因分官私而起，曷若泯官私之迹，不必按地销盐，而使之自然流通哉？何以谓'泯官私之迹'？合计通省课银之额，摊之于各井，每井应征课若干，又较各井灶户所煎卤水之厚薄，酌其中以为常，按额分派每灶户征课若干，课银纳自灶户，征解俱由井司；灶户输课之后，所煎之盐，听其销售，所售之数与纳课之数，无论盈绌，总以派定之额为断，亦如商代之贡法，乐岁与凶年一致；课银既征，买者不拘何井，卖者不拘何地，买卖之数，不问多少，与市肆之货同。如此，则无盐非私，实无盐非官，官省防制之劳，民鲜催科之累，以通省之盐供通省之食，任其所之而无阻，官民两得其便矣。不见夫田亩之税乎，计上、中、下而科以赋，业田者照额输之，田中所出，虽转相粜籴，不必指某谷为官，某谷为私也。"[①] 在王芝成的论述中，解除滇盐的弊端在于破除食盐既有的"官私之别"二元划分。其具体做法是将纳盐税的部分从普通民众转至灶户群体，这样，盐税就从"计口授食"中按户口对食盐的消费来征收，转变为取消"计口授食"，直接在生产环节向灶户征收。在盐税征收过程中，不用刻意考虑食盐生产的多寡，而是制定一个稳定的盐税征收标准，长期来看，食盐不同年份的丰产与歉收，是可以实现平衡的。

具体来看，王芝成还用了一个通俗易懂的类比，改革之后的盐税就如同既有的田赋一样，直接从粮食的生产者身上纳税，无"谷为官"抑或"谷为私"的区分。但是，根据王芝成的这一套食盐问题解决思路来看，他实则将盐税的风险从既有的一般民众转嫁到了灶户群体身上。而从官方对盐务的管理来看，实质在于正常的盐税，不管是从食用食盐的普通民众身上征收，还是从食盐的生产者灶户身上征收，对于官方来说都未有损失。伴随越来越高的盐税负担，灶户群体不堪其重，致使食盐生产动力不足，进而导致盐业的凋敝。

第四节　滇盐与国家化

盐是王朝国家在对云南进行治理的过程中可以操控的资源，其以此来

[①] 王芝成：《云南盐法议》，载王文成等辑校《〈滇系〉云南经济史料辑校》，中国书籍出版社，2004，第413页。

实现以盐为中心的对云南的经略，使云南从政治到经济、文化，全方位与国家统一步调。盐，成为国家治理云南的便捷通道，是云南国家化进程的重要探讨维度。有学者就论及在明代的国家经略中，国家力量正是通过盐这一重要资源，深入伊洛瓦底江边境，才得以将边境地方社会整合进国家这一大一统的步调中。①

在有历史可考的王朝对云南的治理中，王朝国家对特殊物——食盐的管制，明显要早于对云南整个区域的管理。因此，透过盐，能看到一个王朝对边疆长时段治理的过程。根据相关文献，在汉代，云南盐井地就有规模化的盐业开采。在元代，政府设立盐官，如在越嶲郡所辖的蜻蛉县就设有盐官，负责征收白盐井、黑盐井的盐税。南诏时期黑盐井的盐"洁白味美，唯南诏一家所食"。明代设立盐课提举司，国家对滇盐的管理更为体系化。民国时期设立盐场公署，设立督煎督销局。

赵敏指出，尤其是在明代以后，云南的盐业资源成为国家力量对云南治理的重要战略资源。食盐是民众的刚性需求，明朝的国家力量正是透过盐业资源与地方土司的力量，来实现明朝军队对作为边疆的云南的控制，也正是通过盐业资源和土司力量，来处理与地方社会的关系，这一过程不是国家体制直接进驻的僵硬被动单一过程，而是有协商、有退让、有进取的多边互动政治过程。② 明朝对云南盐业资源的控制，其标志性的事件即在云南施行"开中法"纳粮换盐，"以上大军征南，兵食不继，命户部令商人往云南中纳盐粮以给之"。③ 明洪武十五年（1382），朱元璋采纳了傅友德的建议，规定想要获得食盐交易权的盐商，需要提前到官府指定的地点缴纳粮食，以获得换取食盐的资格——"盐引"。有了盐引，食盐的获取渠道、销售渠道、销售区域才得以合法化。明朝通过"开中法"，强化了对云南食盐主产地黑盐井、白盐井、安宁井、云龙五井（诺邓井、山井、师井、大

---

① 赵敏：《食盐意义的转变与神灵置换——明代云南"开中盐法"与"三征麓川"历史走向讨论》，载赵敏、廖迪生主编《云贵高原的"坝子社会"：道路、资源与仪式诠释》，云南大学出版社，2018，第1—14页。

② 赵敏：《食盐的意义转变与神灵置换——明代云南"开中盐法"与"三征麓川"历史走向讨论》，载赵敏、廖迪生主编《云贵高原的"坝子社会"：道路、资源与仪式诠释》，云南大学出版社，2018，第1—13页。

③ （明）《明太祖实录》（卷142），台湾"中研院"历史语言研究所，影印校勘本，1962，第2240页。

井、顺荡井）的控制。当时，明朝在全国设置6个盐运司和7个盐课提举司，其中在云南设立的盐课提举司就有4个，可见明朝管理云南的重心正是盐。明朝以盐为突破口实现对边地夷民的管理的做法也显示出成效，其最重要的体现是自明以来，云南盐业的生产水平得到规模化提升。

一 边疆经略的主要途径

关于国家对云南的边疆经略，从化简避繁的维度来看，可以简单表达为以下三点。一是对物资的控制。这里主要是对云南盐与铜的管控，国家通过管控达成税收。如在黑盐井刻于元代的《万春山真觉禅寺记》记载黑盐井"有醝井取雄一方，以佐国用，以资民生，厥利至博也"。[1] 这是当地征收盐课，盐税成为区域财政一部分的实证。

二是移民政策的施行。主要分为军屯与民屯，具体配合的措施有设郡县、卫所，使"礼趋中原"。如云南永昌郡的设置，就是基于边地统治的需要。因永昌地区是蜀身毒道的必经之地，向北可以入蜀及中原，向东可以至滇池及夜郎，向西可至缅甸、印度等。由此，在永昌地区设郡，即实现了对该地的顺利治理。云南盐业社会同样参与到政策移民的运动进程中，加之盐业资源的吸引力，云南盐井地呈现移民社会的典型性与普遍性。汉地移民逐渐迁入，科举体系、儒家化进程等思想文化的输入也随之开展。

三是交通的打通。主要是修建官道，以实现空间的连通。自秦始皇开始，政府就陆续在云南修建官道，如秦始皇时期修建五尺道，汉武帝时期修建灵关道，汉武帝至东汉年间修建永昌道。滇盐的生产与运销，盐业生产资料的顺利供应，均需要通畅的道路来做保障，滇盐古道正是讨论云南国家化的较好切入点。除以制度来固化对食盐的控制外，国家也在具体的实践层面强化对食盐的控制，其中主要的一条就是提升盐井的交通通达度，盘活盐业资源统摄的区域资源。长期以来，"国家的交通线和地方性的运输和贸易网络稳定地支撑着双边（坝子—山区）的物流、人流、宗教与政治关系的往来和沟通"。[2] 而伴随"开中法"的施行，盐业社会权力结构重新洗牌，既有

---

[1] 云南省禄丰县地方志编纂委员会：《禄丰县志》，云南人民出版社，1997，第819页。
[2] 马健雄：《国家体制与西南边疆的社会重构》，载赵敏、廖迪生主编《云贵高原的"坝子社会"：道路、资源与仪式诠释》，云南大学出版社，2018，序言第15页。

的国家盐业体制与盐井灶户的二元结构不再，取而代之的是盐业社会多元利益主体。"开中法"的施行推动围绕当地灶户、国家代理人、外地商人、地方豪强展开的利益重组，并在关系网络重组过程中，实现盐业社会的重新整合，同时，地方盐业社会也因此逐渐成为国家体制下的一部分。

二 云南盐井的国家化

作为地方的云南诸盐井，有主动进入国家化进程的发展脉络。一是盐井地进入国家朝贡网络体系中。地方主动进入王朝国家的朝贡体系中，以获得王朝的认可与庇护。如明代洪熙元年（1425）八月，"云南大理府师井（今大理云龙县师井村）巡检司土官巡检杨胜孙和及山井（今大理云龙县山井村）盐井盐课司土官副使杨坚等来朝贡马"；[1] 明代宣德六年（1431）二月，"云南顺荡（今大理云龙县顺荡井村）盐课提举司故土官副使杨星勇孙春等来朝贡马"；[2] 明代宣德十年二月，"云南镇南州土官段节、云龙州把事李祥等来朝贡马，赐彩币等物有差"。[3] 在黑盐井当地人的表述中，黑盐井的盐因质量上乘，在南诏大理国时期曾一度作为"贡盐"专供南诏大理国王室。在明清之际，黑盐井每年向昆明晋宁的盘龙寺和昆明西山的华亭寺提供"贡盐"。以"贡盐"为纽带，呈现出盐业社会特有的区域社会网络，实现了盐业社会与更大地域的联系。"贡盐"这一特殊的盐的类型，已经超出了盐本身的物质性与经济价值，而更多了象征性与政治性味道。

二是地方宗教信仰体系的置换。宗教信仰是置于民众心灵深处最为根深蒂固的层面，而随着国家化进程的推进，云南原属于地方的宗教信仰体制也遇到了改变。这一改变不管是主动为之还是妥协之举，结果都使神灵得到置换，宗教信仰形成堆叠、流入、融合的趋向，这也正好从历史的面向回答了云南宗教为何多元共存的问题。以大理地区的将军洞宗教空间为

---

[1] （明）《明太祖实录》卷8，台湾"中研院"历史语言研究所，影印校勘本，1962，第204—205页。
[2] （明）《明太祖实录》卷67，台湾"中研院"历史语言研究所，影印校勘本，1962，第1769页。
[3] （明）《明太祖实录》卷2，台湾"中研院"历史语言研究所，影印校勘本，1962，第58页。

例,将军洞是大理区域香火最为旺盛的民间宗教信仰空间,内供奉李宓将军,当地民众将其奉为大理洱海区域的本主,无论日常还是逢年过节,民众皆带香火和鱼肉来献祭,并且在将军洞宴请宾客,以期浸染本主的福泽。而作为外来研究者,笔者最为困惑的一点是李宓作为唐代国家意志的代表来攻打大理,结果战败而亡,为何当地人要将其供奉为本境最大的神——本主?既有所见的资料多以"大理人民宽容大度"之类的言辞来解释,这显然是不具有解释力的。至少需要加入"地方—国家"的关系视角,其间对作为国家意志代表的李宓的接纳,是以对国家的认可为前提的。这样的神灵置换在盐井地带,也以大致类似的叙事展开。大理的宝丰井(骡马井)在王朝国家还未对地方盐业加强管理的时候,地方保护神为"建国鸡足皇帝",而在施行"开中法"及"三征麓川"之后,"建国鸡足皇帝"被"三崇本主"——征讨麓川夷乱的兵部尚书王骥置换。如今,原麓川一带的云龙五大盐井、旧州、保山一带供奉的本主依然有"三崇本主"。"三崇本主"的造像,着汉服、戴官帽,曾经的征讨者摇身一变为地方的保护神,象征地方权力的拥有者。神灵置换、物是理非的过程,就是昔日作为蛮夷异国的云南得以纳入王朝版图,而边夷之界被推到更远殊方的过程。[①]

三是盐井地方社会进入国家道德秩序的体系范围内。明清以来,在云南的地方志中多了"贞洁烈女"的叙写,在盐井地带,这样的现象就更为凸显。在光绪二十六年(1900),黑盐井、阿陋井、元永井的井灶绅士共同请建黑盐井节孝总坊,获得批准。当下,节孝总坊作为盐井地的遗物得以保存了下来,位于现黑井古镇的五马桥桥头。在诺邓井的盐业时代,有功名、有地位的人去世之后会在坟地上立华表、石牌坊,有些坟地还有皇帝亲自诰封的用大理石雕刻的石亭,石亭雕龙刻凤,还有狮子、大象、马鹿、马匹等吉祥物。墓地上的碑刻是请当时的名家、大家题写的,如明代时期云南著名的学者李元阳、在民国时期曾任云南省国民政府主席的龙云等大人物,都在诺邓井的墓志铭等碑刻资料上留下他们的文字。这些细节,不难体现诺邓在盐业时代与大区域、大社会尤其是其中的大人物的连接,诺邓井

[①] 赵敏:《食盐的意义转变与神灵置换——明代云南"开中盐法"与"三征麓川"历史走向讨论》,载赵敏、廖迪生主编《云贵高原的"坝子社会":道路、资源与仪式诠释》,云南大学出版社,2018,第13页。

与国家的关系一直紧密。诺邓村墓地里的一副对联很具有吸引力,墓地是清代光绪年间修职佐郎杨公墓,墓地对联如此写道:"万里恩光丕承阙北,千秋寿域永镇滇西。"① 从中也能读到单独的个体与大区域、大社会的紧密关系。

云南诸盐井地是云南较早纳入国家化进程的地区。如"云龙僻居天末,汉夷杂处,与内地不同。粤稽往昔,自长卿武侯恩威并著,始纳款于中国,然犹判服不常"。② 在三国时期,诸葛亮南征,开始征收云龙盐井的盐税,这是云龙盐井纳税并进入国家管控范围的重要记录。在《云龙州志》中的云龙州地图中,云龙八井在地图中都有标注,盐井成为云南重要的地图标志物。③ 云龙的重要性体现在盐井,因此盐井成为区域的地标。云龙的税收主要是盐税收入,"兹地钱谷丁徭无多,惟八井产卤以资生活"。④ 就整个云南的情况来看,盐税是除田税之外的第二大税收,但在产盐的区域,盐税就成为整个税收中的重头。

从云南各地盐井行政建制的变化,可一窥云南的国家化进程,地方政治权力主体的变化,以及各个利益主体的博弈与互动。从整体来看,滇盐的治理方式经历了一个由地方治理到国家治理的转化过程。以琅盐井为例,与其相关较早的记载可见《南诏野史》,其中记载了当地因有一狼神舐地而卤出,就名狼井,后又更名为琅盐井。琅盐井在大理国时期,属于当地土司高氏的封地,明代初期,政府在琅盐井设盐课司,归安宁提举分管。在明天启三年(1623),安宁提举司移到琅盐井,因此,既有的琅盐井盐课司撤销,琅盐井直接由琅盐井盐课提举司来管理。而在清代康熙四十五年(1706),琅盐井同黑盐井、白盐井一道,直接隶属于云南布政使司,接受其直接管辖。琅盐井一步步国家化,且位置越来越凸显。

---

① 杨国才:《中国白族村落影像文化志——诺邓村》,光明日报出版社,2014,第70页。
② (清)陈希芳纂修《雍正云龙州志校注》,黄正良、尹含校注,云南人民出版社,2019,第8页。
③ 地图参见(清)陈希芳纂修《雍正云龙州志校注》,黄正良、尹含校注,云南人民出版社,2019,第12页。
④ (清)陈希芳纂修《雍正云龙州志校注》,黄正良、尹含校注,云南人民出版社,2019,第27页。

小　结

"百味盐为先"，于现在看来非常平凡的食盐，在历史上却是金贵的生活必需品，同时也是国家的战略物资。盐，是政治的、经济的、文化的复合体。因云南山高谷深、沟壑相连的特殊自然地理环境，总体而言，外盐在云南区域范围内不具备规模流通的优越性。因此滇盐对于云南区域社会发展又具有重要的区域意义。从滇盐的开发，谈及滇盐的具体盐政，以及滇盐国家化的过程，是理解滇盐的重要意义，也是理解滇盐古道建设与内涵的重要背景与铺垫。

理解滇盐对于云南区域社会的重要意义，就必须理解滇盐的发展脉络及滇盐生产的总体特点，在其特殊性范畴内讨论才能更加深入理解滇盐的区域意义。从滇盐的发展脉络来看，滇盐的发展史就是王朝国家经略边疆及地方互动共同作用的历史。滇盐的发展伴随王朝国家对云南的步步经略，"柴""运""税"成为国家经略与地方形势共同促成的滇盐生产特点。其中，作为王朝国家政策指挥棒的盐政的变化，是理解滇盐发展历史脉络的核心切入点。粗略来看，滇盐盐政经历了从"官运官销"到"民运民销"的转换过程，具有极强的时代性，当时代的桎梏出现，就推动盐政的改革，滇盐的生产活力亦在盐政的变化之中得以实现。因国家经略在盐井地的强度与力度，盐井地本身也就成为理解云南国家化进程的标本。国家通过对食盐的管控、盐井区移民的迁移与管理、滇盐古道的修筑与管理等形式，实现对云南盐井地的经略。作为地方的盐井，成为云南国家化进程中的重要一环。政府通过云南盐井进入国家朝贡网络体系、云南盐井地方宗教信仰体系的置换、云南盐井地方社会进入国家道德秩序的体系范围内等诸多形式，完成云南盐井的国家化。云南盐井的国家化，也即云南各地国家化的进程缩影。

第三章
云南盐业社会

井养不穷资国赋，龙颜有喜利民生。①

云南盐业社会，是笔者关注的"滇盐古道周边区域"的核心区域，此核心区域以一个个盐井为中心，对周边区域形成辐射效应，带来深度影响。本章的具体书写，围绕云南盐业社会人群构成、盐井移民社会、盐业社会的生活、盐业社会的区域共治四个议题展开，意在呈现云南盐业社会的典型特征与内涵，以及云南盐业社会在云南区域社会历史中所起到的特殊整合作用。

第一节 云南盐业社会人群构成

云南盐业社会人群构成复杂，可以粗略地分为两大类，一类是直接参与食盐生产、运输、销售、查验、管理工作的人群，具体包括盐工、灶户（灶籍、灶丁）、背盐工、挑卤工、盐官、盐商；另一类是间接生产群体，即为盐业生产提供间接服务及为盐业社会人群提供服务的人群，具体包括背柴工、挑水工、商人、农民等。

一 直接生产群体

在盐业生产群体中，最重要的是灶户群体。在笔者查阅的历史文献

---

① 诺邓盐井卤水龙王庙对联，横批为"以井养民"。

中，会出现"灶籍"字眼,"灶籍"是由朝廷专门认定,专门从事盐业生产的人群,被认定为"灶籍"后,这样的身份就会世代延续。据一些史料的记载,"灶籍"被认定为地位低下的人,在宋代社会里,"灶籍"与"军籍""匠籍"统称为"三籍",被归为没有社会地位的人群,"灶籍"的地位又是三籍里最低的。① 甚至有"盐是土人口下血"②的诗句,其从盐的汉字字形解释,专门用来形容盐工的苦难生活。因盐业生产属于强体力活,最初的"灶籍"人群是由被朝廷流放的罪人构成的,这也就能理解为什么起初的"灶籍"身份比较低下。王仁湘和张征雁在《中国滋味:盐与文明》一书中,就用了专门的章节、近20页的内容来讲盐的生产者"盐丁",其基调是"盐丁"身份卑微,有"最苦是盐丁"的表述。③

据文献记载,光绪年间记录在册的各盐井灶丁为:黑盐井250丁,白盐井100丁,琅盐井35丁,安宁井17丁,云龙井303丁,阿陋井97丁,草溪井207丁,只旧井18丁,抱姆井56丁,香盐井70丁,按板井80丁,恩耕井98丁,景东井208丁,弥沙井83丁。此外,丽江老姆井、磨黑井、石膏井无灶丁,由夷民兼任。④ 在盐业生产过程中,管理者根据每个盐井的灶丁数量来进行卤水的分配。同时,在实际的盐业生产环节,除了记录在册的灶丁外,还会有非灶丁身份——民灶,也从事具体的盐业生产。

根据地方文献记载,黑盐井在民国时期,有70家灶户,81个盐灶。在《黑盐井志》明洪武二十六年(1393)奉旨迁移到黑盐井的灶丁人员籍贯条目中,清楚地记有64名灶丁的姓名,他们来自中原13个省的43个县。来黑盐井之后,这部分灶丁被编为党、甲,灶丁每年每人要缴丁课,如果有"一丁逃欠,责同甲摊赔,一甲逃欠,责同党摊赔"。这样的强制力避免了灶丁逃跑,为食盐的顺利生产提供保障。为了慎重起见,在清康熙四十九年(1710)编纂的《黑盐井志》中,也特别记录了当时存有的132名灶丁名字。灶户也是拥有灶籍的人群,拥有灶籍一般也就意味着拥有卤权,即卤水开发的权力。当时对卤权的管理实行丁份制,卤权由具有灶籍的灶户拥有,丁份由灶户的后代继承,同时,也可以出卖、转让或是

---

① 王仁湘、张征雁:《中国滋味:盐与文明》,辽宁人民出版社,2007,第74页。
② 元代陈椿作有《熬波图》,题有《题熬波图》一诗,诗中就有"盐是土人口下血"一句。
③ 王仁湘、张征雁:《中国滋味:盐与文明》,辽宁人民出版社,2007,第74—89页。
④ 《新纂云南通志》(七),牛鸿斌等点校,云南人民出版社,2007,第210页。

租赁。如需要变更卤权,则出具契约,经盐业管理机构核验即可。因此,卤权也在盐业社会中流转。清末时期,黑盐井有卤权220丁份。在1940年一丁卤权份值4500个半开银圆,租一年一灶丁合500半开。[①] 因此,拥有卤权的人,是黑盐井当地衣食无忧之人。[②]

黑盐井煮盐的场地称灶房或是盐灶房。灶房为一幢三间两层楼的木石结构建筑,长10米、宽9米。楼上为通间,可堆放柴薪,楼下中为盐灶,左置两个卤池,右置大木槽,其上放滤甑。灶长5.5米、宽2.9米,灶中有铸铁的锅桩,用以支撑煮盐锅。煮盐锅有两种,一为桶锅,二为大锅。桶锅36口在前,大锅2口在灶尾桶锅后。整个盐灶分为三个区域——前围、后围、配堂。高热区有盐锅15口,叫"前围",主要将卤水煮成浆状;中热区有盐锅15口,称为"后围",负责将浆状的卤汁浓缩为盐沙;低热区有盐锅6口,称为"配堂",此部分负责将含水分的盐沙烤干。经过这三个区域之后,烤干的盐沙就可以倒入灶尾的两口大锅中,这时用木槌将食盐锤紧,用余热将其进一步烘干,第二天即可变成成品盐。盐工取出制作好的食盐,过秤后就可以送交盐仓,进而走向流通市场。

熬好的一口大锅中的食盐,有一个专门的术语叫"一平盐",将一平盐锯为4块,每块食盐又被称为"一肩盐"。一个盐灶一天可以煮两平盐,一平盐重140—150公斤。一家灶房一般有煮盐工3人,2人负责在灶的两边,将卤水煮成盐,称为"舀锅";1人负责在灶坑中烧火,称为"火工"。黑盐井当地有一些话语用来形容盐工煮盐的艰辛,比如"丁人向余火,赤体卧冬天";"不计风炎不计凉,轮班到处即承担,面容黛黑身憔悴,当将血汗湿衣裳"。[③] 当地人在教育后辈的时候会说"你若不好好读书,长大只有做老背背的命了"。"老背背"即指盐工,黑盐井地方社会结合盐业社会特有的盐工形象,来教育孩子要勤学苦读,避免当老背背的命,这间接表明这一体力劳动付出者的不易。明末清初,黑盐井区的煮盐工,共627人,其中黑盐井、复隆井有495人,每月分为天、地、人三班,

---

① "半开"为民国时期云南特有的货币单位,一半开的价值等于一个银圆的二分之一。
② 禄丰县文体广电旅游局、禄丰县恐龙博物馆编《黑井古镇拾遗》,云南民族出版社,2015,第180页。
③ 禄丰县文体广电旅游局、禄丰县恐龙博物馆编《黑井古镇拾遗》,云南民族出版社,2015,第180页。

东井有 132 人,分为循环两班。清末及民国初年,黑盐井有盐业工人 1500 人,其中煮盐工人 250 人,从井硐中将卤水挑到盐灶房的挑卤工人 600 人;从井底将卤一台笼一台笼拉出的笼工 300 人;将灶户煮好的盐锯开、过秤,抬入盐仓,并由仓中抬出给人或马帮运出的盐仓工 200 人;其他杂工 350 人。1952 年,建立国营黑井盐厂,有食盐生产工人 150 人。1993 年,真空制盐投产后,有工人 220 人。①

因地域的差异性与时代的变迁,"灶籍"与"盐丁",抑或"灶户""灶丁"等群体的社会地位与经济情况不可同日而语。在笔者关注的滇盐生产中,这些群体存在差异。一般而言,"灶户"是当地较有经济能力,受教育水平也较高的群体,是当地盐业社会经济、文化、教育的引领者。同时,"灶户"的发展诉求也不全然为己,他们有较强的公德意识。他们会将盐业生产所得的一部分用于盐业社会的公共事业建设,如办学、办会、慈善等,主动修路建桥、赈灾扶贫、捐钱捐物。而直接从事盐业生产的"盐工",因劳动可以直接交换经济所得,比之农民身份拥有更多的财务自由。因此,"盐工"在当地的盐业社会里亦拥有不错的经济地位和身份地位,历史文献中的"盐工"是社会地位低下者的话语表述显然是需要因时因地而看待的。

笔者在田野调查过程中也获得了验证盐工真实处境的资料。在诺邓调查期间,笔者见到拍摄于 20 世纪 50 年代诺邓盐厂的工人照片,服饰在那个时代、那个地方很是新潮,人们的脸上充满精气神。诺邓的黄文光先生和笔者解释,当时他的爷爷就是从事盐业生产的,家里处境是很好的。当时,能够到盐井从事盐业生产的人,在当地是需要一些手段与本事的。

笔者在黑盐井做田野调查的时候,在参观武家灶户于清代时期建盖并留存到现在的武家大院时,黑井古镇文化站站长李明华先生告诉笔者,武家大院建好之后,将当时的盐课提举司衙门都比下去了。盐课提举司是由朝廷专门设置的盐税征收部门,这意味着"民"强于"官"。李站长一边说,一边向笔者一一介绍武家大院的辉煌:"武家大院整体建筑呈现一个典型的'王'字形,一共 108 间房,有难得的'九滴水',院落里有当年

---

① 禄丰县文体广电旅游局、禄丰县恐龙博物馆编《黑井古镇拾遗》,云南民族出版社,2015,第 181 页。

武家利用当地的红色砂石打造的浴缸，（他们）是黑盐井第一个用浴缸的。"黑盐井的有钱人多是当地的灶户，如"丁泰来"盐号的丁灶户，"黑白"盐号的史灶户，"太白"盐号的王灶户。黑盐井首富就是当地著名的盐商——武家，武家大院是黑盐井盐业生产时期的大宅，因在特殊年代作为国家公共财产才有幸保存了下来，武家大院呈"王"字形设计，因当地地狭人稠，整个建筑多以三层楼来设计，调和当地居住空间紧张的局限。现在的武家大院大门处，还挂有咸丰皇帝恩赐的"画荻芳徽"匾额。

笔者在白盐井的田野调查中，也听到当地"灶户"经济条件非常好的形象表述。当地张国信老人出身灶户世家，他向笔者回忆道，自己儿时（民国时期），记得有家灶户，为了鼓励孩子念书，孩子每写一个字，就可以奖励孩子一个镍币。当时盐工不需要天天工作，一般工作一天获得的收入，就够用几天了。以上田野调查所得的诸多细节，正好呈现了"灶户"群体不错的经济能力，以及灶户群体社会生活水平的多样性。

二　间接生产群体

为盐业生产群体提供间接服务的重要群体是以柴薪供应等为主要工作的盐业生产资料供给群体。笔者在进行田野调查与查阅地方文献的过程中，发现柴薪对于云南诸盐井地的重要性。在滇盐生产中柴薪具有不可替代性，是盐业生产资料的必备物资。柴薪供给是盐业生产中的重要一环，其需要的人工投入量大，因而围绕柴薪供给有专门的柴薪养护员、砍柴工、挑柴工、小杂（在煮盐过程中搬运柴火）、师爷（帮灶户买柴）等人群分类。

柴薪是云南盐业社会市场的重要物资，在食盐生产过程中柴薪消耗量大，因而在集市中专门有柴街，柴薪交易与食盐交易一样，成为盐井地最繁忙的集市景观。与卤水、盐灶房一样，柴山是灶户身份的重要标志。灶户拥有的柴山，在实现食盐的顺利生产环节起到调节作用。当柴薪价高或柴薪购买困难的时候，灶户砍伐属于自己的柴山，以解决生产中出现的问题。柴薪的重要性，也通过当地的盐井志体现出来，在盐井志的诗文中，有相当部分以柴薪为主题，来呈现不分白天黑夜煮盐过程中的柴薪消耗现象。

图 3-1　清末黑盐井的挑盐工和背柴工
资料来源：作者拍自黑盐井盐文化博物馆。

黑盐井用柴薪煮盐，其地又由两边的山脉包裹，因此，烧柴火产生的烟雾难以散去，黑盐井也就有了"烟溪"的别称。黑盐井因为煮盐，且煮盐量巨大，大量燃烧的柴火使得整个黑盐井不管白天黑夜都像在浓雾中，天空到处布满烟雾，这些烟雾在狭窄的两山之间，常年不能散去。当地有著名的"烟溪八景"：近藤戏石、云雾樵歌、龙江映月、鱼跃烟飞、塔映龙门、空钟击磬、石门瀑布、东山大石。其中的"云雾樵歌"和"鱼跃烟飞"就是与煮盐过程中的柴薪消耗有直接关系的。"云雾樵歌"呈现樵夫在山间哼着小调采集柴薪的人文风景，因为柴薪需求量较大，树林里容易见到樵采之人，樵夫也成为一份不错的工作，因此，樵采本身也成为一种乐趣，樵夫也才有哼着小调的兴致。"鱼跃烟飞"因柴薪煮盐产生的烟雾在龙川江上盘旋而得名。

黑盐井每年一度的龙灯会，能体现出黑盐井盐业社会的盐气息，同时，柴薪元素也在龙灯会仪式中凸显，柴薪通过仪式的形式表达，也从侧面体现出其在黑盐井盐业社会中的重要性。龙灯会在每年的正月初九至十六举行，主要为了纪念给当地带来福祉的盐水龙王。其中的灯也就具有了盐业社会的特色，除了一些在别地也能见到的常规造型的灯，黑盐井灯会中多了很多以盐为原型设计的灯：盐井灯、盐巴灯①、盐丰课足灯、桶灯、

---

① 盐巴灯即盐灯，即做成食盐形状的灯，黑盐井当地的方言称"盐"为"盐巴"。

图 3-2　清末黑盐井柴市
资料来源：作者拍摄于黑盐井盐文化博物馆。

柴灯等。"盐井灯"以李阿召放牧黑牛发现黑盐井食盐为题材，扎一头黑牛与人物李阿召的造型组成盐井灯。"盐巴灯"以黑盐井曾在历史时期"洁白味美，唯南诏一家所食"的优势为题材，专门制作盐巴造型的灯。每年会从不同的灶户中评选盐质量最佳的，而评选出来的盐的"商标"就可以贴在这个盐巴灯上，这对于当地灶户而言是一种至高的荣誉。"盐丰课足灯"是因黑盐井自元明清到民国时期大约七百年间，盐税占了整个云南盐税的一半，于是就此扎出一个盐的造型，并在盐上扎一个银锭的造型，银锭之上再扎两只蜜蜂造型，以此来表达黑盐井"盐丰课足"之意。"桶灯"是因当地民众多"以卤代耕"，挑盐水的盐水桶成为民众的饭碗，所以扎出桶的造型来预示新的一年生产物资充裕。"柴灯"的制作是由于当地煮盐需要柴薪，柴薪消耗成为"刚需"，因此柴灯造型也与桶灯造型具有一样的用意。[1] 灯会的仪式环节也体现出盐业社会的需求，民众通过盐龙戏珠、盐龙飞舞、盐龙摆尾、盐龙过街、盐龙回宫等仪式过程的展

---

[1] 禄丰县黑井镇文化广播电视服务中心编《黑井古镇民间故事选》，云南民族出版社，2016，第 141—143 页。

演,以及"龙头回望,子孙兴旺;龙王伸腰,盐巴好销;薪本有余,盐丰课足"① 的念诵,来表达希望收获新一年盐业社会的平安与兴旺的愿望。除了正月举行的龙灯会,还有于农历六月十三举行的龙神会,龙神会举办当天是属龙日,是当地专门祭卤水龙王的日子,届时会带着"黑盐井盐龙王"的神位巡境。

白盐井区专门从事盐业生产的人家称为灶户,有灶户资格的人家必备三个条件:一是与某一个盐井定下契约,每天汲一定担数的盐卤水;二是有熬盐的柴,能够租下或买下一片柴山,轮歇砍树枝、树丫或整棵树来熬盐;三是有盐灶房,有能支 20 多口熬盐的筒子锅的灶。② 灶户身份的获得需要财力的支撑,因此,在白盐井区的灶户"子承父业"的情况居多,儿子从父亲的财产里获得祖盐。也不排除几户平民家庭联合起来共同经营盐灶房、共同产盐的情况。民国时期,绝大部分灶户在一年中只能有几个月时间煮盐,只有拥有盐井、柴山、盐灶房、盐锅等主要生产资料的灶户方可全年煎盐。1950 年,灶户对柴山及卤水的封建特权被取消,政府准许当地居民和外地居民煮盐,柴薪则可以自由上山砍伐,但仍然采用筒子锅煮盐的传统方式。

根据在田野调查中获得的白盐井 20 世纪 40 年代的口述资料,在当时盐业式微的情况下,每天的食盐生产仍需要以下劳动力:第一,盐工,平均每天有 20 个盐灶房煮盐,一个盐灶房以 5 个盐工计算,共有 100 个盐工;第二,搬柴工(将柴薪从柴房搬到盐灶房),一个盐灶房需要 2 名搬柴工,共有 40 个搬柴工;第三,挑卤工,每个盐灶房需要大约 20 个挑卤工,共有约 400 个挑卤工;第四,运柴工(将柴薪从买主收购处运送到柴仓库),采买柴薪为灶户每天必做的事情,不管煮盐与否,每个灶户需要 2 个运柴工,整个井区共有 70 家灶户,则需要 140 人;第五,师爷(帮灶户买柴的人),柴因树的种类、干湿等因素具有不同的品质,师爷有较高鉴定柴薪品质的能力,其依据树种、干湿度、品质等指标开出柴单,交由灶户,灶户根据柴单付钱给卖柴人,每个灶户买柴时需要 1 个师爷,整个井

---

① 禄丰县黑井镇文化广播电视服务中心编《黑井古镇民间故事选》,云南民族出版社,2016,第 151 页。
② 吴平:《石羊古镇民族文化和历史文化的开发保护》,载郭家骥主编《2006—2007 云南民族地区发展报告》,云南大学出版社,2007,第 131 页。

区共有 70 家灶户，则需要 70 人；第六，看水工，负责查看井槽运水中卤水的量是否足够，井槽是否有漏水情况等，一个盐灶房需要 1 个看水工，共需 20 个看水工；第七，收盐工，负责将要交仓的盐运到仓库，每个盐灶房需要 2 个收盐工，共需 40 个收盐工；第八，仓工，五大井区对应 5 个盐仓，每个盐仓需要 10 名左右仓工，负责堆放与管理盐，共需约 50 人。根据估算，以上围绕盐的生产人员总共需要 860 人左右。在这组数据中，专门从事柴薪收集的人员就有 250 人，所需人员在整个盐业生产中成为重要一环。这组数据还未将灶户所雇用的砍柴人员，以及从附近区域砍柴薪来卖的民众统计在内。①

在由黑盐井盐课提举司管辖的琅盐井的相关资料中，一样有关于柴薪重要性的表达。在《琅盐井志》中有"盐出于卤，而卤必需柴，是柴为煎盐之最要。大抵柴价平则煎办易，而课款无亏；柴价昂则煎办艰难，而不免堕误"的记载。柴薪的正常供给关乎盐业的正常生产，薪本的多寡也关乎成盐的利润高低。在盐业生产中，"薪本银"是用于购买柴薪的生产资本，是整个盐业生产成本的重要组成部分。在《琅盐井志》中，有关于薪本银具体数额的记载，"查目下市价，柴桐每千则买银四两五钱，枝叶每担买银八分，每灶每月煎盐三限，每限需柴桐二千，枝叶二百七十担，三限共需柴桐六千，价银二十七两；枝叶八百一十担，价银六十四两八钱。又应人工饭食器具等银一十三两五钱，共银一百五两三钱零。除领获银八十三两零外，每灶每户实不敷银二十二两零。以天干而论，每百斤必须薪本银一两九钱二分。如遇阴雨连绵，则计算无所底止。日剥月削，穷灶何以堪！此将见死徙逃亡之苦势所难免"。② 在记载中，每煎盐三限就需要薪本银 150 两 3 钱，尤见柴薪消耗在整个盐业生产中的巨大开支比例。实际由上拨付给灶户的薪本银只有 83 两，薪本开支短缺的部分仍有 22 两。短缺的薪本只能通过"借薪本""添薪本"等迂回的方式来弥补。

清代乾隆年间，琅盐井"灶分三十有二，井民数百余家"。③ 因当地地势狭隘不开阔，又因经年累月煮盐，日夜烧柴火煮盐之故，当地的气候比

---

① 李陶红：《危机的调适：清末云南白盐井盐业生产与林业生态互动研究》，《西南民族大学学报》2019 年第 6 期，第 51 页。
② （清）孙元相：《琅盐井志》，禄丰县志办公室校注，云南科技印刷厂印装，1997，第 51 页。
③ （清）孙元相：《琅盐井志》，禄丰县志办公室校注，云南科技印刷厂印装，1997，第 4 页。

之周边环境要更显热,"琅井在深山中,地势卑隘,昼夜熬盐,烟火不停,故比会城较暖"。① 据此时的《琅盐井志》记载,当地的卤水在滇南十五井中是偏淡的,"煎之必三昼夜始成",② 尤见柴薪的消耗量之大。琅盐井的盐业生产与林业生态、盐业生产与社会发展之间的矛盾较之前加深,"今日之琅井,尤有难者。同一卤而淡浓有殊,同一薪而贵贱有殊,同一煎熬而劳逸有殊,此琅井所以愁苦无措而不能安集者,良有由者";"卤之昔浓而今淡;薪之昔贱而今贵;煎熬之昔逸而今劳"。③ 盐业生产出现较大变化的原因是盐业生产基础设施陈旧,"后以井中四镶俱朽,淡水浸搀,煎煮柴薪三倍于昔,灶户困莫能支,井司调济无法"。④ 当地盐业社会面临的这种新变化,也反映在乾隆《琅盐井志》中,人们正是通过盐业志的方式,来记录琅盐井盐业社会的变化。乾隆《琅盐井志》比之旧志,疆域、山川、形势、风俗、学校、胜景等条目无太多变化,变化最大的就是增加了柴薪、赋税、盐课等围绕盐的社会生产生活部分的叙写。

在各个盐井地,因卤水浓度不一,柴薪的消耗量存在差异。滇盐产地中,白盐井"四柴一盐"的比例是比较消耗柴薪的。同时,白盐井的产量不稳定,盐井附近的淡水,以及夏季的雨水,都会渗进卤水,这被称为"掺卤",如此卤水的含盐量就降低,煮盐就需多费柴薪,成本就加大了。这样的情况在雨季尤为突出。影响盐产量的因素还有生产技术,使用筒子锅煮盐,需要消耗4吨柴薪才能够熬制1吨盐;使用平板锅制盐以后,只需要2吨煤就可以煮1吨盐。在滇西一带的石门井,每熬制50斤盐就需要消耗柴薪400斤,⑤ 即达到"八柴一盐"的比例,显然,石门井的柴薪消耗比白盐井的柴薪消耗多了一倍,柴薪的成本也自然上升。云龙井、白盐井汲取天然卤水,浓度只有8—9波美度,因此制成食盐的耗薪量大,平均熬制1吨盐需要4吨左右的柴薪。例如,1950年白盐井每吨食盐需要4吨柴薪来熬制;1955年白盐井每吨食盐需要3.96吨柴薪来熬制。⑥ 而在乔后

---

① (清)孙元相:《琅盐井志》,禄丰县志办公室校注,云南科技印刷厂印装,1997,第2页。
② (清)孙元相:《琅盐井志》,禄丰县志办公室校注,云南科技印刷厂印装,1997,第14页。
③ (清)孙元相:《琅盐井志》,禄丰县志办公室校注,云南科技印刷厂印装,1997,第4页。
④ (清)孙元相:《琅盐井志》,禄丰县志办公室校注,云南科技印刷厂印装,1997,第6页。
⑤ 潘定祥:《云南盐政纪要·云龙井杂记》。转引自赵敏《隐存的白金时代:洱海区域盐井文化研究》,云南人民出版社,2011,第77页。
⑥ 云南省地方志编纂委员会:《云南省志·盐业志》,云南人民出版社,1993,第118页。

井、弥沙井熬制同样产量的食盐仅需要1.4吨柴薪。[①] 新中国成立以后，鉴于用柴煎盐对森林的破坏性极大，加之柴路越砍越远，柴薪供应困难，各盐井开始积极寻找和开发煤炭能源，如此柴薪与盐的矛盾才得到缓解。

三 盐业社会民族构成

云南盐业社会的民族构成，有个显著特点，即民族构成成分较为多元。云南盐业社会因具有精细化的分工而对人群具有极强的聚集效应，盐业社会本身也因此成为各民族的会聚之所。另外，云南盐井地有不同时段前来的移民，这些移民多是从中原一带来的，因此汉族居多。同移民带来云南人口结构改变一样，批量的移民渐渐改变了盐井地的民族结构，使得大多数的盐井地成为以汉族为主体的聚居区，形成以汉文化为主导，兼具多元文化的文化形态。

从黑盐井的民族成分来看，黑盐井区域呈现出多民族融合居住的空间特征，在康熙《黑盐井志》中记载的少数民族有濮、僚、爨、倮、蛮、僮等。根据现有的黑井镇人口统计，全镇有2万人口，其中汉族1.25万人，彝族0.5万人，回族0.25万人。这一民族比例与历史上的比例相差无几。在外地移民大规模入住黑盐井之前，当地的居民多为彝族。现在黑盐井周边区域的彝族村落，老者多能讲出关于李阿召的黑盐井传说故事。在现在黑井古镇所辖的122个村落中，有50个彝族聚居村落，其中的40个村落是以彝语命名的。从这些信息可以侧面推演早期的黑盐井民族聚居情况。黑盐井的第二大少数民族回族，是元代忽必烈征讨云南后留下的部队后代。当时蒙古大军出征云南，人与马匹均需要食盐供给，且需要获取军饷，于是政府就派部队来到黑盐井。当时实行"就地联营"的措施，这部分部队即驻扎在了黑盐井。他们的后代也就是现在在黑盐井及周边村落居住与生活的回族。黑盐井在历史上先后建有五座清真寺——三道河清真寺、松平果清真寺、云马山清真寺、滴水箐清真寺、瓦窑头清真寺。从清真寺的数量，可以感受回族在黑盐井的分布规模。回族在盐业社会时期主要经营牛马养殖，并参与到当地的食盐运销环节，是黑盐井食盐生产的重要组成部分。

---

① 云南省地方志编纂委员会：《云南省志·盐业志》，云南人民出版社，1993，第117页。

以卤代耕 云南盐业社会的经济共生与文化交融

　　黑盐井的民族和谐样态有历史文献记载的部分可以追溯至元统二年（1334），当时，回族人马守政任黑盐井千户兼三道河政教总管。他很注重盐井开发过程中各个民族之间的利益均衡，当时在黑盐井的民族主要有汉族、回族、彝族。马守政便制定了食盐开发的相关规定：每月农历逢一、五、七的日子由回族人盐井开采，逢二、四、八的日子由汉族人盐井开采，逢三、六、九的日子由彝族人盐井开采。同时，马守政还比较着力促进黑盐井市场的发展。他规定"十日为街，互市余缺"，经他规范的市场，呈现出"秩序人规，物阜民文，下井背卤，互敬互悦，族兄让族弟，各族一家人，德之以礼，治之有方，民财盈余"①的良好局面。黑盐井回汉关系良好，回汉互为尊重的一个历史事件在位于现黑井镇三合村委会三道河村的碑文《永警于斯碑》呈现了出来。根据碑文内容，可以知道事件的来龙去脉与竖碑警示对于维护民族关系的重要意义。

　　以明洪武二十六年（1393）为标志，来自中原13个省的64户移民定居黑盐井，从事盐业生产工作，这是黑盐井有历史可考的、最早的成规模的一次移民入住。在这之后，外地移民不断进入黑盐井，黑盐井也与其他盐业社会一样，成为典型的移民社会。黑盐井人来人往，短期的商人往来、官员任职，长期的移民入住等，造就了当地鲜明的交融性文化。自元代至民国时期，共有273位盐官来到黑盐井任职，他们来自全国26个省份的百余个县份。在明代，来自江西、湖南一带的官员较多，他们带来了江西的采茶花灯、湖南的花鼓戏等外地文化。石榴是黑盐井的特产之一，在《云南通志》中有记载，"石榴以黑井产者最佳"。黑盐井因处于亚热带，气候炎热、空气湿润，加之当地产盐之故，土里的盐分高，生产出来的石榴就比较甜而有味。而开创黑盐井石榴种植历史的正是外地人，据当地人介绍，这就是在明代中期，由前来黑盐井定居的外地移民带来种植的。

　　下面来看比黑盐井更大一个地域圈层的禄丰县域。在1949年禄丰的工商业统计数据中，对工商业者有本籍与外籍之分，数据也表现出当地人员流动的特质。当时县境内有工商户2520户，行商占50%。工商户中本籍1943户，占了77.1%，此外的本省籍有335户，占13.3%，外省籍有242

---

① 李希林等编《黑井情缘》，云南民族出版社，2013，第5页。

户，占 9.6%。① 禄丰作为覆盖黑盐井及元永井的较大区域范围，其工商业者出现本籍与外籍的划分，实则有历史时期盐业生产与运销的推动。

从白盐井的民族成分来看，其民族构成也显示出复杂性。首先，白盐井区在明代以前、明代、清代、民国时期、新中国成立后、改革开放后，各个时期的民族构成均有差别。同一时期在白盐井居住的民族有不同的地域构成，在白盐井区内明确的社会分工所造成的社会分层，均是民族构成复杂性的表现。其次，与白盐井区相毗邻的周边区域，民族较为多样，居住有彝族、白族、傣族、傈僳族等。同一民族内又有较为明显的内部差异，如在大姚境内的彝族就有十余个支系，民族因一山之隔就有不同的内部差异。最后，民族具流动性，表现为日常的交往（贸易、通婚等）及长时段历史时期，汉族的居住空间不断向山区地带的其他民族地方嵌入，形成汉族与其他民族杂居的居住格局。

在云龙的八大盐井，居住的少数民族有"阿昌""猡舞""傈僳"等，其中"阿昌"直接参与到当地的盐业生产环节，"秋末农隙，腾永背盐者，多此类"。② "阿昌"日常的生计以畜牧与耕种为主，到了秋末农闲的时候，他们就会背盐到腾冲、永昌一带去销售，以获取额外经济收益。这说明盐井周边的少数民族也积极投入盐业生产环节，为盐业的顺利生产、销售提供了人力保障。因盐业社会多崇尚来自中原一带的文化，周边少数民族在与盐井的交流互动中，生活习惯也会受盐井地的影响。如"猡舞"，虽居山中，但"颇知伦理，有华风。富者周贫，耕者助力，饶养稗牲畜"。③ 这些盐井区域的民族样态，提供了盐井与周边区域互利共往、互为影响的鲜活案例。

第二节 盐井移民社会

移民是理解历史人群交往、文化互动的重要因素。在导论部分，笔者在"云南民族关系"的研究述评中，专门关注了云南移民的相关研究。既

---

① 云南省禄丰县地方志编纂委员会：《禄丰县志》，1997，云南人民出版社，第 310 页。
② （清）陈希芳纂修《雍正云龙州志校注》，黄正良、尹含校注，云南人民出版社，2019，第 26 页。
③ （清）陈希芳纂修《雍正云龙州志校注》，黄正良、尹含校注，云南人民出版社，2019，第 26 页。

有研究都肯定了移民对云南历史文化变迁的重要影响。因此,笔者主要在云南移民这一大的历史框架内,具体关注盐井移民及移民社会的生成过程。在具体的研究中,笔者将"移民社会"作为云南盐业社会的典型特征。

一 云南移民与盐井移民

云南移民发生较早,早在汉代,中央王朝就通过屯垦、征讨等方式,逐步向云南移民。同时,一部分汉人也以逃难、游宦、流窜等方式流落到云南安家落户,汉人在云南的数量不断增加。汉人到云南后编入户籍,与非编户齐民的"夷人"相区别。汉人编入户籍后,要向政府缴纳租税。因此汉人成为中央王朝在边郡的主要经济基础与社会基础。[①] 元代统一云南最重要的措施是在云南广泛建立学校,传播儒学,开科取士。这个时期进入云南的汉族移民为数不少,但更多的是蒙古人、契丹人、色目人。虽然移民的族类不同,但在云南传播汉文化的行为则是共同的。明朝在元代的基础上大力推广儒学,到处立孔庙、设学校、开科举。使用中原汉文经典的佛教,尤其是禅宗,也在明朝的推动下取代了其他宗教形式,如在大理长期流行的密宗。儒学的广泛推行,使云南文化与中原趋于一致,为区域统一提供了思想文化上的保障。甚至明朝的昆明、楚雄、大理、保山、建水、曲靖等地的社会文化与风俗习惯,与中原没有太大的差别。

明洪武十四年(1381)九月,朱元璋命傅友德、蓝玉、沐英等率军征云南。次年二月云南平定,政府设军卫以屯戍之。卫所是明朝以军屯方式向云南移民的基本据点。有的千户所由卫分兵设立,有的千户所则直隶都指挥使司。军堡、军哨和铺舍中的军士,则是由卫所分拨出去的。军堡、军哨和铺舍的设立表明军士分布面的扩大。[②] 以汉族移民为主体的军士插花式地分散到云南各个据点,也从一定层面上缩短了各个民族间的居住距离,渐成民族交融的局面。

明朝接管云南以后,不仅利用汉族军士及其家属组成大批卫所,筑城开屯,构成一种军事性质的地理单位,而且还把本应归布政司管辖的少数州县划归卫军指挥使司管辖。由于隶属关系不同,卫辖州县的土地、人口数自

---

① 林超民:《汉族移民与云南统一》,《云南民族大学学报》2005 年第 3 期,第 107 页。
② 谢国先:《明代云南的汉族移民》,《云南民族学院学报》1996 年第 2 期,第 28 页。

然不能包括在云南布政司和户部的册籍上。① 明代洪武十四年（1381）入滇的明军数量，洪武十五年二月云南平定后告天下臣民诏中显示为30万人。江应樑称，"这个数字大概比较确实。在进军之前，朱元璋命诸将简练征云南的士卒，各给布帛纱锭为衣装之具，当时就有249100人。此后沿途尚有地方军伍加入，如播州土酋就率兵2万从征，所以30万之数并未浮夸"。② 云南卫所之数，明初以来，时有改变。在《明史·兵志》中，明洪武二十六年云南有15卫1所。此后云南卫增至20个，其中只有4卫说明为"后设"，证明洪武二十六年以前的设卫所有16个。而"后设"的军卫中包括洪武二十六年至洪武末年所设的。③

江应樑从《明太祖实录》中收集到的明洪武年间从各省征集军兵入云南从征或戍守的次数有以下十次：第一次，明洪武二十年派鞑靼官军往戍云南；第二次，洪武二十年八月，诏四川都指挥使司选精兵25000人给军器农具，往云南品甸屯种；第三次，同年九月，调湖广军26560人征云南；第四次，同年九月，令靖州五开及辰、沅等卫新军，选精锐45000人往云南听征；第五次，同年十月，诏湖广常德、辰州二府民，三丁以上者出一丁，屯云南；第六次，同年十月，调陕西、山西战士56000余人赴云南听征；第七次，同年十月，调楚府护卫兵6000人赴云南听征；第八次，同年十月，诏长兴侯耿炳文率陕西土军33000人征云南屯种听征；第九次，洪武二十一年二月，陕西都指挥同知马烨率西安等卫兵33000人屯戍云南；第十次，同年六月，发河南祥符等十四卫骑兵15000人往征云南。在这十次调集的军队中，除第一、第五两次人数不详外，其余8次调来的人数，总计已超23万人。④

明洪武年间的移民实边，带来了云南人口的巨大增长，也改变了原有的人口结构，人口结构的改变主要体现在两个方面。一是民族结构的变化。因江南一带多是秉持中原文化的汉族，他们入住云南，使得云南逐渐改变了以少数民族为主体民族的格局，同时，主流的文化也渐渐转变为以中原为标准的汉文化，实现了文化的大换血。二是社会阶层的改变。入住云南的这批移民，主要分为军屯和民屯，民屯又有多种类型，除了一般百

---

① 顾诚：《明帝国的疆土管理体制》，《历史研究》1989年第3期，第135—151页。
② 葛剑雄编，曹树基著《中国移民史》（第五卷），福建人民出版社，1997，第307页。
③ 葛剑雄编，曹树基著《中国移民史》（第五卷），福建人民出版社，1997，第306页。
④ 葛剑雄编，曹树基著《中国移民史》（第五卷），福建人民出版社，1997，第309页。

姓外，就是一批商人的入住，他们一来可以定居，稳定生产生活，二来可以在云南兼营商贸，促进物资流通与区域间人与物的交流，进而促成边地人民的安居乐业。

明代云南移民中以因军事戍守、行政安置和谪迁流移而来的人占了极大部分，所以至今云南不少地区的汉族都声称他们的祖上来自明代的"南京应天府"，或"从南京柳树湾高石坎充军而来"。根据各种情况推算，此时期进入云南的移民，大致占总人口四分之一强，即 100 万左右。① 在明代的文献中，大多把汉族移民称为"寄籍"的人户，而称当地原住户为"土著"。但是过了明代后期，特别是在清代的志书中，汉族移民也被称为"土著"。明代 200 多年间，汉族移民附着于土地，世代相袭，从移民变为世代定居的"土著"，从外来的"客户"变为本土的"主人"。原来被称为"土著"的"夷人"与"土著"化的汉族移民相互依存、相互交流、相互帮助、相互融合，形成"云南人"。② 林超民先生强调指出"云南人"不仅是云南汉族移民的称谓，而且是云南省范围内所有居民的称谓，其中包括了汉族和少数民族。"云南人"不仅是中原民众对云南民众的认同，也是云南民众对华夏的认同。这种双向认同，对于推进国家统一、维护边疆稳定具有极大的历史意义。

云南的规模性移民继续在清代铺展开来，清代 200 多年间，因战争、游宦、经商、工艺等落籍在云南的汉族移民，与明代大体相类。清代汉族移民与明代相比有一个显著的不同，即加强了向山区和边远之地的移民。清代在云南实行大规模的"改土归流"。汉族移民是"改土归流"的前驱，凡是汉族移民开拓发展的地区，凡是汉族移民聚居的地区，"改土归流"进展都比较顺利。而"改土归流"又进一步促进了汉族移民的发展和汉文化的传播。到清代，云南各地，无论坝子还是山区，都有汉族移民的踪迹。改土归流，使云南的政治制度、经济结构、社会生活、文化教育都归入中华民族共同发展的主流。

在《滇系》中记载的《会泽杨氏族谱序》，指出了会泽杨氏的来源，"会泽杨霖若，其先故衡湘望族。高祖通美居湖南衡州府之杨家溪，明季

---

① 古永继：《元明清时期云南的外地移民》，《民族研究》2003 年第 2 期，第 74 页。
② 林超民：《汉族移民与云南统一》，《云南民族大学学报》2005 年第 3 期，第 111 页。

成进士，以指挥宦于滇，官曲靖，家焉。顺治初，会大父从先移东川会泽县，入籍，凡五世而族滋繁。盖于是大宗、别子绵绵而秩秩矣，虽百世之遥引而勿替可也"。① 会泽的杨氏，原居湖南衡州府杨家溪，于明季到云南的曲靖为官，之后就定居下来。又于清顺治年间（1644—1661）移居到东川的会泽。通过不同族谱中显示的族源信息，可以看到向云南移民的活动在不同年代均有发生，移民来自不同地域，移民原因、移民类型比较复杂。

云南的移民在明代随着屯田和自然资源的开采大量出现。历史上有"实边以商"的说法，突出了商人于开发边疆自然资源、促进边疆民族经济的兴起与活跃中所起到的作用。江应樑先生就指出此举不仅聚集了来自各地的采矿人还有家属，而且招引了大批的商贩及各行业人员。② 李中清的研究，将移民与云南盐业的发展联系起来，指出移民为云南的矿盐业开发提供了大量的劳动力、技术，在盐矿兴盛的同时，又带动了商业的发展、繁荣。③ 李中清还做过估算，到18世纪早期，云南盐矿工人中的1/3都是移民。④ 云南移民促进了云南人口量的增长，同时，人口增加，需求增加，对食盐的供给就有刚性需求，因此批量移民引发了盐业产量的提高，从而活跃了盐业市场。

二 盐井移民的在地化

因盐利之故，一些省外的商人会来到云南成为盐商。在盐业社会中，很容易找到带有移民特性的庙宇、会馆类空间，作为特定移民交流沟通的场所。如西秦会馆就是陕西人来此建立的，川主庙是四川人来此建立的，江西会馆是江西人来此建立的。万寿宫通常由江西移民建造使用，帝王宫由黄州移民建造使用，南华宫出自广东移民，天上宫出自福建移民，陕西馆出自陕西移民。由此看来，山西、陕西、浙江、四川、江西一带商人来云南经营生意，是有历史传统的，并且从事食盐产销是他们生意的重要组

---

① 王文成等辑校《〈滇系〉云南经济史料辑校》，中国书籍出版社，2004，第381页。
② 江应樑：《傣族史》，四川民族出版社，1983，第318页。
③ 〔美〕李中清：《中国西南边疆的社会经济：1250—1850》，林文勋、秦树才译，人民出版社，2012，第115—116页。
④ 〔美〕李中清：《中国西南边疆的社会经济：1250—1850》，林文勋、秦树才译，人民出版社，2012，第115页。

成部分。如云南不同的盐井,均体现同样的"移民社会"气质。盐业资源吸引了移民的到来,他们渐渐改变了盐井人口主要为当地少数民族的人口结构格局,汉族融入少数民族,少数民族也效仿汉族,在科举体制下成为"衣冠文武之士",得以成为被国家认可的阶层。因此,移民在地化同时也是当地少数民族实现向上层社会流动的重要方式。

居住在黑盐井的人群复杂性比较高,既有当地原本的居民,也有自明代初期因为谪戍而来的,有游宦寄籍的,有前来从事商业并且定居下来的,有就近区域来此租赁居住的。黑盐井是一个由移民形成的城镇,考其本地许多人家的祖籍都是外省的,如江苏(尤其是南京)、浙江、江西较多,四川、河南、河北也不少。白盐井与黑盐井一样,因盐业生产之故,对移民群体具有天然的吸引力。白盐井的移民多来自苏、川、皖、浙、赣区域。白盐井以姓氏命名的地名有赵(灶)户冲、李家村、陶家庄,以姓氏命名的街道有罗家巷(罗姓居住较多)、郭家巷(石羊小学附近,因附近有姓郭的大房子)、洪家巷(以当地著名的教育家洪卓文老夫子命名)。这些都是白盐井吸纳不同地方移民,移民以姓氏为边界进行居住的写照。

大理云龙地区的八大井盐商,表现出落地生根的能动性,他们有再生产的愿望与实践能力。他们普遍的做法是,将盐业生产获利所得用于盐业再生产,也将大部分的资金用于购置田地,然后出租出去以获租金。据调查,盐业时代的旧州坝子,其百分之六七十的田地都是被盐井地的盐商买下的。[①]而居住于云南永胜县现划入彝族的"他留人",追溯其历史来源,实则是当地卫所衰败,军户在地化后融合了地方原居民族群而形成的一个特殊族群。[②]云龙的宝丰井(今宝丰古镇),在明代即"四方汉人慕盐井之利争趋之,因家焉,久之亦为土著。其俊秀子弟渐渍而为衣冠文武之士"。[③]

作为滇西盐区云龙井下设的大井,也是一个具有移民性气质的盐业社会。大井姓氏构成复杂,有李、马、刘、尹、姚、艾、杨、肖、黄、卢、

---

① 王丽梅:《跨越澜沧江河谷的古道与"三崇"信仰》,载赵敏、廖迪生主编《云贵高原的"坝子社会":道路、资源与仪式诠释》,云南大学出版社,2018,第16页。
② 黄彩文:《明代澜沧卫与滇西北交通沿线社会重构》,载赵敏、廖迪生主编《云贵高原的"坝子社会":道路、资源与仪式诠释》,云南大学出版社,2018,第67页。
③ (康熙)《大理府志》(卷十二),杨世钰、赵寅松主编《大理丛书·方志篇》卷四,云南民族出版社,2007,第114页。

那、王、徐、赵等姓氏。姓氏来源也较为复杂,大井的李姓原籍江西吉安府安福县第十九都西溪,其祖辈自明代万历年间游学至云龙,落籍大井。大井的马姓原籍江西抚州府临川县第六都,明万历年间祖上来到云龙州府为官吏,落籍金泉井,后又迁至大井定居至今。大井的刘姓原籍陕西咸阳,先移民到大理的鹤庆,后于清康熙中后期移民至云龙,后落籍大井。大井的尹氏,原籍南京应天府凤翔县,于明洪武年间参与平滇,落籍大理剑川,后迁居到大井。有另外一支大井李姓原籍四川嘉定州,相传随诸葛亮渡泸水南征,后留云南,子孙分支有在昆明、晋宁、广西府一带的。其后,有其中一支于明万历四十三年(1615)迁居到大井。大井姚姓原籍江西吉安府安福县第四十六都,于明代来到大理云龙为官,就此定居大井。此外还有祖籍陕西的杨姓,祖籍四川的杨姓,祖籍江西的艾姓。[①] 从大井当地历史资料考证来看,大井移民历史比较久远,最早可以追溯到明万历年间的移民,其后移民未曾中断,清代直至民国时期,均有一定数量的大井移民现象。因典型的移民特质,大井与作为纯粹白族聚居区的周边区域相比,体现出汉、白杂居的居住样态。

在移民社会中,盐与地方大姓是值得书写的一笔,在对滇西盐业社会的研究中,赵敏就专门关注了石门井杨姓、宝丰井董姓、诺邓井黄姓、大井马姓、沙溪段姓和欧阳姓、盘营镇杨姓等,通过大姓在盐业社会中的权力构成及在地方社会中的位置维度,以小见大,呈现出丰满的盐业地方社会样态。家族是盐业社会盐业生产的重要单位,综观云南多地的盐业社会,会发现一个有趣的现象,这些盐业社会都会有所谓的"大姓",如白盐井有"甘罗布张"四大家族之说,同时张姓有不同的来源,就有"几张张不拢"的说法。此外还有黑盐井的"上武家""下武家""王家"等,诺邓盐井的"杨、李、黄、徐"四大姓。家族中的"大姓"构成盐业生产最小单元的组织机理。

在明清之际,人口流动是事实,但针对不同时段、不同类型的移民,其政策措施亦是不一样的。在《滇系》中刊载了一篇清乾隆年间在云南临安府任知府的江浚源所写的《条陈稽查属夷地事宜议》,这份公文内容显示针对当时大量汉族进入滇南少数民族地区的情况,官府进行了严

[①] 李仕彦编著《记忆大井》,云南民族出版社,2007,第31—40页。

格的管控，主要通过严格稽查、禁止相互往来、禁止通婚等措施来杜绝人口流动带来的问题。在清乾隆年间，有大量内地汉人来到临安府从事贸易，其中还有一些移民，是从楚、越、蜀、黔等地携带家属来到此地开垦土地，准备长期定居的。这部分人中，"每有狡诈剽悍之徒，始或认种田亩，并借贩卖茶、布、针线为端，希觊盘踞；继而则夷情既熟，辄敢多方煽诱，恣其把持，甚至窝引匪人，肆窃攘夺，构衅酿案，牵累无辜。而若辈仍得隐匿姓名，置身事外，鬼蜮伎俩，固结不牢。此等汉奸，实为夷方之蠹"。① 在众多移民群体中，正是有这样一些投机倒把、试图侵占当地资源的"夷方之蠹"，给地方社会带来混乱。为了维护临安府的人口居住环境，就有了从严的移民管制措施。具体来看，一是对内地民众，凡是已经来到临安租地，或是举家迁移准备定居的人群，要专门设立甲总，进行严格稽查，以防止这部分人出现内外勾结，对当地进行强取豪夺的情况。二是对准备要来临安的内地移民，采取一律不准进入的措施。对往来频繁的人群，也要加以盘问与确证。三是对临安当地居民与内地汉人的婚姻，要严格筛查，防止"至与联为婚姻，妻以子女，因而凭借夷妇往来村寨，行放钱债，滚剥多方"② 的行为。这一行为利用婚姻关系来骗取当地少数民族的信任，然后通过放高利贷来获取不正当收益。从江浚源的《条陈稽查属夷地事宜议》这份公文，可以判断当时社会移民现象的普遍性，同时，在移民的过程中，也出现了移民的若干问题，而当时的移民政策，大致处于就问题处理问题的"堵"的状态。以"堵"的形式处理问题，长期看来不利于社会流动与社会活力的形成。同时，在清代乾隆时期，周于礼的《条陈征缅事宜疏》中，也专门指出流寓群体在边疆土司地区参与叛乱的问题。此次叛乱，有六千余人，其中从江西、湖广及云南其他地方前来参与这次叛乱的人群，不下千余人。针对这批给社会治理带来重大隐患的流民，周于礼提出"臣愚以为必绝其窜入之路，而后胁附之众可以解散"。③ 周于礼对待移民的方式与江浚源对待移民的方式一样，都是用"堵"而非"疏"的方式来解决问题。

---

① 王文成等辑校《〈滇系〉云南经济史料辑校》，中国书籍出版社，2004，第292页。
② 王文成等辑校《〈滇系〉云南经济史料辑校》，中国书籍出版社，2004，第294页。
③ 王文成等辑校《〈滇系〉云南经济史料辑校》，中国书籍出版社，2004，第378页。

三 盐井移民社会特质

云南盐业社会，是典型的"移民社会"。移民社会是指外来人口占社会总人口的比重超过50%，而且外来人口在社会生活的各个方面占主导地位的国家和地区。移民文化就是这些国家或地区社会成员中占主导地位的生活方式和价值观念。[①] 以云南白盐井为例，白盐井呈现典型的移民社会特征：移民带来的各地饮食；基于多元信仰形成的多样宗教空间与宗教活动；风俗观念的杂糅。移民的居住格局以井区为中心不断外扩，与周边民族交错杂居，实现文化的共享共融。[②] 这与中国传统的"乡土社会"有质的区别。许倬云先生在研究中，为中国的传统社会增加了流动性的维度，"细看中国的历史，没有一个地方的人群是真正的安土重迁，一波又一波大小移民潮，从东到西，从北到南，不断地彼此影响，终于融合成一个大同小异的中华文化"。[③] 因此，乡土的"安土重迁"与流动的"天各一方"形成并行不悖的中国传统社会的表达。

笔者将盐业社会的移民性特质简要总结为两个维度：一是杂糅性，二是同质性。这两个维度貌似是互相抵牾的，但在移民社会中都有存在。杂糅性在于盐业社会提供了一种包罗万象的场域，在此场域内，可以看到不同文化的互鉴、拼接、移植。同质性在于盐业社会提供了一个合并同类项的场域，不同文化的在场与碰撞，生产出趋于共同实践的文化。

从移民社会杂糅性的维度来看。以诺邓盐井为例，诺邓井的风俗习惯比较杂糅，既有最地道的白族的文化表达，也有来自外地移民的文化，尤其是中原文化的表达。以诺邓的葬礼习俗为例，其葬礼的流程与中原地带礼俗类似，流程比较繁杂，具体包括临终守候、备棺、接气、喂百果（喂银气）、净身、入棺、哭丧、报丧、问丧、停尸、祭奠、闹丧、严盖、点主、起棺出殡、下葬等仪式。[④] 葬礼的仪式流程大多仿照中原汉族的葬礼

[①] 赵建国：《人的迁移与传播》，中国社会科学出版社，2012，第102—103页。
[②] 李陶红、刘晓艳：《移民与城镇化——以云南白盐井为例》，《民族论坛》2019年第4期，第58—66页。
[③] 许倬云：《万古江河——中国历史文化的转折与开展》，上海文艺出版社，2006，第6页。
[④] 杨国才：《中国白族村落影像文化志——诺邓村》，光明日报出版社，2014，第108—118页。

习俗，但其间也保留了自己的文化特色，如诺邓一带也有汉族的祭文，祭文用汉字书写，但是用当地的白族话来念诵的，是典型的汉字记白语的形式，呈现典型的文化交融性。

诺邓村民的姓氏构成较为丰富，当地有"九杨十八姓"的说法，主要源于盐业社会的典型移民社会性质。因盐业资源优势，诺邓在不同时代均会吸引外地移民入住当地，实现定居与发展。自元、明开始，来自云南其他地方、江苏、福建、浙江、四川、湖南、江西的人们就纷纷会聚到诺邓，或做官，或从事盐业生产与交换，或淘生活。诺邓的一份杨姓族谱上就记载了其祖先来源，"始祖全应公男省忠公，原籍南京，游学四川，训学数载转入邓川大邑，省忠生恩元后直进云龙居诺邓井，恩元公生辅鼎，辅鼎公生铨，'此数代祖火升，碑名不注彼升'尚属浪穹未开州，继自铨公生仕秋公，仕秋公有土冢"。① 诺邓丧葬习俗在改"土冢"之前是火葬，火葬葬俗在大理主要流行于元末明初，由此可以推论诺邓的杨姓始祖大概是于元末明初之后入住诺邓的。从这段文字的表述来看，杨姓是有较强流动性的，杨姓原属南京籍，其后到四川，再到大理的邓川，最后落籍诺邓。

从移民社会杂糅性的维度来看，盐井地及周边区域文化同质性高，这样的同质性可以从两方面来解释。一是盐井地自身因盐而起的文化，在云南不同的盐井地具有同质性，盐业社会有自成一体的文化。二是盐井地及其周边区域与更大范围内的中原文化、移民文化等接触交流，长期以来形成与内地相一致的文化。如笔者在考查黑盐井周边现为禄丰县城的地方，最早可以追溯的康熙年间节庆文化及地方风俗的具体类型时，发现其与黑盐井、白盐井、白盐井所毗邻的大姚县一带的节庆具有同质性。禄丰县城过的节日有正月元旦祭祀祖先，亲友互相走访；立春日举行迎春；元宵节张灯，并"走百病"；清明节扫墓；农历四月八日浴佛节；端午节系长命缕，饮蒲酒，馈送角黍；六月举办朝斗会；六月二十四日有星回节；八月中秋节；九月朝北斗；十月朔日祭祀祖先；冬至节做糍粑互相馈赠；腊八节做五味粥；腊月二十四用糖果祭祀灶神；除夕贴春联，祭祀祖先，且闭门守岁。就地方风俗而言，婚礼"婚娶遵古礼，先通媒妁，求庚帖，继请

---

① 杨国才：《中国白族村落影像文化志——诺邓村》，光明日报出版社，2014，第66—67页。原始资料由诺邓村村民黄金鼎2009年10月提供。

尊长往女家致恳具启，下定仪，次纳币。筵宴丰俭，各随其力"；"丧礼，三日以内即开吊，讣葬，殊无停丧之恶风，俱有棺无椁。多崇信释道，建斋诵经，深属无益之举。沿习已久，实为可异"。①

黑盐井一整年的节庆习俗如下。元日：祀天地、祖先、桃符、门丞，往来贺岁。立春日：春盘赏春。元宵节：赏灯，次夕携游，插香于道，相传以祛病，俗云"走百病"。二月八：登绝峰山烧香。三月三：插芥菜于门户，以厌蝇虫。清明：拜扫。四月八：浴佛。立夏：各携饮馔于树下送春，围灰墙角以避蛇。端午：悬艾虎，系续命缕，饮菖蒲酒，以角黍相馈。六月朔日至六日，礼南斗祈年。星回节：点火把燃松炬。七夕节：妇女穿针乞巧，用瓜果祭祀织女星。中元节：在家中祭祖先。中秋节：用瓜果祭月。九月朔日至九日：礼北斗祈年。重阳节：登高，饮茱萸酒，做花糕，互赠亲友。十月：到墓地祭祖先。腊八节：作五味粥。腊月二十四日：祭灶神。除夕：饮守岁酒，迎灶神。② 这些节日，与周边区域及中原一带都具有极高的同质性，这是以移民为主体带动的文化互鉴、交往、交流、交融的结果。

第三节 盐业社会的生活

盐井地围绕盐业社会生产，形成典型的以盐为中心的盐业社会生活，其社会生活与盐业息息相关。以盐为中心的盐业社会生活，是积淀在丰盈的物质基础、人的异质性基础之上的，因此，盐业社会生活形态引领了周边区域社会生活风尚，形成区域的中心，具体在宗教活动、教育事业、慈善事业等文化事项上得以呈现。

一 以盐为中心

盐井地因盐而生，人们的时间形成一种典型的"盐钟表"，作息时间的安排以食盐的生产为中心。盐井地的作息时间与农耕社会中"日出而

---

① （清）刘自唐纂修（康熙）《禄丰县志》，张海平校注，载杨成彪主编《楚雄彝族自治州旧方志全书·禄丰卷上》，云南人民出版社，2005，第13页。
② （清）沈懋价修，杨璇等纂（康熙）《黑盐井志》，赵志刚校注，载杨成彪主编《楚雄彝族自治州旧方志全书·禄丰卷下》，云南人民出版社，2005，第602—603页。

作，日落而息"的作息时间不同，盐井地有繁重的食盐生产定额，盐灶通常昼夜熬盐，人们也就通宵达旦地从事食盐的生产。从事直接食盐生产环节的盐工分早班与晚班，昼夜都有人守在盐灶面前从事食盐生产。与盐工昼夜工作的作息相匹配的是，盐井地相关服务行业也呈现典型的"盐钟表"时间。盐井的饭馆和食店有昼夜开店者，满足盐工不同时间点的用餐需求。同时，来往运盐的马帮进出盐井没有固定的时间点，因此，在盐井地有整天开放的客栈、食店，为来往马帮提供方便。

当地人群的生计也均是以食盐生产为中心，不管直接的食盐生产者还是间接的食盐生产者，都围绕食盐而动。盐业社会中人群聚合方式中的会馆与家族，其形成与运作均与食盐息息相关。会馆，就是一个个以地域为单位建立起来的行会组织，在盐井地，如川主庙、江西庙等会馆也就变成了盐业生产利益相关者的行会组织。家族，是一个在地方社会中生成的组织形态，盐业社会的家族，既是盐业生产的重要单位，也是盐业社会生活的重要单位。卤水的分配，有一个特有的形式"卤权"，卤权就是以家族延续的方式存在的。而在盐业社会生活中，家族构成参与社会生活的单位，如宗教活动、教育事业、慈善事业等公共社会生活，家族就是其重要的构成单元。

二 庙与会

正如笔者在白盐井听张国信老人表述的，"盐业社会天天在过节"。笔者的田野调查所涉及的诸盐井地，其丰富的宗教活动，是盐业社会的一个典型特征。一方面，盐井地宗教庙宇空间较多，庙宇空间异质性高，但多种宗教空间并非互斥而是相融。另一方面，作为宗教信仰的活态表达——仪式活动，在盐井地也较为普遍。正是作为空间的"庙"与作为仪式的"会"，使参与其中的盐业社会人群发展为盐业社会共同体。

以白盐井为例，盐业社会时期，白盐井在面积不足 2 平方公里的弹丸之地内，就有"七寺八阁九座庵"，宗教空间在整个盐业社会空间形态中占据较大比例。围绕宗教空间开展的仪式有赶马会、祭孔会、太平会等，均是当地盛大的仪式活动。使宗教空间得以活化的宗教仪式，因有了地方民众的广泛参与，而转化为世俗味道浓厚的各种"会"。年复一年延续下来的会期，成为盐业社会各个利益群体结成盐业社会共同体的重要形式。

三 教育事业

教育事业是盐业社会生活的重要体现，笔者在田野调查期间，往往叹服于在盐井地遇到的耄耋老人，他们身上承载着盐业社会生活中教育事业的制高点，彰显着盐业社会生活的智识厚度。

黑盐井的文风渐炽，其中一个重要原因是当地重视教育。在明清两代，黑盐井共出进士13人、举人26人、贡生72人。[①] 乾隆十三年（1748），因黑盐井、白盐井、琅盐井三井施行教育由来已久，文风渐炽，特批准三个盐井各增设廪生、增生8名，待12年后即可出贡，这些给盐井地特设的通道，促进了盐业社会教育的发展。在当地盐井志的记录中，当地考取功名的人士数量在区域内排行前列。从黑盐井民国时期的学校教育记录，可以感受到黑盐井即使在盐业衰落之时，仍体现出来对教育的重视。在民国时期，黑盐井有4所学校：黑盐井区高等小学校、黑盐井城立国民小学校、黑盐井女子国民小学校、黑盐井乡立国民小学校。隶属于黑盐井区的元永井办有3所学校：元永区高等小学校、元永区民国小学校、元永区乡立国民学校。由此看来，盐井区的学校密度较高。在时局不稳、经费人才奇缺的20世纪30年代，当地学校以高薪聘请的方式吸引老师前来任教。这一措施出来以后，黑盐井得以聘请到曾留学法国的校长熊光珍，毕业于清华大学的教务主任郭守田，毕业于上海交大的英语教师孙中奇，毕业于中山大学的教导主任李德和等。这些知名学校毕业的知识分子愿意来到黑盐井，也与当时云南作为抗战大后方有很大关系。这些知识分子的到来，使黑盐井的教育水平有质的提高。黑盐井对待当时知识分子的态度，也体现出广纳贤才、发展教育的初心。当时的黑盐井学校图书馆有藏书2万余册，藏有被称为大百科全书的"万有文库"，师资与硬件条件都较为优越。

在白盐井，当地人较为重视教育。王振华在《盐丰旧教育简述》一文中记载："我于民国初年开始读书，那时的教育体制还沿袭着清朝旧制，以《三字经》开篇，再读'四书''五经'。方法是：老师读教，儿童背诵。我最记得当时读的两首诗是：'白马紫金鞍，骑出万人看，借问谁家

[①] 禄丰县文体广电旅游局、禄丰县恐龙博物馆编《黑井古镇拾遗》，云南民族出版社，2015，第75页。

子，读书人做官'和'天子重英豪，文章教儿童，万般皆下品，唯有读书高'。这就给我种下了读书的目的在于升官发财和光宗耀祖"。①

白盐井的教育具有悠久的历史。早至明永乐十一年（1413），白盐井就有官绅灶户办的社学。明万历年间建立了书院，为白盐井的教育打下了坚实的基础。明清时期白盐井的教育机构是书院，学子在书院学习后参加朝廷举行的科举考试，取得功名。这一时期白盐井的书院明显多于现在的大姚县域内的书院。康熙二年至五十八年（1663—1719），白盐井区先后建成了绿萝书院、张公书院、龙吟书院、灵源书院，书院聘请学识渊博、德高望重的学者执掌。在清雍正三年（1725），白盐井区又始创义学，义学兴起后，白盐井读书识字的人逐渐增多。义学一般分为两个阶段。第一阶段即8—15岁，主要进行启蒙教育，学习传统识字课《三字经》《百家姓》《千家诗》，以取代私塾。第二阶段为15岁后的经馆阶段，读"四书""五经"，此后，以童生资格通过州、府考试成为正式生或生员（秀才）。②后来，白盐井的义学在鼎盛时期发展到5所：文昌宫义学、桂香馆义学、南关义学、西北关义学、乔井义学。

同时，随着明代万历年间孔庙的兴建，儒家思想逐步成为文化领域的主宰，其用儒家的纲常礼教教化人民，把盐区各民族人民思想意识统一到儒家文化上。此时的教育不仅落实到孩子成长的阶段中，还面对每个民众，主要是对民众进行道德教育。这种教育在白盐井主要采用定期讲圣谕的形式。白盐井的五井范围均有圣谕堂，除五马桥讲圣谕外，各个井区在每月初二和十六也会各自开展宣讲圣谕的活动，讲授二十四孝、因果报应、惩恶扬善等内容，每次讲授的时间分两个时间段，一个是白天11—3点，另一个是晚上8—11点。

到了民国元年（1912），国民政府令改清朝小学堂为小学校。当年，白盐井区有初等小学校4所，高等小学校1所，学生98人。1914—1915年，盐区多由官吏富绅灶户捐资办学。民国十八年（1929），国民政府要求普通教育实施"国民教育"，当年，白盐井实施云南省教育厅制定的义

---

① 王振华：《盐丰旧教育简述》，载云南省大姚县政协委员会、文史资料委员会编《大姚文史资料》（第一辑），1992，第128页。
② 大姚县地方志办公室：《大姚县盐业志》，楚雄日报社印刷厂印装，2002，第99页。

务教育计划，对足龄儿童实行强制入学，通知家长限期送子女入学，逾期警告甚至罚款。民国十九年（1930），在白盐井的文昌宫成立"通俗图书馆"，民国二十二年（1933），在原五马桥成立"民众教育馆"[①]。在民国时期，盐丰县设一镇六乡，每乡有中心小学一所，经费由县教育局解决，各乡又有若干村小学，由各村自筹经费供给教育的支出。民国二十七年（1938），教育部颁布《小学组织法》，规定小学校附近设幼稚园，白盐井区始设立蒙养学堂进行启蒙教育。1942年9月，张景等创办了盐丰县立初级中学，盐丰开始有了中学教育。1945年11月，为解决办学经费问题，盐区的官吏和开明人士也多方奔走进行筹措、捐赠，学校邀集地方官绅和各界知名人士，组织了募集中学基金委员会，分头进行募捐。[②] 1952年，在石羊镇龙泉街风小桥头王记公房开办盐丰幼儿园，第二年入园儿童有130人，有卫生、保育员5人。[③]

诺邓亦是历代重视教育的地方，其教育要比周边区域更为发达，是区域教育的引领者。在诺邓有"进士家"的老屋，是因为这一家族在历史上一连出了三位进士，在当地是神话。诺邓道光时期进士黄云书墓联"风节古人物，文章老作家"及"文章身价从来重，翰墨生涯此后长"，[④] 文字背后透出的是诺邓当地的人文才气，文字格局丝毫不失大师风范。诺邓的教育有较深厚的历史渊源，随着移民的入住，当地追求"书香门第"的传统更为增强。当地较早就设有家学，诺邓盐井有"杨、李、黄、徐"四大姓，大姓是盐业生产中的构成单元，各个家族都有完整的尊师重教家训及相关传统延续。除了家学，当地还有私塾、乡学、庙学、书院等不同的教育形式。据记载，当地在清雍正三年（1725）建立了书院；雍正十一年（1733）知州徐本仙在任期间，在诺邓的文昌宫设立义学，当地教育的受众变广。诺邓于清乾隆年间建立文庙，于每年农历的八月二十七即孔子诞辰日当天，举行大型的孔子祭拜仪式，这是诺邓"感被于教化，而新俗以正人心……为学堂讲堂与其中，率一井之子弟，蒸蒸然兴于家"[⑤] 之所在。

---

① 大姚县地方志办公室：《大姚县盐业志》，楚雄日报社印刷厂印装，2002，第99页。
② 大姚县地方志办公室：《大姚县盐业志》，楚雄日报社印刷厂印装，2002，第99页。
③ 大姚县地方志编纂委员会办公室：《大姚县志（1978—2005）》，云南人民出版社，2010，第572页。
④ 杨国才：《中国白族村落影像文化志——诺邓村》，光明日报出版社，2014，第70页。
⑤ 杨国才：《中国白族村落影像文化志——诺邓村》，光明日报出版社，2014，第134页。文字原见于诺邓当地的《圣宫碑记》。

民国时期，诺邓设立女子学校及北乡高等小学。诺邓的盐商、官员、普通民众，会定期集资出力进行教育空间的修缮与重建。

在明清之际，云龙曾出了三位进士，其中两位就出自诺邓井（黄绍魁、黄云书），出过23位举人，其中有22位就出自当地的盐井地。这是与盐井地丰厚的地方经济实力、文化教育意识以及通畅的人才输送渠道相挂钩的。与诺邓盐井毗邻的宝丰井，"先是雒井（宝丰井）士民，以其地文风渐兴，学校未立，士游别庠。又提举司惟司盐政，民事不得预，非便，屡请改州建学"。[①] 随着盐业社会的不断发展，当地在经济发展的基础上文风渐兴，科举制度下成才的人越来越多。其后，宝丰井就有了更多的文化自主性。政府将宝丰井改为州的建制，设立与州匹配的教育机构，给宝丰井专属的学额，为宝丰的发展提供了更多的契机。

四　慈善事业

毋庸置疑，盐井地比之周边区域具有经济发展、物资丰盈的形态。从慈善事业的讨论议题中，可以很鲜明地感受到，盐井地对丰盈的物质形态进行了较好的转换。当地民众，尤其是具有较好经济实力的灶户群体，会将资本投入当地的慈善事业。这样一种经济资本的自觉转化，是盐井地公德意识形成的重要维度。

在钱青选的《方孝子传》中，主人公方孝子是位于黑盐井的细民（普通百姓），这份文献呈现了清代初期盐业社会普通民众以盐业为生的鲜活个案，是难得的专门记载普通民众的传记资料，"方孝子也，姓董氏，名盛祖，云南黑盐井细民也。以其幼寄方姓，呼之曰方孝子云。……盛祖业负贩，无兄弟。……盛祖尝晨出贸，行数里……"[②]。方孝子系黑盐井的平民百姓，祖上靠背盐贩卖为生，到了方盛祖，依然维持着背盐者的身份。"业负贩"几个字，正好契合了相关记述中这部分群体的世代传承特点。在钱青选的另外一篇文章《杨烈妇传》中，传递了在黑盐井靠背盐为生的人群经济状况。"自荣贫无恒业，父子惟力作自给，氏亦辛勤左右之，居

---

① （清）陈希芳纂修《雍正云龙州志校注》，黄正良、尹含校注，云南人民出版社，2019，第4页。

② （清）钱青选：《方孝子传》，载王文成等辑校《〈滇系〉云南经济史料辑校》，中国书籍出版社，2004，第423页。

三年无怨色。既而自荣以病癞,目渐盲,且废至不复能人,氏亦安之无少异也。……自荣怜氏穷,商嫁之,氏不应"。① 井民何自荣与之前个案中的方孝子情况一样,同样靠背盐为生,这样的生计方式姑且可以养活一家。但作为家里的顶梁柱,何自荣因生病失去了劳动能力,家里即刻陷入贫困。作为丈夫的何自荣不忍看到自己的妻子跟着自己过贫困的生活,才有了劝说妻子改嫁给当地盐商的想法。透过这份资料可以理解盐业社会普通民众生存状况,依靠盐业为生的盐工及其他劳动者,可以有不错的收入来源,但如果有家庭的变故,就容易陷入贫困中。同时,盐业社会还有一些社会底层人物,这些人物有一部分是因为战争、灾荒等来到此地"淘生活"。因盐井地对劳动力需求多,生活自然好淘,此地也就成为这类人群的较好选择地。这样一来,盐业社会的社会治理面临挑战,而各类慈善组织的存在与充分运转,就成为盐业社会治理的重要一环,由此,一些社会问题得以解决,社会得以安定。

以白盐井为例,当地慈善事业比较完善,盐业社会时期的慈善组织有寒衣会、施棺会、施水会、掩骨会、养济院、育婴堂。慈善组织的受益群体为盐业社会的底层民众。寒衣会一般会在天气转寒的时候,将厚衣厚被捐给当地无力购买物资的人群。施棺会专为白盐井贫困人家或鳏寡孤独者而设,当出现有人去世而无力购买棺材的情况,施棺会就会施以援助之手。其中丧葬所需要的棺材,来自灶户群体的捐赠。他们在购买与采集柴薪的过程中,遇到较大的原木,通常就会留下捐赠给施棺会做成棺材。类似的慈善组织还有掩骨会,掩骨会针对有人去世而无力料理后事的情况,会通过提供人力与物力的方式予以帮助。养济院是为无依无靠的老人提供居所的慈善机构。育婴堂是专门接收无家庭养育的孩子的慈善机构。除了这些常设的慈善机构,白盐井如社仓、常平仓一类的机构,也一样具有慈善的性质,社仓、常平仓在非正常年份,为白盐井民众带来大米一类的必备物资,缓解社会矛盾,稳定社会秩序。

各类慈善事业的重要经费来源是"义田"。将民众所捐之银用于购买田地,将从田地中收获的租金或是粮食等收益作为慈善事业的一种重要资

---

① (清)钱青选:《杨烈妇传》,载王文成等辑校《〈滇系〉云南经济史料辑校》,中国书籍出版社,2004,第425页。

金来源，这样特殊的田地称为义田。在白盐井，义田一方面来自当地官府捐助，另一方面来自民众捐助。义田的捐助方式，使民众捐助的资金变活，能够利生利，这也是慈善事业能够源源不断持续下去的重要原因。白盐井地区的主要义田有五处。一是在提举郑山任内，买田九十六丘，年可收谷四十四石，将这些粮食置于社仓用以备赈，后在提举孔尚琨任内，将收获的谷物改作由五井灶户轮流来收，所获得的收益用作土主会的举办公费。二是提举白兑捐银一百二十两，用于购买田地，每年所得收益用于供给义学的经费开支。三是贡山罗铨捐银八百五十四两五钱用于购买田地，每年可收租一百零六两二钱，这笔租金收益将用于资助义学和资助孤贫。四是生员陈斗光送修学田租谷市斗十石。五是已故生员白万正之妻王氏及她的儿子白汇分别于乾隆十五年（1750）、乾隆二十三年捐市斗租十石，用来资助书院膏火。

在琅盐井，也有完善的慈善组织。惠穷仓，用以接济贫苦人家；社仓，储存谷物，用以保证地方粮食安全；养济院，为无依无靠的贫穷老人提供居所；养生房，为没有房屋之人临时生育子女或出嫁女儿之用；漏泽园，为穷苦的死者提供安葬之所。

第四节　盐业社会的区域共治

为了实现盐业社会的正常运转，盐业社会及其周边社会呈现较强的区域协同能力，主要表现为共同修路、共同维护社会治安、共同维护在区域内适用的规章制度、区域缉私，以保证食盐的正常运输及盐业生产资料的正常供应。盐增加了区域的协同能力，促进更大区域范围内的互动与联系，成为区域关系的重要维系物。盐成为盐业社会在与周边区域交往过程中"礼尚往来"的重要物品。笔者在今黑盐井一座名为石头庵的庙宇中，看到一块刻于清嘉庆七年（1802）的《灵踪碑》。碑文有如下文字的记载，"黑井有孽龙……阻水为害……师至咒而伏之……井得以安，井人德之，岁供盐若干"。结合当地人给的解释，碑刻中的"师"是来自昆明晋宁盘龙寺的一位和尚，据说和尚有个葫芦，其葫芦里的水滴到安宁，安宁就有食盐了，滴到黑盐井，黑盐井的卤水浓度从此就提高了。黑盐井人为了感谢这位师傅带给黑盐井的好处，每年均会送 10 担盐给盘龙寺。食盐也就成了黑盐井与盘龙寺维系关系的见证。

一　物资保障

滇盐的生产对煮盐的铁锅需求量较大。因为食盐的生产有定额，必须昼夜不停地生产食盐才能实现额定量，而除了额定量，多生产出来的食盐一部分成为私盐，是灶户获利最多的部分，有这些因素的驱使，铁锅时刻都在煮盐状态，一般而言，铁锅用到一个月就很容易开裂，因此需要经常更换。以白盐井为例，当地不产铁，其铁锅必须通过外地来供应，供应地主要是现在的永仁县一带。铁锅的供给直接影响食盐的正常供给，因此，铁锅供应成为多方力量共同来合作完成的事项，这从文献中的《钦命冶铁告示碑》中可以看出：

> 钦命云南全省巡抚部院唐、云南布政史司布政使李、云南通省盐法道达勇巴图鲁钟为、云南楚雄府正堂加五级纪录十三次陈、云南特授白盐井提举司正堂郑、云南特授黑盐井提举司正堂萧
>
> 出示严禁事。照得前据白井郑提举详称，白井煎盐征课，责任重大，各灶户所需熬盐铁锅，向系定远县，属东北界，地方由炉户自备公本鼓铸，运并贩卖，视质之轻重，酌给价之多寡，听从民便，公平交易，历有年所。陡于本年四月间，有大贾万帮庆等串通一二炉户，私设锅行，希图垄断，压逼各炉户，按每炉一盘估发工本银肆拾两，每日抽课银壹两贰钱，将炉户铸盐锅概行收局，不准自卖，由伊等运销，高抬市价竟至每锅一口高昂价银肆钱之多。窃思白井灶户每月所需锅器不下数百口，似此任意抬价，势恐灶力难支，必致停煎误课，关系匪浅。恳请札示严禁，仍饬各炉户遵照旧规，自铸自卖，实为公便，等情到道。据此，当经札饬该县查明，严禁该商民等，嗣后不准私设锅行，任意抬价。至该炉户等所铸盐锅，仍照旧章办理，该县如有应解司库铁课若干，即由本道代解。饬令据实禀覆核办在案，迄今日久，并未据查禁禀覆，仍任该商等设行垄断，恣意肆行，以致铸户纷纷逃避歇业。该井乏锅熬盐，势必停煎，殊与课款，民生大有关碍，除再札定远县提讯严禁，并札白井提举外合行示谕，为此示。仰该县东、北两界地方商民炉户人等，一体遵照，示到赶将锅行撤去。

倘敢仍行私设，定即严提究办，所有原铸锅户人等，照旧各归业自铸自卖，照例纳税，亦不得籍滋抗违，并干查究，各宜凛遵勿违。

特　示

光绪玖年玖月拾伍日示[①]

于光绪九年（1883）在定远县（今牟定县）设立的《钦命冶铁告示碑》，由云南巡抚部、云南布政使司、云南通省盐法道、云南楚雄府、白盐井提举司、黑盐井提举司联合告示，从碑文内容我们就很容易解读出来为什么在一县之内需要有这么多的权力威慑机构来订立此碑。白盐井生产食盐所需要的铁锅几乎都由定远县来供应，原来定远县的炉户各自生产铁锅走向市场，向来是依循市场进行自由经营。但后来有商户蓄意实行垄断，让小炉户没法生存，运到白盐井的铁锅价格居高不下，致使白盐井灶户生产的食盐成本增加，一方面是面对奇高的铁锅价格却又没有购买别地铁锅的选择，另一方面是面对额定的食盐产量不得不买铁锅从事盐业生产，当地的盐业生产到了"乏锅熬盐，势妥停煎，殊与课款，民生大有关碍"的不堪重负之境地。在这样威胁到食盐正常生产、盐税正常征收、区域人群用盐安全的情况下，才有了国家与地方合力来解决此困境的《钦命冶铁告示碑》的出现。

二　杜绝私盐

私盐问题的解决也需要区域的协同能力。缅盐、越盐、粤盐、川盐等外盐进入云南市场主要在清代至民国时期，它们严重冲击了滇盐的销售市场。清宣统二年（1910），云贵总督李经羲指出滇盐实际边岸缩减的危机，就是私盐泛滥所带来的后果。"窃以为滇省盐法之坏，一由于外私充斥，一由于禁烟影响。滇本陆地，跬步皆山，运道之艰，既为各省所未有，而柴薪之贵，尤为往昔所未闻。成本日重，盐价日昂，又复西临缅甸，南越南，两处私盐，率皆价廉物美。民间惟便利是图，趋之若鹜，以故沿边之永昌、顺宁、临安、开化、广南等府属，直为海私灌输地。又迤东之东、昭两地，向本为川引借销；丽江府属之维西、中甸两厅，复为沙盐侵灌；

[①]　云南省牟定县志编纂委员会编纂《牟定县志》，云南人民出版社，1993，第665页。

而法属猛乌、乌得之磨埽等井，更近接思茅厅境，分道充斥，遂致曲靖、丽江以及普洱沿边一带夷地，到处皆私。官盐之引岸日狭，私盐之势力日张，虽亦严责营兵分途堵缉，无如头头是道，无隙可封，缉禁虽劳，苦无把握。此私盐充斥之实在情形也。"① 宣统年间，滇盐既有的行政命令规定下来的边岸受到极大的冲击，这一冲击主要来自边境一带，尤其是靠近缅甸与越南一带的区域，滇盐显然失去价格优势和质量优势。云南私盐日盛的局面一方面反映出既有盐务的弊端，另一方面也代表了一场来自自由市场的私盐与官盐的较量。

在清末《附光绪十二年北洋大臣李鸿章法国使臣戈可当会议条款》中，食盐已经作为海关管控物资，"至火药、弹子、大小枪炮、硝磺、青白铅，一切军器、食盐及各项有坏人心风俗之物，均不准贩运进关，违者即查拿全罚入官"。② 这一时期，面对缅盐等外盐冲击滇盐市场的问题，政府采取禁止外盐入关的行盐措施，边境一带得以销售滇盐。这一时期，亦是滇盐行销范围较广的时期，如滇盐通过曲靖、昭通一带，行销到贵州一带，占领了贵州的盐业市场。

三　道路共建

从《龙凤桥功德碑记》中，也能看出道路建设成为区域内共举事业的面向。龙凤桥位于今怒江州兰坪县，过去是四个盐井地（乔后井、喇鸡井、云龙井、丽江井）食盐运输中的必经之地，于清光绪二十年（1894）重新修建。在《龙凤桥功德碑记》中，可以看到龙凤桥是举区域内全力，由利益共同体共同捐资修建的。

  奏署白盐井提举司兼办乔、喇、云、丽等井百盐务李 捐银柒拾两；
  钦加四品衔特授白盐井提举司兼办乔、喇、云、丽等井盐务文 捐银四两；
  赏换花翎尽先补用都间府总办喇井盐务陈 捐银壹两；
  钦加六品衔授　丽江井盐课司正堂□农 捐银贰两；

---

① 《新纂云南通志》（七），牛鸿斌等点校，云南人民出版社，2007，第202页。
② 《新纂云南通志》（七），牛鸿斌等点校，云南人民出版社，2007，第98页。

钦加都司衔尽先守府剑川营总部厅分防喇井汛□孙 捐银壹封。

盖闻金碧交辉，马鸡著象；银河作驾，乌鹊来填；轻气为天，犹如炼石之补；长江成堑，谁能超越而过□倘穷阮籍之途，物难于困；则举成周之政，病涉何虞。□况龙凤桥为四井锁钥，山环水抱。培补宜先。国初，开井后即建此桥，而旋起旋圮者盖屡屡矣。光绪甲申（光绪十年）兴工重建，曾延先君作记，焕然一新。惜未经二十载，而长虹又化云烟飞去，异矣！顾前此皆坏于水，此次又毁于火，其殆为文明昌炽之兆乎？地志碧鸡，当以桥之西山为确。而地非通衢，湮没不彰。意天必将启之者，冠五薄六诸君请于司事，陈君昆甫代陈提举捐资外，复醵金营作。工竣，属愚记之。於戏！泪落连珠，抚碣殊非继志，心嗟望祭，题桥权当焚柴。我谓河伯其仁，永作磐石苞（苍）桑之固；山当有灵，助我达上圣主贤臣之丈。谨记。

敕授文林郎乙卯科举人剑湖李鸿芬　撰

举人李鸿芬捐银壹封。（碑末捐民百二十一名，此处作略）

大清光绪二十六岁位庚子暑月下浣谷旦

总理贡生寸一字

领袖：军功肖居五　监生　李维金　灶首　和汝霖　施普恩[①]

类似这样出自盐井地的道路建设碑刻资料还有很多，这些碑刻资料，以实物的方式，向我们呈现道路建设对于盐业社会正常运转与进一步发展的重要意义。道路成为盐业社会的一种区域性保障，不仅盐井诸地在积极修建道路，同时，盐井周边的更大区域，也为了道路的修建与畅通共举全力，有较好的联动效应。

四　平息匪患

地方土匪常在运盐通道一带盘踞，盐的顺利运销成为令管理者头疼的事情。民国二十七年（1938），时任云南省政府主席的龙云直接传令，命盐丰、宾川、祥云、兰坪县县长负责，共同严剿匪患，以促成盐的运销通道顺畅，以下是由龙云发布的维护白盐井盐顺利流通的命令。

---

① 王玉球主编《怒江州交通志》，云南人民出版社，2000，第430页。

此令

云南主席 龙云

中华民国二十七年一月二十六日

令为据呈匪徒拦劫妨碍运销请饬盐丰祥云各县会剿一案应如呈照准仰即知照

云南省政府指令秘一盐总字第四七四号

令盐运使署

二十七年一月十二日呈一件为匪徒拦劫，妨碍运销请饬盐丰祥云各县会剿一案由。呈悉。应如呈令饬盐丰祥云宾川华坪等县长会商联防协剿，以免妨碍冬销。除分令外，仰即知照！此令。①

令盐丰 宾川 祥云 兰坪 县县长

案据盐运使署呈称：

查据白井公盐号经理董秀川呈称：切查上年九月以后各县至井道途之间盗匪抢劫时闻，近两月来股数愈多，□聚愈□，小者数十，大者千余，商贾马脚均遭拦劫，初则仅只搜取银钱，继则盐斤货物俱被抢夺，职号各县分号解井之款，计上年九月杨士豪由平川至井行经锣锅水井，被匪劫去镍□一千元新票二百元，又本年二月夏大队长□由中和至井，行经昙华山被匪劫去旧票四千元，二共旧票七千元上下，而由井运付各县分号之盐，计平川、华坪湾、碧牛井、宾川各路前后共损失盐二百八十□又二□又五百斤，约计四千斤左右，值此道途阻塞，商贾裹足不前，匪风蔓延运既阻碍，销亦滞疲，而转解□项更难为力，自维责大任重，长此以往，□累堪虞，而运销前途诚不知伊于□底，实觉不寒而栗，用□将匪风情形并前后损失款项盐斤数目附单开呈，恳听□核给予备案，实为公便，计呈损失清单一份等情。据此，查所呈自上年九月以后，各县土匪，在锣锅水井等处抢劫该号盐银等情，具见匪风猖獗，妨害运销，该盐丰、宾川、祥云、兰坪各县长，既负有剿匪及协助盐务责任，应请分令切实严剿，并速疏通运道报核，以靖地方而维销征。至麻□坪及迤西模等处，属丁侗县地方，

---

① 《云南省政府公报》（命令），第10卷第15期，第20页。

来呈未据声明，并请令饬查明就近转函遵办。除指令及分行外，理合抄同清单具交呈请钧府鉴核办理指令示遵等情。计呈抄单一份。据此，除以"呈及抄单均悉。应如呈照准。除分令盐丰、宾川、祥云、华坪等县长切实严剿外，仰计知照！抄单存。此令。"等因指令暨分令外，合行令仰该县长，即便遵照办理！切切！①

此公文反映出在民国时期，白盐井的盐运路途充满危险，盐的路途安全难以保证，以至于需要以命令的形式责令相关沿途各县长来负责运盐路途的安全。白盐井盐的正常运销，也成为区域内共同操持的事务。

清康熙五十五年（1716）的文献中，提供了交通沿线重要标志物与地方治安的重要关系。在云龙县西北部，与怒江接壤一带的地域属丽江府管辖。这一带有一小部分人会时常在周边区域抢劫，一来抢劫周边民众圈养的山羊、牛，农作物如大米类，以及一些农具如锄头、犁头类；二来会结集起来到附近的师井、顺荡井等盐井抢劫食盐。这样的抢劫持续了很久，当地民众深受其害，盐井深受损失，但并无专人来处理类似案件。这一案件无人出面处理的原因在于，抢劫发生在几个行政区域的交界处，是典型的"飞地"，抢劫者来到云龙抢劫，后又回到隶属于丽江管辖的地界。因当时不能"越境差拘"，如若这些人抢劫得逞且立马返回他们的居住地，云龙地界内负责拘捕的差役就不可能去他们的居住地拘捕他们。加之有权管理这群人的丽江府，对这群人的管理不作为，因此他们的抢劫屡屡得逞，云龙受害的民众无处申冤。这一抢劫事件后来得到了关注，人们对问题进行了深究，将问题归为区域内可以起到拦截功能的塘汛②过少，"查塘汛系大理城守营，邻㑩㑩境内二百里间，仅设二塘"。③ 就此来看，在道路沿线设置的塘汛，因离这些人的抢劫地较远，即使案发立马出兵追剿，也是不可能成功的。这段史料也暴露了在康熙年间道路系统不够健全与完善的问题。尤其是在几个州府、几个县的交界区域，经常因为交通的瓶颈及管辖权的限制，会形成所谓的"飞地"。行政权力难以制衡"飞地"，使其

---

① 《云南省政府公报》（命令），第10卷第40期，第10页。
② 塘汛，清代在交通要道设置的关卡，通常会派军驻守。
③ （清）陈希芳纂修《雍正云龙州志校注》，黄正良、尹含校注，云南人民出版社，2019，第121页。

形成不被统治的地带，尤其在民国时期，诸多"飞地"成为武装割据、枪支弹药藏匿、土匪出没的地区。

小 结

　　云南盐井"以卤代耕"的生计方式，使云南盐井体现出与周边区域不同的典型性，呈现出云南盐业社会类型特点。云南盐业社会以卤水、柴薪为生产原料，以盐业生产、运输、交换为主要的生计方式，形成以食盐交换及其他附生经济为依托的经济形式，具有以盐为中心的人群聚集与分工的社会形态。云南盐业社会的人群构成比之同时期的农耕社会具有复杂性。云南盐业社会具有复杂的手工业形态，因而有较为复杂的生产分工。云南盐业生产群体粗略可以分为两类，一类是直接参与到盐业生产中的群体，另一类是间接参与到盐业生产中的群体（盐业生产服务群体）。直接生产群体是直接参与盐业生产环节的具体群体，包括灶户、灶工、背盐工、挑卤工、盐官、盐商等。间接生产群体虽未直接投入盐业生产环节，但是维持了盐业社会正常运转。这一群体包括背柴工、挑水工、其他商人、农民等。从直接生产群体与间接生产群体的共生模式来看，盐业社会群体及其周边区域居住群体形成以盐为核心的利益共同体，以盐井地为核心拓展出去的区域体现出特有的区域协同能力。

　　从民族的视角来看云南盐业社会的人群构成，云南盐业社会的民族成分有两个特点：一个特点是多元，另外一个特点是以汉族为主体。云南盐业社会是理解云南移民历史的较好切入点，通常而言，盐井地是云南移民最先入住且持续入住的目的地。云南盐业社会是典型的移民社会，即以移民文化为主导的社会。盐业社会移民类型多样，按迁移原因可以粗略分为政策性移民与自由性移民。政策性移民源自因国家化进程对盐井统治与管理的需要而迁入的移民，自由性移民源自由盐业社会分工精细化对民众具有的天然吸引力而形成的自发性移民。当然盐业社会的人群有极强的流动性，盐业社会不仅有人口的流入，也有人口的流出，比如短期的商贸往来与长期的外出求学考取功名等。总体而言，短期和长期的移民群体是盐业社会活力的主要激发力量。

　　云南盐业社会有其自身的运转机制，这得益于生活于其中的每个鲜活个体。从盐业社会重要的生产群体"灶户"来看,灶户是盐业社会经济能力强者,教育水平也较高,是当地盐业社会经济、文化、教育的引领者。灶户的发展也不全然为己,他们有较强的公德意识,他们的盐业生产所得,其中一部分会用于盐业社会的公共事业建设,如办学、办会、慈善等,以及修路建桥、赈灾扶贫、捐钱捐物。

盐业社会的教育事业、民众集体生活、社会治理、慈善事业等,都形成缜密的运作系统,这也使盐井地成为周边区域的社会文化中心。盐井地与周边区域的紧密关系,还有以盐业顺利生产为中心的物资保障、杜绝私盐、盐道共建、平息匪患的共同事业,以及由此形成的区域共治局面。

第四章
云南古道与滇盐古道

井盐越山，海盐舶水。走过山山水水，那些山路与水路，都是曾经的盐路。①

"滇盐古道"虽是笔者的一个原创性概念，但不代表既有的云南古道研究中就没有关注过盐要素与道路之间的密切关系。基于此，笔者从云南古道概况入手，呈现滇盐古道与云南古道的同质性面向，尤其是道路的官道属性与道路的民道属性。但同时，因为"滇盐古道"的概念在笔者之前并未有人提及，并且未有综合性与系统性的研究，因此，为体现滇盐古道的系统性，笔者就滇盐古道建设展开讨论。

第一节 云南古道概况

因道路建设是王朝国家经略云南的途径，所以云南的道路建设就是一个系统工程，随着时代变迁，道路系统日趋完善。云南古道呈现丰富的人文景观，这些人文景观主要在历代的游滇文字中得到了鲜活的记载。同时，基于云南古道的重要性，相关研究也日益增多。

一 云南古道系统

在明代，中央王朝将"开道设驿"作为经略云南的主要方式。明初，

---

① 王仁湘、张征雁：《中国滋味：盐与文明》，辽宁人民出版社，2007，第120页。

批量军队入住云南，其中规模最大的是在明代洪武年间，傅友德、蓝玉、沐英率30万大军出征云南。军队主力从南经由湖广辰沅，经普安路进入云南，这条道路也被称为"湖广普安路"，是一条著名的移民迁徙之路。军队进入云南，战事结束之后就留了下来，军队就开始驻扎在道路沿线。这一举措也开启了明代"开道设驿"制度，军队开始在道路沿线设置驿传，除了设置驿站外，还设置堡、铺、哨等军事设施。一般每60—80里设一个驿站，每个驿站配有马匹、马头、库子、馆夫，也备有马具、粮草等，供给驿站内使用。铺、驿、堡均是交通沿线驿站系统的重要组成部分，所不同的是，驿和堡设于道路干线上，人流量通常较大，而铺一般设于道路支线，平均10里设1铺，每铺设铺长1名。因此，铺的设置密度比驿和堡的大，一般在府、州、县一级多有设置。而哨，是明代中期政府结合云南多民族杂居的特点设立的，专门设在少数民族聚居地的交通线路上，起到镇压反抗、安定民生、护卫交通的作用。在《徐霞客游记》中，徐霞客就有对哨的记载，"维摩州，本州昔置干沟、倒马坡、石天井、河九、抹甲等哨，东通广南，每哨拨陆良卫百户一员，军兵十五名，民兵十五名把守"。① 《滇志》中详细记载了明代的哨所情况，哨所覆盖了云南各府、州、县，共计551个。② 有相关研究认为，哨所是外来人口由交通道路沿线向云南山地及少数民族地区推进的滩头阵地。③

　　清代的驿站系统在明代基础上有了更大的发展。这一时期的驿站交由兵部统领，持有兵部火牌者，就由所经过驿站提供马匹和脚夫。凡公文传递、军情报送、官员调任、生员考试等情况，都可以使用驿站服务。清代在明代驿、堡、铺、哨设置的基础上，配合了绿营兵制，尤其在山地和边远的少数民族地区，加设了汛、塘的建制。这样的设置使政府对云南各民族有了更为精细化的管理，中央王朝控制的道路系统大为扩展，进一步促进了民族地区的开发。在清代，云南有驿站85个，堡12个，铺410个，关210个，哨915个，汛280个，塘、卡、隘等2260个，以上由王朝国家

---

① （明）徐弘祖《徐霞客游记》，清嘉庆十三年叶廷甲增校。
② （天启）《滇志》（卷五·建设志），转引自陆韧《高原通途——云南民族交通》，云南教育出版社，2000，第89页。
③ 陆韧：《高原通途——云南民族交通》，云南教育出版社，2000，第89页。

设立的交通线路机构就有 4172 个。① 将这些驿、堡、铺、关、哨、汛、塘、卡、隘串联在一起，就是一张呈蜘蛛网状的云南交通网络地图。

亭，在道路系统中是专门供旅客住宿休息的地方，是古道交通系统中的有机组成部分。在《风俗通》中有记载："汉家因秦，大概十里一亭。亭，留也，今语有亭留，亭待，盖行旅宿食之所馆也。"在《释名》中，亦有对亭的解释，"亭，停也，人所停集也"。这些都指明了亭供商旅住宿的功能。② 在关于交通的文献记载中，多有对亭的记载。在《粤西路考》中，关于曲靖一带的交通有这样的记载："师宗东至罗平州，九亭。罗平东至三板桥，六亭。三板桥东至江头，七亭。江头东至黄草坝，八亭。黄草坝东至郑屯，八亭。郑屯东至栖革，四亭。"③ 亭与亭之间的间距设计，以十里为标准，但也有不等距的情况。邮，是道路系统中负责各类文书传递的机构。驿是供给交通保障，诸如马匹与物资一类的机构。

在光绪《云龙州志》中记载的云龙兵制有云龙汛和三七汛。云龙汛有步兵五十名，三七汛有步兵四十名。④ 汛内又设有塘卡二十四处，分别为：桥头塘、石门井塘、天耳井塘、新关哨塘、关坪塘、九渡塘、三哨贤塘、花涧门塘、箐门口塘、者罗哨塘、大渡口塘、旧州塘、汤邓塘、漕涧塘、小渡口塘、暑场塘、赶马撒塘、果郎塘、诺邓塘、丈二关塘、师井塘、顺荡井塘、坡脚塘、新安村塘。还设有江东卡隘、江西卡隘、六库卡隘。以上这些兵事建设中的汛、塘、卡、隘等建制，与道路有着密切的关系，它们多依道路而建，是道路上的常见景观。

以黑盐井所在的区域为例，在禄丰辖区内就设有一个驿馆、四个驿站、二十四个亭、十四个铺、五个关、两个堡、十四个哨，各类驿道有二十七条（段），共计 702 公里。⑤ 黑盐井的五马桥始建于元大德五年（1301），是禄丰最早的桥梁。盐井、驿站、渡口、堡、哨、铺等在交通沿线层层设立，由点串联起来的线路层层交织，形成一张稳定且具有较强流

---

① 陆韧：《高原通途——云南民族交通》，云南教育出版社，2000，第 88—89 页。
② 白寿彝：《中国交通史》，岳麓书社，2011，第 73 页。
③ （天启）《滇志·旅途志·陆路·粤西路考》，载王文成等辑校《〈滇系〉云南经济史料辑校》，中国书籍出版社，2004，第 515 页。
④ （清）张德霨等纂修《光绪云龙州志校注》，党红梅校注，云南人民出版社，2019，第 106—107 页。
⑤ 云南省禄丰县地方志编纂委员会：《禄丰县志》，云南人民出版社，1997，第 361 页。

动能力的区域社会网络。

在盐井区内,各个关卡都有井兵把守,井兵的工作是多维度的,如黑盐井井兵,不仅需要设卡查验食盐以杜绝私盐,还要维持柴薪的正常供给,"分为班次,昼间巡逻,有时护送柴薪,有时听令差遣,获盐则赏,失盐则罚"。[1] 可见,为了食盐的正常生产,每个环节中具体人员相互连接在一起,因此,如果将这类间接参与到盐业正常生产中的人员加入进来,盐业生产群体确实是一个庞大的群体。

二 云南古道人文

云南古道呈现的是动态的人文风景,通过这样的风景,可以看到人与路的联系,也可以透过路看到由路连接起来的区域联系。通过历史资料尤其是相关旅行日记,可以鲜活地呈现云南古道的人文风景。

明代隆庆辛未年(1571)的进士冯时可,在万历年间任云南布政司右参议,其在《滇行纪略》中,展示了行至云南所见的民风民俗,"行百里至滇省。山川开远,土地广平,城郭壮丽,街衢整洁。士女妆束、言语皆如金陵。其气候不寒不暖,裘葛可无备,惟风最多,皆西南风"。[2] 冯时可的描述文字,正展现了明代的昆明城。冯时可所见的昆明,古代城市的气息非常明显,住在昆明城中的人口,是来自中原一带的移民,从他们来自金陵一带的打扮和语言中可以看出来。我们一样可以在清顺治年间陈鼎的《滇游记》中找到类似的记录,"金马、碧鸡坊在南关外,乃百货汇聚、人烟辏集之所,富庶有江浙风",[3] "富庶有江浙风"体现出昆明一带人们的移民特性。从冯时可的行走路线及描述内容来判断,他从贵州进入云南,具体是从贵州到达曲靖,然后到昆明,再从昆明经楚雄,到达大理。在一路行走的过程中,冯时可详述了从昆明到楚雄的交通,特别是所经过的驿站驿道。他于五月七日,从响水关到达舍资驿站;八日,行走四十五里后到达石剑铺稍作休息,又行走四十里到达楚雄府。从昆明到楚雄,现在的

---

[1] (清)沈懋价修,杨璇等纂(康熙)《黑盐井志》,赵志刚校注,载杨成彪主编《楚雄彝族自治州旧方志全书·禄丰卷下》,云南人民出版社,2005,第629页。
[2] 王文成等辑校《〈滇系〉云南经济史料辑校》,中国书籍出版社,2004,第156页。
[3] 王文成等辑校《〈滇系〉云南经济史料辑校》,中国书籍出版社,2004,第159页。

道路交通距离为150公里,冯时可沿当时的道路交通,花了两天时间走完昆明到楚雄的路程。交通沿线设有驿站,供商旅休整补给。冯时可到达楚雄府,如实记录了楚雄府人们的经济社会生活,"郡寄山麓,望如村落,城内居民,不甚殷富"①。作为楚雄区域中心的楚雄府,其情形与周边的农村没有什么区别。

师范在《滇系》中,记录了入滇进藏线路及道路的商贸情况。从云南的中甸到前藏共有47站,每站在30里到40里,距离共1410里到1880里。② 道路险阻,一般前往藏地的商旅需要风餐露宿,翻越过高山峻岭,才能到达西藏。沿途有道路中断的情况,就砍伐树木垫平沟壑再通行。进藏线路气候条件恶劣,在每年的霜降时节过后,大雪封山,因而进藏人员选择每年二月前往,第二年的六月份返回。进藏人员多为商贾,由滇入藏的线路上多有来自丽江、鹤庆、剑川一带的商贾,他们在返回的时候带回西藏特有的藏绸、藏茧、削毡、氆氇、皮革、茜草、红花、催生石等。一般进藏商贾行程顺利,都可以有较好收益,收益可以用于大的家庭建设,如建盖房屋之类。

澳大利亚的乔治·厄内斯特·莫理循(George Ernest Morrison)于1894年初来到云南,他在行走于博南古道的大理至漾濞段的路途中,记录了一路所见,其中向我们展示了道路上的非本地民众。在道路沿线时常可以碰到广东人,"不论在什么地方,他们都很容易被识别出来,通过他们的着装,通过他们涂油的斗笠,通过他们把货物高吊在扁担上的习惯。他们总是穿着深蓝色的整洁衣服,须发总是剃得干干净净,脚上则穿着舒服的套鞋,打着精致的牛皮绑腿。他们浑身是旅行的气息,神态之间自觉比他们前来与之交易的那些没出过门的蛮子要优越"③。广东人行走于道路,能从着装上立马识别。除此之外,莫理循还关注到广东人在经商中的特殊才能,"他们像苏格兰人一样富于进取,能很快适应各种环境,忍耐,精明,然后发迹;在中国最偏远的地方也能遇见他们,他们靠脚走遍四方。在所有中国人中,他们具有最机智灵敏的名声。在西藏物资交易会期间,

---

① 王文成等辑校《〈滇系〉云南经济史料辑校》,中国书籍出版社,2004,第157页。
② 王文成等辑校《〈滇系〉云南经济史料辑校》,中国书籍出版社,2004,第170页。
③ 〔澳〕乔治·厄内斯特·莫理循:《离开大理后·广东人性格·移民·侏儒·殴妻》,载《一个澳大利亚人在中国》,窦坤译,福建教育出版社,2007,第155页。

以及鸦片收获的季节,他们大批来到大理。他们带来适合中国人需要的各种洋货——便宜的小手枪、左轮枪、镜子、天平、西洋镜,以及上千种既实用又有趣的便宜货,然后带着鸦片返回。他们成群结队上路,呈一列纵队鱼贯而行,他们的扁担,一头是二英尺长的钢制尖矛,有双重用途——没事时是扁担,碰到麻烦就是凶悍的武器"。① 从莫理循记录的行走于博南古道的广东人这一特殊人群来看,古道上行走之人,多为商人的身份。他们的流动促进了物资的双向流动,如广东人,运进洋货,运出当地的鸦片和土杂。行走于道路上,意味着各种不确定因素的存在,尤其在莫理循来访中国记录行走道路所见所闻的时期,正是中国社会动乱、人民处于水深火热之中的时期。因此出门在外的广东人,都有用于防身的武器——钢制尖矛。

　　这一路上,莫理循还能遇到运棉花的马帮,"一整天我们都遇见从缅甸过来的运棉花的马帮。还隔着几英里,马帮的锣声就在寂静的山间回响,很长时间之后,才听到马铃的叮当声,不久就出现了驮着马帮头子的鞍铃和被褥,以及魁梧的、高高在上的马帮头子本人。总有一个手持铜锣的人在前边开道,每五匹牲口有一个人负责赶。在河床沙地上,有一个马帮在休息。他们的包裹一排排堆放着,马在山坡上吃草。我数了数,单是这个马帮就有107匹马"。② 物资除了棉花,还有食盐、鸦片、茶叶,少量玉石、琥珀等。可见,道路上物资的活跃体现了道路作为物资运输唯一通道的重要性。在道路上,也能看到一些地方性的人文景观,莫理循就关注到滇西一片民众多患大脖子病的情况,他在一个下午的时间里,就在沿途遇到患大脖子病的人80多人。同样,美国旅行家威廉·埃德加·盖洛(William Edgar Geil)在云南的旅途中,也发现了社会上大脖子病普遍流行的问题。大脖子病情也反映了当时人们碘缺乏的健康问题,其后,国家出台食盐加碘的强制措施,这一病症才得到根除。

---

① 〔澳〕乔治·厄内斯特·莫理循:《离开大理后·广东人性格·移民·侏儒·殴妻》,载《一个澳大利亚人在中国》,窦坤译,福建教育出版社,2007,第155页。
② 〔澳〕乔治·厄内斯特·莫理循:《离开大理后·广东人性格·移民·侏儒·殴妻》,载《一个澳大利亚人在中国》,窦坤译,福建教育出版社,2007,第157页。

三　云南古道研究

白寿彝的《中国交通史》，多是以都城为中心展开对道路体系的探讨，关注以都城为中心拓展出去的道路辐射范围，而非以省为单位进行的交通史论述，这样的谋篇布局，自然通篇对云南交通鲜有着墨。没有着墨不代表云南交通史是空白的，相反，云南交通的发展自秦汉时期就与"张骞通西域"等国家的重要历史节点联系在一起。云南的交通史还有很多可以深挖的部分，有待学者继续研究。

既有的云南古道研究，提到较多的是茶马古道、南方丝绸之路，这些道路无一例外都是利用某种物品来进行命名的，但不管是茶或是马，抑或是丝绸，都难以统摄整个云南古道的研究。根据笔者的研究，云南的古道，不管民道还是官道，不管朝贡道路还是一般的物资流动道路，其上都有盐的身影。笔者专门关注了云南不同历史时期的交通线路，发现食盐产地和盐运中转站往往会成为交通线路上的重要连接点。从一定面向来说，云南的交通网络，是由食盐生产与贸易串联起来的道路网络。

云南省茶马古道的相关研究较为成熟，既有茶马古道研究确定下来的路线图，是滇西北北通往西藏、南连接博南古道的唯一一条通道。茶马古道在滇西北以大理为中心，第一条往东经过云南驿到达昆明，然后继续往东到达内地；第二条往南经蒙化府（今巍山），到达顺宁府（今凤庆）和云州（今云县）一带；第三条往西经保山，到达缅甸等东南亚国家；第四条向北经过丽江、中甸（今香格里拉），到达西藏，进而继续到达印度、尼泊尔、不丹等国家。茶马古道的重要意义即连通了内地与藏区，在盐、茶、马、药等物的流通基础之上，为藏区物资的正常供应与民众的日常生活提供了保障。

历史时期，大理的区位优势主要是通过交通来凸显的，凡是四川一带的货物都需要向西运至缅甸，普洱的茶叶需要一路向北运至西藏，藏区的药物需要一路向南运至云南，缅甸的玉石需要向东运进中国，大理是必经之地。因为交通的重要性，大理成为滇西一带重要的物资集散地，起到区域连接、内外互联的作用。大理延续至今的"千年赶一街，一街赶千年"的物资交流盛会"三月街"，就是大理作为重要物资集散地的表现。徐霞客亲历过三月街盛会，在《徐霞客游记》中，他这样描述过三月街："入演武场,俱结棚为市,环错纷纭。其北为马场,千骑交集,数人骑而驰于中,更队以觇高下焉。时男女杂沓,交臂不辨,乃遍行场市。"① 在徐霞客所在的明代,三月街的物资交流功能已经较为完备,对周边人群形成较强吸引力。而根据清代的文献记载,三月街又在明代的基础上有了更大的发展。"盛时百货生意颇大,四方商贾如蜀、赣、浙、湘、秦、黔、藏、缅等地及本省各州县之云集者殆十万计。马骡、药材、茶、布、丝、棉花、毛料、木材、磁、铜、锡器诸大宗生意交易之,至少者值亦数万。"② 从这段记述来看,大理的三月街形成较强的区域联动效应;从人员的聚集、物资的汇聚来看,大理三月街的影响力已经超出了实体的大理边界范围。路的通达性,也为物资的顺利流动、商贾的迁移提供了通途。

如滇西的云龙县、剑川县、兰坪县交界处有山名为"盐路山"(又名雪邦山),因此地蕴藏盐业资源而得名,而因为产盐,盐路山成为交通必经之处,是交通的重要衔接点。从盐路山出发,最南端可以到达缅甸、印度一带,而北端可以远至西藏的察瓦弄、察隅地区。在滇西,即从以沘江、濞水为核心的盐业生产地辐射开去,形成在滇西横断山脉纵横交错的盐马古道网络,向西有滇缅盐马古道,向北有滇藏盐马古道,向东有延伸至大理与所说的茶马古道重合的古道,向南是延伸到保山与所说的"蜀身毒道"重合的古道。对于云南既有的古道,从道路文化层的层层堆积来看,最为古老的道路在很大程度上是由食盐产地及盐运中转站串联起来的,人们在盐业贸易通畅的基础上发展其他商贸,继而带动交通型市镇的形成与发展。如位于兰坪一带的喇鸡井,是一条重要古道的辐射点,通过喇鸡井,东可到丽江、大理,然后一路到昆明;西通怒江,然后可进一步通缅甸、印度;北可至维西、德钦然后进入西藏。因食盐输送,喇鸡井成为一定意义的周边区域的中心地。

笔者途经云南最大盐产区——滇中盐区,现楚雄区域内的盐运古道,在历史上与当下的学术研究中有各种名称,如茶马古道、灵关古道、蜀身毒道、蛮夷古道、博南古道、姚嶲古道,其间可以看到,不同称谓所指的可能是同一条路,或是主体道路中的其中一段,其也与笔者所做研究的

---

① (明)徐弘祖《徐霞客游记》,清嘉庆十三年叶廷甲增校本。
② 转引自陆韧《高原通途——云南民族交通》,云南教育出版社,2000,第103页。

"滇盐古道"重合。笔者的整个研究围绕盐的中心，来看盐与古道交通对于区域经济维系与社会文化交往的意义，并且加注了对云南区域社会的认识。

对"茶马古道""南方丝绸之路""蜀身毒道"等古道的研究，研究者都能给出古道路线图，而这一古道路线图只是由各个点串联起来的线条，将古道简化为线条确实方便易懂，但也不免弱化了古道饱满的空间内涵。因为我们平时到古道景区，到古道博物馆，在古道研究刊物上所见的古道路线图只是古道的主干线，即被称为骨架的部分。除去骨架，还有从古道延伸出去像蜘蛛网一样作为具有活力的毛细血管的小道。这些小道掩映在群山翠绿中，用现在的航空拍摄技术也不容易识别，但当地民众却对这样网状的便捷通道谙熟于心，可在其中自由行走。因此，古道交通不是简单由一条或几条线路构成，而是一个体量庞大、流动频繁的交通网络。过去靠人背马驮支撑的交通时代，作为毛细血管的小道就是道路效率之所在，通过这些高效的纯民间踩踏出来的交通，可以将小小的村落串联到古道的主干道中。从古道交通对于区域的整合来看，这是要优于当下的高速路及高铁线路的。当下的高速路及高铁线路，其特点就是快，带来时间与空间的极度压缩。它带来跨区域的联系，但这样的高速交通不免切割了原来小区域内的道路网络。对于一些区域来说，高速交通就是过客，人们可以感知路上的人与物疾驰而过，却不可能翻越高速路的围栏，搭上高速路的便捷快车。

第二节　道路的官道属性

在历史上，国家与地方建立沟通的畅通方式就是修路，修路不是以一己的能力就可以达成的，哪怕是一个村落，一个小型区域，也难以修筑一条畅通无阻的通途，包括今天的修路，也多是国家的行为。在历史上，国家通过修路的具体实践，整合政治、经济的经略意涵，并由路来连接区域，实现对区域内的土地和人口的管理，间接实现了促进交流交往交融的治国方略。历史学家许倬云就发现汉朝在开发西南地区时将行政单位叫作"道"，"道"首先是一条实际存在的道路，而后从一条线慢慢扩展开来，形成面，当线的扩展能足够支撑一定的面时，就在线辐射的区域建立郡县。

一 道路与国家化进程

在记录两周时期历史的文献《国语·周语》中,有"今陈国,火朝觌矣,而道路若塞,野场若弃,泽不陂障,川无舟梁,是废先王之教也"。可见,早期的国家治理者就较为重视交通,将交通状况放到衡量国家治理水平的标准的重要位置。当时国家治理者提出的道路建设要求,已经较为系统。一来规定道路要按期修建,坡障要定期清除,桥梁也要定期建造。二来规定在道路两旁种植树木,以起到道路标志物的作用;在道路周围建造一定数量的房屋,用来储存食物,作为沿途商旅供给,也用作守卫人员驻扎的地方。三来设立专门的道路管理机构"司空",以管理路政。[①]

不同时期的道路连通,都有对大一统的诉求。这里,我们可以最早追溯至秦汉时期。在秦汉总计440年(公元前220年至公元220年)的时间里,最重要的事件即秦汉大一统的出现。这一时期的交通,是政治一统性诉求的标志,中原王朝由此走进了一个新的时代。秦始皇统一中国之后,制定了大一统的国家统治方略,在《中庸》里就有"今天下,车同轨,书同文,行同伦"。其中的"车同轨",就是对既有交通系统追求天下一统的具体措施。我们可以知道"车同轨"背后的交通现状:交通已经普遍存在,为了进一步实现交通的通达性,就需要进一步统一车辙和车轮的形制。"车同轨"的施行,就成为秦朝追求国家统一、实现大一统精神的重要实践。秦汉时期的大一统,在交通方面,除了国内交通,也有了域外交通,国内与域外的交通也比较顺畅。这些我们可以通过汉代出使的记录来进行分析,此时政府在国家层面已经较为关注国内与周边国家的来往,为国家奠定广泛的中心影响力而努力。其后,周边国家对以汉为中心的国家朝贡体系,也是通过道路得以实现的。朝贡体系之下的道路,是对中心的确认,亦是对大一统的深度强化。

道路是王朝实现云南经略的重要且有效的途径。追溯云南交通史,较早记载云南地方与中原王朝联系的事件即"秦时,常頞略通五尺道,诸此国颇置吏焉"。[②] 五尺道是从四川开辟的直达云南的官道,这说明早在秦

[①] 白寿彝:《中国交通史》,岳麓书社,2011,第23页。
[②] 《史记·西南夷列传》。

代，中原王朝就开始了以修建道路为主的对云南的经略。其中重要的做法就是对原来五尺宽的道路进行拓宽。除了五尺道外，云南当时有历史可以追溯的道路即"庄蹻入滇"事件背后的庄蹻入滇线路。此线路从巴（今重庆一带）到黔（今贵州），然后向西进入滇池一带。五尺道与庄蹻入滇线路，在云南交通史中，具有重要意义。一在于五尺道与庄蹻入滇线路始见于史料，且与国家经略直接相关，这表明云南道路体系形成之早及道路与国家经略的重要关系。二在于道路的发展，实则是支撑道路兴盛的区域交流与发展的明证。

汉武帝时期，张骞出使西域，对道路体系有了更多的认识，其中就包括发现了从西南通往身毒的道路——蜀身毒道，此后，蜀身毒道渐载入史册。蜀身毒道的发现，标志着云南各区域、各民族间有以道路为纽带的空间交流，同时，云南有了与中原王朝其他区域的交流，更难得的是，蜀身毒道正好言说了中国与缅甸、印度等其他国家交往的事实。蜀身毒道由云南的五尺道、灵关道、永昌道和缅印通道连接而成。具体线路以蜀（今四川成都一带）为起点，从西南出邛、僰至滇，从滇越（今云南腾冲）出缅甸的敦忍乙（今太公城）至曼尼坡，然后进入身毒（印度）。[1]

汉武帝对西南地区的经略就是在收到张骞出使西域的相关报告后施行的。在《华阳国志·南中志》中记载了当时的一首歌谣："汉德广，开不宾。渡博南，越兰津。渡兰沧，为他人。"[2] 歌谣展现了汉武帝时期开疆拓土，打通以博南古道为代表的道路体系的情形，当时的政府以此达到国家经营的目的。从建元六年（公元前135）至元封六年（公元前105）的30年，是汉武帝经略西南，实现王朝国家统一的重要时期。[3] 这一时期，王朝国家逐渐控制了蜀身毒道，将道路管理与地方的郡县管理共同纳入王朝国家管理体系。开路与置吏并举，先开通道路，接着在道路沿线派驻官吏管辖，这种先控制交通线，再派遣官吏、设置郡县的方式，奠定了云南成为多民族国家不可分割之一部分的基础。[4] 其后，国家的政策施行、调兵与移民、屯田与戍守等，都是以道路为核心空间来展开的。以道路的视

---

[1] 陆韧：《高原通途——云南民族交通》，云南教育出版社，2000，第10页。
[2] （东晋）常璩：《华阳国志校注》，刘琳校注，巴蜀书社，1984，第427页。
[3] 陆韧：《高原通途——云南民族交通》，云南教育出版社，2000，第7页。
[4] 陆韧：《高原通途——云南民族交通》，云南教育出版社，2000，第15页。

角，王朝国家体系在东汉已见成效，因为在东汉时期，西南诸夷已经形成对王朝国家的内附。这样，自秦朝经略五尺道，到汉武帝经略蜀身毒道，到东汉哀牢的内附，整整280年的时间，使得蜀身毒道所覆盖的云南区域成为王朝国家所控制的区域。①

作为官道的道路，其修建与国家化进程是紧密结合在一起的，一般而言，大型的筑路工程都是由国家来主持的，国家派民兵进行修建，修建好后建立包括驿站在内的道路维护体系，派人员进行驻扎与道路的日常维护。这批前来修建与驻守道路的人实现了道路文化的活化，他们定居下来，与周边的当地人一起相处，建立婚姻的联系，实现了从流动人群到移民再到当地人的身份转化。这批人的驻守及定居为道路安全提供保障，使道路越来越吸引商人、官员、矿工、流民进行流动，这些人亦多围绕道路沿线定居下来，以充分利用道路的通达性。道路的修建使人群的流动成为可能，尤其是随着道路的通达性提高，当道路通连区域内出现劳动力与土地资源的不匹配，如人口增长带来的土地紧张时，那么人群的流动与迁移就会变得频繁。

道路的国家化进程，也伴随着民族的国家认同过程。路的修建与民族的国家认同，呈现循序渐进的过程。认同过程表现在日常社会交往中，即不同民族文化之间的交融和创新。到道路修建以后，国家成为民族的庇护，自为的民族关系中多了地方与国家关系，国家的民族认同逐渐生成。同时，道路的开通逐渐打破原有分离状态的民族认同，原本呈切割状的民族走到了一起，得知了我族与他族的不同，深化了我族之为我族的存在感。同时，各民族在我族认同的基础上，学会欣赏他族，并在此基础上形成更高层次的国家认同。

二 道路的国家化体系

依托道路的朝贡体系、道路基础设施建设、道路的人口管理等，都是道路国家化体系的组成部分。依托道路的朝贡体系，是道路维系国家与地方关系，实现国家化进程的重要一环。元明清时期，边地的朝贡体系基本固定下来，朝贡物资的流动，成为古道交通上的一景，在云南，始自南诏

---

① 陆韧：《高原通途——云南民族交通》，云南教育出版社，2000，第9页。

的"青木香山道"和在明清时期出现的"贡道上路"和"贡道下路",都是有名的朝贡道路。在这些道路上,将大象、玉石等奇珍异物作为贡品运输的现象比较多。在《徐霞客游记》中,就有记载明崇祯十一年(1638),徐霞客在贵州盘江亲见来自云南的贡象队伍的情况。

在道路的国家化进程中,卫所、邮驿主要分布于道路沿线,市场与市镇也以道路为中心铺展开来。国家通过道路及附着其上的卫所、邮驿,试图实现从外人身份向内人身份的转化。道路成为国家实现统治的垫脚石,逐渐向四周延伸,形成连接网络和防御网络。道路网络是一张具有磁性的网络,磁力将场域内的物质、人群、文化,哪怕是民族之间、文化之间的彼此阻隔,都统统吸附到这张网中,使其成为彼此理解、消除抵抗的流畅通途。道路参与到区域经济社会的联动发展中,随着王朝国家统治的深入和道路的不断成网络、成体系,过去冗繁的民族问题、社会问题都因进一步的交往渐渐疏导开来。

道路为国家化进程中的人口管理提供了便捷通道。在云南方志的记载中,人群被分为"土"与"客",常见"土籍"与"客籍"的字样。这是伴随历史上外来移民的入住而产生的人群划分。批量的移民入住,早至汉武帝的"移民实边",后至明代洪武年间的30万移民入住云南。其后,便有了大量"土"与"客"的分类。如《禄丰县志》有记载"禄邑汉彝杂处,土居苗蛮种类不一,有僰子、倮倮、摩些、摆彝、伊舞、撒马都,汉人多属客寓"。① 康熙版的《黑盐井志》"风俗"部分有记载:"井人有自明初谪戍来者,有游宦寄籍者,有商贾置业者,有就近赁居者,故冠婚丧祭与中州不甚相远。"② 以明初云南保山地区为例,该地区以户籍为标准将人群划分为三类:汉人、土著和夷民。汉人是明王朝控制云南之后入住的卫所移民;土著是明王朝控制云南之前就在元朝编户体系之内的居民;夷民是没有被纳入编户及军屯系统而被土司统领的蒲人、百夷、阿昌等族群。③ 户籍是王朝国家纳税的重要依据,在户籍之列,意味着需要缴纳税收、完成兵役等。在云南户籍管理中,卫所制度成为一大特色。明代洪武

---

① 云南省禄丰县地方志编纂委员会:《禄丰县志》,云南人民出版社,1997,第104页。
② 转引自云南省禄丰县地方志编纂委员会《禄丰县志》,云南人民出版社,1997,第120页。
③ 罗勇:《明代永昌守御千户所与所辖夷民山地社会内地化》,载赵敏、廖迪生主编《云贵高原的"坝子社会":道路、资源与仪式诠释》,云南大学出版社,2018,第30—31页。

十四年（1381）朱元璋命傅友德、蓝玉、沐英率30万大军平定云南，次年平定之后，这些大军就以卫所为单位，驻留在了云南，今天所见"某某屯""某某营"就是明代卫所的痕迹。卫所制度巧妙地将军事制度与地方行政管理制度结合在一起，"七分屯种，三分操备""以七人所种植谷养三人"①的形式，使卫所成为控制云南交通线的重要军事力量。如滇西北一带的卫所，在保障滇西北交通的畅通、控制滇西北地区的土司势力、平定铁索箐反叛武装、维护边疆稳定方面，发挥了重要作用。②卫所制度下，卫所管理了越来越多的土地，"清初，禄丰、罗次、广通三县共有土军2623名，军屯田地45072亩，民屯田地79241亩，官屯田地19464亩"③，沐英集团屯田尤烈，在禄丰共占有67638亩④土地，造成屯田积弊，上涣下蛀，屯户逃离，水利基础建设年久失修，农业生产受到极大创伤。除了卫所制度外，处于同一时期的云南地方治理的政治体系还有土司制度和州县制度。⑤

在中国历史上与秦汉时期大一统的交通情况形成相反对照的是，近代以来中国交通自主权的被剥夺与大一统的分崩离析。自清朝末年至民国时期，甚至直到解放战争时期，中国失去了一部分交通的自主权。白寿彝专门总结了这个时候中国的交通状况："中国政府之力尚不能完全控制国境内的一切交通事业，它管不了水上走的外国轮船，管不了地上走的外力控制下的火车铁路，管不了出没无常的外国飞机，管不了外国人在各地设置的电台和沿海的水线。"⑥交通状况是实现大一统的重要衡量指标，近代外国势力对中国的蚕食，从其对国内交通的不断侵蚀与盘剥就可见一斑。

---

① 马健雄：《明清时期洱海北部的"坝子水利"与社会能动性的发展》，载赵敏、廖迪生主编《云贵高原的"坝子社会"：道路、资源与仪式诠释》，云南大学出版社，2018，第120页。

② 黄彩文：《明代澜沧卫与滇西北交通沿线社会重构》，载赵敏、廖迪生主编《云贵高原的"坝子社会"：道路、资源与仪式诠释》，云南大学出版社，2018，第50—54页。

③ 云南省禄丰县地方志编纂委员会：《禄丰县志》，云南人民出版社，1997，第205页。

④ 云南省禄丰县地方志编纂委员会：《禄丰县志》，云南人民出版社，1997，第205页。

⑤ 马健雄：《明清时期洱海北部的"坝子水利"与社会能动性的发展》，载赵敏、廖迪生主编《云贵高原的"坝子社会"：道路、资源与仪式诠释》，云南大学出版社，2018，第122页。

⑥ 白寿彝：《中国交通史》，岳麓书社，2011，第216页。

第三节 道路的民道属性

滇盐古道具有显著的官道属性，其修建与管理由朝廷来出资出力维护，而在另一层面，从日常的使用维度而言，滇盐古道又具有明显的民道属性。看滇盐古道上来来往往的物资和人群，以及人与物的流动带动的区域文化的交流，这些都是由每一个身处滇盐古道周边区域的鲜活民众来推动的，民道属性是滇盐古道活化的灵魂所在。

一 民道作为道路的基本属性

杨海潮在探讨茶马古道的时候，就利用了古道民间属性的切入视角，认为茶马古道是一条民间商旅道路，即使茶叶由朝廷主导销售，但这也没有改变中国西南区域社会生活的民间性质。① 而整体"茶马古道"的命名，也明显有取自民间视角的用意，茶马古道调查团"六君子"② 一行，在茶马古道徒步考察100多天后，专门写就《滇藏川"大三角"文化探秘》，正式提出"茶马古道"的概念。③ 这个概念的提出，区别于既有的"南方丝绸之路""蜀身毒道"的古道称呼，专门提炼具有民道属性的"马帮"元素。而命名为"茶马古道"，意在突出古道的民道属性及灵魂所在，这样的命名及研究也推动了研究视角的多元化和本土化。其后，"茶马古道"在学术界与大众视野中被广泛运用。

道路的民道与官道属性，相比较而言，其基本属性还是民道属性。这具体可以从三个维度来理解，一是从道路的形成来看，道路是基于民众互通有无的物资交换需要产生的；二是从道路的发展来看，道路的功能发挥正是来自行于道路上的商旅；三是从道路的生命意义来看，道路的通达性带来的人群的交往与文化的交流，正是道路生命活力的呈现。方国瑜先生在研究蜀身毒道的时候，就强调了蜀身毒道的开通应该归功于沿途人们对贸易的需要，"开通这条蜀身毒道，经过西南地区，是在这个地区有一定

---

① 杨海潮：《茶马古道：地方性的民间视角》，《思想战线》2016年第6期，第103—108页。
② 茶马古道调查团"六君子"特指木霁弘、陈保亚、李旭、徐涌涛、王晓松、李林。
③ 木霁弘、陈保亚、李旭、徐涌涛、王晓松、李林：《滇藏川"大三角"文化探秘》，云南大学出版社，2003。

的社会条件建立起来，而且是在这地区的居民开发的。就是说，在这地区甲地与乙地之间的居民有往还，开辟了一条路，乙地与丙地之间，丙地与丁地之间也如此连贯起来，开成一条漫长的交通线。这条线是人走出来的，而且是在一定的社会条件下走出来的，所以，这条交通线的开辟，可以了解西南地区各部族社会经济、文化发展到一定的阶段，各地部族要求与邻境交换生产品，相互往还频繁，开辟了道路"。① 方国瑜先生的道路表述，正好指出了民众需要与民众营建对于道路形成与发展的必然性，也指出了道路具有活力的原因。

官方力量施加到道路上的强度是不一样的，而民间对道路的需求却是必然而持续的，正是民间对贸易等的自发需求促进了道路的常换常新。如作为官道代表的官方驿站是时兴时废的，遇到王朝衰败或战争时期，王朝无暇顾及官方驿站，官方驿站也就只能自生自灭。在这个时候，道路的民间属性就更为凸显，官道无力维持的道路功能就由道路的民间属性来弥补和激活。金克木先生曾经就很形象地表达过道路民间属性的优越性，"官走不通，民间商人走得通，汉人不能通过，货物可以经他人转手通过，民间对外贸易往来比官府早得多"。② 金克木先生表达了两个面向，一是道路的民间属性要先于道路的官方属性而出现，因此，如若关注道路的起源，其多是民间因为需求自发形成的。民道要先于官道而出现，即推到历史上最早的官道"五尺道"的记载之前，一定已经有相对成熟的民道出现。官道"五尺道"也是基于既有民道修缮通连而形成的。二是官道"五尺道"的使用、运作与维护，多因为民间需求的必然性，如此才使得"五尺道"延续千年的岁月，历久弥新。

二 民道的基本内涵

道路是经济交往、文化互动的重要场域。陆韧强调古道交通与经济交流之间的重要关系。③ 经济史研究专家林文勋就认为南方丝绸之路，还是一条名副其实的"贝币之路"。一些考古资料显示，贝币在云南的古道交

---

① 方国瑜著，林超民编《方国瑜文集》（第一辑），云南教育出版社，1994，第44页。
② 金克木：《秦汉历史数学（上）》，《读书》2000年第7期，第65—71页；金克木：《秦汉历史数学（下）》，《读书》2000年第8期，第80—89页。
③ 陆韧：《高原通途——云南民族交通》，云南教育出版社，2000。

通主干道沿线如腾冲、大理、楚雄、昆明、晋宁、曲靖等地均有发现。云南分布广泛的贝币来源于南亚、东南亚地区，从文化传播论的角度来看，云南与南亚、东南亚共处于同一经济文化圈层，云南经济社会的一体化发展受南亚、东南亚影响较大。① 南诏大理文化就是典型的在印度、东南亚文化的影响之下创新形成的。当下在大理地区可以看到名目繁多的梵文碑刻，由此就可见印度文化对南诏大理，甚至对当下白族地区的佛教文化、民族文化的影响。在经济流通基础上，人的交流也就顺其自然，如茶马古道上的"房东伙伴"与丽江古城的贸易伙伴，已经从经济伙伴上升到朋友与亲属的关系。②

滇盐古道还是一条民族迁徙之路。这可以在一定程度上解释云南民族文化多样性的成因，云南因作为南亚、东南亚、青藏高原的自然地理与文化地理过渡带，自然形成沟通内与外的物质、文化、民族交流的大通道。如果我们再将云南置于历史的维度来看，印度文明在世界历史中占据引领位置的时候，云南自是其最佳的地缘受益者。"路"是不同区域文化之间产生联系的重要切入点。汪宁生在云南新石器时代的考察基础上，发现云南各个地方的新石器时代除有其自身的特点外，也有存在共性的地方。如新石器时代中陶器纹饰中的压印纹及划纹普遍存在于滇池、洱海和金沙江中游一带，这三个区域正好也有诸多文化的相似性，而文化的相似性正好是文化交流带来的结果。云南云县出土的有肩石器，在四川的西北及北方一带亦能找到，这说明新石器时代的云南，其实就与外地文化存在联系。在滇池地区发现的鞭形铜钺，在云南的晋宁石寨山、江川李家山，广西的恭城、平乐银川岭，广东的德庆、广宁，以及越南北部的红河下游均有出土。考古中发现的羊角铜铃，在云南楚雄的万家坝、晋宁的石寨山，广西西林普驮屯、浦北大岭脚、容县龙井化，广东的广州，以及越南北部的红河下游地区均有出土发现。③ 这样不同区域的文化相似性例子还有很多。而路，正好为这类文化相似性提供了解释的空间。路正好将云南貌似被河

---

① 林文勋：《是"丝绸之路"，还是"贝币之路"?》，载《古代南方对外通道研究笔谈》，《思想战线》2001年第5期，第135页。
② 杨福泉：《略述丽江古城及茶马古道上的"房东伙伴"贸易》，《西南民族大学学报》（人文社科版）2015年第12期，第1—7页。
③ 陆韧：《高原通途——云南民族交通》，云南教育出版社，2000，第16页。

流、山谷阻隔的封闭空间连接起来,使区域得以活跃。同样,民族学理论中的传播论认为,文化的相同性是文化传播的结果。而路,正好充当了文化传播的重要介质。

最早记录云南交通的文字见于司马迁的《史记》,此时期的道路就发挥了民间属性的物资互通有无和民族迁移的功能。"西南夷君长以什数,夜郎最大;其西靡莫之属以什数,滇最大;自滇以北君长以什数,邛都最大;此皆魋结,耕田,有邑聚。其外西自同师以东,北至楪榆,名为嶲、昆明,皆编发,随畜迁徙,毋常处,毋君长,地方可数千里。自嶲以东北,君长以什数,徙、筰都最大;自筰以东北,君长以什数,冉駹最大。其俗或土著,或迁徙,在蜀之西。自冉駹以东北,君长以什数,白马最大,皆氐类也。此皆巴蜀西南外蛮夷也。"① 在文字记录中,嶲与昆明的人以游牧为生,跟随牲畜实现迁移,迁徙距离可至数千里。游牧的迁徙有路线可循,道路就是游牧的通道。同时,司马迁在当时未全部抵达所述地区,却能准确表达其位置与具体民族、区域情况,很大原因在于各个区域之间本身就已经具备了彼此的了解与交流。其后,各类史书直接或间接呈现云南交通的文字渐渐多了起来。如《华阳国志·南中志》对永昌地区的物产进行了记载:"土地沃腴,有黄金、光珠、虎魄、翡翠、孔雀、犀、象、蚕桑、绵绢、采帛、文绣……又有罽旄、帛叠、水精、琉璃、轲虫、蚌珠。宜五谷,出铜锡。"② 从永昌地区的物产来看,一类是出自当地的,另一类则是出自外地的,包括东南亚一带的物产。不同物资在永昌地区的汇聚,即得益于道路的通畅。

徐嘉瑞在《南北朝滇缅之交通线》里特别关注了由云南进入印度的线路,呈现的正是此线路的民道属性所体现出来的文化交流能力。此线路从"蜀川至姚州,至越西,至不韦,至永昌,至吐蕃国,至雪山南脚,至东天竺。此路与天竺近,阻险难行,是大唐与天竺之捷径也。仍须及时,盛行热瘴毒虫,不可行履,遇者难以全生。秋多风,水泛又不可行,冬无毒,积雪阻塞,又难以登涉,惟有正二三月,乃是过时,仍须解译数种蛮语,兼赍买通之货,使土人引导,辗转问津,即必得达也,山险无路,难

---

① 《史记·西南夷列传》。
② (晋)常璩:《华阳国志校注·南中志》,刘琳校注,巴蜀书社,1984,第431页。

知通塞。……以西南永昌郡开化之程序言，三四世纪中，当已发现此道。……由是言之，滇缅印度通道中国正式之开发，东晋及南北朝，其重要之时期也"。① 从徐嘉瑞所述内容，一方面，强调了云南至印度交通开启较早，早至三四世纪的东晋时期，云南就有了与印度的交通往来；另一方面，也向我们透露了此路"道阻且长"的情况。此路易于通行的季节仅有二三月，通行途中，需要间接翻译多种少数民族语言，同时也需要当地少数民族的帮助，如此方能通行。这样看来，行走在道路上的人，必然需要途径地民众的帮助才可以顺利走完路途。行走通畅，需要多方因素来协调。

古道上的交通节点，都体现出交通推动下的文化交融能力。位于川盐古道上的云安古镇，有"九宫十八殿"的说法。川盐古道上的古老集镇大溪古镇，也同样庙宇云集。在川盐文化中，有与滇盐文化一样的火神会、火神信仰。昆明有盐王会，磨歇有祭祀盐神的活动。盐井地是艺术繁荣之所，黑盐井、白盐井就被誉为"滇戏窝子"，自贡是川剧的中心，有"不到自流井唱戏，算不了戏中仙"的说法。旧时从昆明到大理的古道沿线有重要的"九关十八铺"，现保留较完整的炼象关，始建于明代崇祯十六年（1643），是"九关"中的第三关，因地理位置被描述为"盐商云集""万马归槽"之地。炼象关遗址重要建筑群以道路延伸开来，全长750米，依次有炼象关楼、过街楼、西门楼、重关楼、登门楼五座关楼，此外还有衍庆桥、三华寺、数十座盐商大院。三华寺是典型的诸文化交融空间，由真武庙、玉皇阁、文昌宫、三元宫、大佛殿构成，"艺术三华"与明代钟鼓是镇寺之宝。

笔者在田野调查过程中，听老人的口述，经常能听到走"走夷方"三个字。走夷方的通常是内地的民众，并非纯粹商人出身，他们在可以到远方淘金的利益驱动下，离开家乡，放下既有的农业生产，行走道路，到达遥远的所谓夷方的泰国、缅甸、老挝诸地。这些地方就如中原看到的边地一样，是绝域荒原地带，他们正是进入这样的地方获取物资进行运输与贩卖。如清末至民国时期，就有云南的玉溪、峨山一带的人们，赶着马匹或

---

① 徐嘉瑞：《南北朝滇缅之交通线》，转引自张继强主编《永平文史纵览之典籍史料篇》，内部资料，2018，第66—67页。

者纯粹依靠人力到普洱一带收购茶叶和各类地方杂产,又将其运至泰国、缅甸、老挝等地销售,同时也会在泰国、缅甸、老挝市场上收罗来自英国、德国的各类西药及洋货,进而运至国内销售。在老人的口述中,"走夷方"充满各种不可预见的危险,但是它又充满诱惑力,意味着财富的聚集。

马匹是云南古道交通上重要的交通工具,来自各民族、各区域的马帮数量巨大,有名的有喜洲帮、鹤庆帮、丽江帮、保山帮、红河帮、玉溪帮、会泽帮、昭通帮等。在盐业社会,一些有实力的灶户也拥有自己的马帮。如在黑盐井,武维扬、武康庭、何晓成、彭云昌等几家灶户就拥有成规模的马帮。在阿陋井,名为张百万的灶户也有自己的马帮。一些大型马帮有数百匹马甚至上千匹马的规模,活动范围及影响范围不仅限于一地。马帮现象普遍,在历史上存在时间较长,影响力显著,孕育出相关的马帮文化。当然,在一些文献资料记载中,也有用牛、骡子、毛驴运送物资的,不过在云南,受制于特定的自然地理条件,马帮以使用马匹和骡子为主。马帮队伍中的头骡是负责探路的识途的牲畜,马帮全队的静动主要依据头骡做出的反应。因此,头骡会在众多驮运的牲畜中得到特殊的礼遇,通常是"头骡打扮玻璃镜,千珠穿满马套头。一朵红缨遮吃口,脑门心上扎绣球"。

食盐是古道交通上的重要物资,相关资料有记载缅甸商人从中国带食盐回缅甸销售的情况。在缅甸传教的天主教神父圣基曼奴在其所著的《缅甸帝国》中记载:"缅甸对外贸易,以甚多国家为对象,云南华商自拱洞沿阿瓦大河(即伊洛瓦底江)乘舶至缅都,携来彼国商品丝绸、色纸、茶叶、各种水果与其他杂货,归国时载运棉花、生丝、花盐、雀羽与一种黑漆。此漆采自树中,经提炼后即为著名的中国漆。"[1] 这一时期,云南食盐产销旺盛,经济贸易圈扩展,较好地满足了周边更广区域的食盐需求。

如黑盐井、白盐井、元永井、琅盐井、阿陋井、磨黑井、石膏井、按板井等,盐井都巡检司的普洱渡场、滩头场、艾田坝、兴隆场等,凡是生产食盐或设置有盐业管理机构的地方,其市场就以食盐为大宗,这便是盐

---

[1] 〔意〕圣基曼奴:《缅甸帝国》,转引自陆韧《高原通途——云南民族交通》,云南教育出版社,2000,第99页。

井地的特色。在集市中，还有一类虽非盐井地，但也可见将食盐作为大宗商品的情况。如保山的集市，就能见到来自大理云龙、乔后盐井的食盐在此分销之后再运往腾龙各县及各边岸的情况。在大理永平的曲硐、老街、龙街、杉阳等地的集市，每六天为一集，亦多有云龙、乔后的食盐销售。而在东川、昭通的集市上，见到的多是川盐。新平的集市，多见按板井、磨黑井的食盐。这些非盐业产地多在地理上占据有利位置，成为食盐的中转站和分销站。集市的一个重要功能即实现集市物资的互补余缺。比如如何实现将黑盐井的食盐、丽江集市的马匹、中甸的药材等运到缺少此类物资的地方。实现集市这一重要功能的中介便是商人，他们穿行于集市之间，实现物资的运输与贩运。在清代中期，外省人来滇贸易的，就有江西帮、湖南帮、四川帮、两广帮和北京帮等。江西帮是最早进入云南的经商群体之一，主要由江西帮主持建造的万寿宫在云南各地的地方志中可以看见。其后的湖南帮和四川帮经营货物较为固定，湖南帮主要经营笔墨、瓷器，四川帮主要经营烟草、玻璃与丝绸。而两广帮和北京帮比之前的江西帮、湖南帮、四川帮要较晚进入云南经商。云南本省，也出了一些小有名气的商帮，如鹤庆帮、大理帮、腾冲帮等，其经营的区域范围会拓展到缅甸一带。

第四节　滇盐古道建设

从全国的盐产地来看，盐业生产与道路建设是一起进行的，如早在秦汉时期的盐城，就有"煮海兴利、穿渠通运"[①]的记载，盐城就水运之利，实现了食盐的顺利流通。同样，道路建设是云南盐业生产的重要一环，涉及盐业生产资料的正常供给和成品盐的安全运输。

一　食盐运输与滇盐古道建设

张学君指出，早在秦汉时期，食盐就是南方丝绸之路上重要的流动物资，食盐贸易对这条古道的形成与发展起到重要的作用。根据现在成熟的南方丝绸之路路线图，盐井地就出现在古道的重要节点上。零关道上的临

---

① 王仁湘、张征雁：《中国滋味：盐与文明》，辽宁人民出版社，2007，第82页。

邛（邛崃、蒲江）、定莋（盐源）、临泽池（姑复县）、蜻蛉（大姚）、比苏（云龙），五尺道上的南安（犍为、乐山）、南广、临利（长宁、高县、珙县、兴文、筠连、盐津六县）、连然（安宁）、定远（牟定）、广通（禄丰）均为盐产地。① 同时，在西汉元封二年（公元前109），全国设有盐官共37处，而在南方丝绸之路区域内的盐官就设有5个，分别位于临邛（邛崃）、南安（乐山）、南广（长宁）、连然（安宁）、蜻蛉（大姚）五地。② 设置盐官，可以从侧面判断同时期古道沿线盐业经济的发展，同时，盐官的设置，也有利于食盐的税收征缴，食盐生产与贸易的顺利进展，便利了古道盐业经济的顺利推进。从物的历史沉积性视角来看，南方丝绸之路是经过历史性的时间层层堆积而成的。从以上材料，我们不难看出，由盐井地串联起来的古道线路，是南方丝绸之路的最基本形态。其后，伴随盐的运输与贸易，其他商品也陆续参与进道路的运输中。经过时间的洗练，才最终形成贯通中国西南与南亚、东南亚、中亚、西亚各国的国际大通道——南方丝绸之路。而我们此刻谈论南方丝绸之路，老生常谈的商品只有丝绸和茶叶。我们忽略了最初活跃，乃至长期活跃在南方丝绸之路上的具有最质朴诉求性的食盐。

"井盐越山，海盐舶水。走过山山水水，那些山路与水路，都是曾经的盐路。"③ 盐的运输有多种途径，在东南沿海一带有官修的道路，能供马车通过，因此，盐运的交通工具多为盐车，在如虞坂古道等专用盐道，已经有了盐车长期碾压出来的车辙。而在内地的自贡盐井，可以借助长江上游丰富的水系来运输盐，因此，自贡的食盐多走水路，依托当地的釜溪河，将食盐运至沱江，再经过长江水运到中国西南诸地。盐运走水路对水流量有较高的要求，在釜溪河上修建的金子凼、沿滩、邓关等拦河坝，就是为了提高水位，增强盐船通行率而修建的。川盐有水路交通与陆路交通两大道路系统，因四川水路交通的通达性，川盐的运输成本低。而同是井盐的滇盐，其道路网络几乎以陆路交通的形式出现。

盐井到周边区域的交通通达性好。以云龙的宝丰井为例，虽然宝丰井

---

① 张学君：《南方丝绸之路上的食盐贸易》，《盐业史研究》1995年第4期，第27页。
② 张学君：《南方丝绸之路上的食盐贸易》，《盐业史研究》1995年第4期，第29页。
③ 王仁湘、张征雁：《中国滋味：盐与文明》，辽宁人民出版社，2007，第120页。

从区位来看位于滇西,地理位置非常偏僻,但因为有盐井,其盐井向周边区域源源不断供应食盐。长期以来,就形成了高度通畅的交通网络。关于宝丰井的区域交通,在当地的地方志中有记载:"在府治西五百里。东自砥柱桥起,五里至邮亭,又五里至瓦工桥,又十里至太平哨,又五里至木瓜笼桥,又五里至石门井,又七里至大井,又三里至天耳井,又二里至山井,又十五里至新关哨,又二十里至关坪,又十五里至九渡,又二十里至三哨贤,又五里至云浪分疆。共计一百一十七里,交浪穹县界。"① 从宝丰井的交通来看,可以看到宝丰井与周边区域保持着高度的联系,其与大理府、云龙其他盐井地,均有交通的联系。而使交通得以流畅的邮亭、桥梁、铺、哨、渡口等,建设也较为完善,交通的通达性正是食盐顺利运输的有力保障。康熙时期,云龙州交通有"十二里"的记载,"十二里"分别为:云鋆里、雒马里、松坞里、汤稿里、永定里、归化里、师井里、顺荡里、十二关里、诺邓里、上五井里、箭杆里。在云龙州内的铺有州前铺、苏溪铺、雒马铺、天井铺、关坪铺,共计5铺;哨有太平哨、新关哨、关坪哨、花涧哨、虾蟆哨、者罗哨、棚树坡哨、干海子哨、荞地登哨、盖局哨、黄竹箐哨、岔路哨、燕子窝哨、烧马坪哨、后兆哨,共计15哨。桥梁有砥柱桥、利济桥、瓦草河桥、木瓜笼桥、瓦工河桥、果郎桥、诺邓桥、普渡桥、藤桥、板桥、青云桥、世德桥、永清桥、靖北桥、古吉桥,共计15座,渡口有苏溪渡和小渡口。②

在滇盐古道建设过程中筑路修桥的历史文献在各个盐井的地方志中都很容易找到。一首名为《陈刺史平修云龙道》的诗歌,就指明了修路工程的深得人心。"莫谓长安道甚奇,云龙山顶亦平夷。我来前日犹惊怖,今驾骊车任纵驰。风拂邮亭身是稳,情牵柳絮步行迟。口碑尽道陈侯力,惠政班班类若斯。"③ 因此,在地方历史中一些有影响力的筑路修桥事件,一般会以碑文实物的形式或是志书文字的形式留存下来。

---

① (清)陈希芳纂修《雍正云龙州志校注》,黄正良、尹含校注,云南人民出版社,2019,第7页。
② (清)陈希芳纂修《雍正云龙州志校注》,黄正良、尹含校注,云南人民出版社,2019,第16页。
③ (清)王漎纂修《康熙云龙州志校注》,黄正良、张杨校注,云南人民出版社,2019,第98页。

大雒马是云龙井食盐的出关通道，云龙州知州顾芳宗在康熙年间所写的《大雒马山邮亭碑记》，专门展现了虽然当地地势险峻，但为了道路的通畅、食盐的顺利运输，人们开启了筑路工程的过程。"云龙虽僻在西南鄙，然而南连永缅，北通丽水，西亘潞江，东扼楚豫滇黔之冲……而鸟道迂回，悬车束马，难以飞渡。一当春夏霪潦之交，洪波汩没，裹足不前。蛟螭窝其中，而猿狖号其上。昔人曰：'蜀道之难，难于上青天。'以五云甸较之，觉蜀道犹为坦途也。余自戊寅夏，叱驭至此，拔木甃石，次第兴举。又募五丁手，伐崖蟠石，建邮亭十数椽于大雒马山之巅。瞻蜀汉之仪像，可以作忠。瞰隔岸之温泉，用以祓濯。……为州牧者，视涂视馆，高其闳闼，厚其墙垣，加之以丹腰黝垩焉，所以重王命也。若夫行道之人，苦蔽风雨，义浆之设，解相如渴，特其余事耳！成予志者，州之绅衿，灶属耆旧。"① 云龙虽然地处滇西，地理位置比较偏僻，但当地是滇西片区的食盐主产区。同时，其地理位置也有特殊性，南可通缅甸；北可通丽江，进而进入藏区；西与怒江接壤；东则是通过滇中，进入贵州等地。虽然云龙仅有羊肠小道，修路难度很大。但当地还是开足马力，开通了雒马山道路，在雒马山山顶修筑了雒马亭。在道路建设中，州府官员尤为重视。修建好的雒马亭，"可以往来憩息，可以迎送宾客，可以防盗贼之越逸，可以补风气之残缺"，② 进一步强化了云龙对外食盐运输路线的通畅性。

清雍正五年（1727），陈希芳的《重修砥柱桥碑记》记载从新建桥梁到修复桥梁的过程。最初的砥柱桥，用铁链来连接河的两岸，在铁链上铺上木板，然后再在桥头桥尾的位置建盖屋檐，若遇下雨可以起到遮雨的作用。这类桥形制就像现漾濞县城在历史上保留下来的云龙桥。新建好之后，该桥也经历过修修补补，但"商贾车斾之迹愈众，历久而桥渐倾"。③ 于是州府官员首先捐款并主持桥梁的修复事宜，当地的乡绅和普通民众也纷纷参与进来。砥柱桥在众人的出资出力下得以修复，修建桥梁一类畅通

---

① （清）顾芳宗：《大雒马山邮亭碑记》，载（清）陈希芳纂修《雍正云龙州志校注》，黄正良、尹含校注，云南人民出版社，2019，第88—89页。
② （清）陈希芳纂修《雍正云龙州志校注》，黄正良、尹含校注，云南人民出版社，2019，第89页。
③ （清）陈希芳：《重修砥柱桥碑记》，载《雍正云龙州志校注》，黄正良、尹含校注，云南人民出版社，2019，第95—96页。

第四章 云南古道与滇盐古道

交通的事情也成为民心所向。又有陈希芳于雍正六年写下《修云龙大路碑记》，为我们提供了为修筑云龙道路而进行人员动员的细节。

> 云龙斗大一州，介在万山深处。里列十二，井产八区。皇华有征发之烦，邻封赖行盐之重。道路所系，非细故也。自云浪分疆，以迄州治，百有余里。……即前司牧，未尝不修治而芟除之。然往往畀之乡地士人，又皆以公役使，未免草草塞责。不数年间，车辙马迹，奔驰踩蹦，又复险阻。时而春冬，天气晴明，犹可言也。每值夏秋，雨水泥泞，洪波汹涌，倾塌尤甚，不可名状。……丁未冬，农工稍暇，余起而谋诸州绅士曰："道路修明，守土之平政也。然于此而扰民财、劳民力，余实不忍。爰捐薄俸，自制锄鍪，倡募同心，复虑不得其人，仍蹈前辙。"于是选老成明经，以分其任。自州治以至太平哨，佩组段君任之；自太平哨以至石门，丹璧杨君任之；自石门以至关坪，王若施君任之；其自关坪以至云浪分疆，则州尉会稽章维立分任其劳，以助余之不逮，广觅工匠，先给工费，辟土凿石，大施经营，相地势之起伏，高者平之，下者砌之，狭者辟之，期于一劳而永逸。余不时备壶餐、率僚属，躬为慰劳省视。奖其勤而警其惰，以示馌饷之意。诸君不辞劳瘁，栖风宿雨，力肩其任。未几，三月，而天耳之水菁易溪为桥，险者夷矣，雒马邮亭以至太平哨，为栏制险，凿石伐木，陂者平，狭者了矣。照熙而来者曰："康庄也。"攘攘而往者曰："坦途也。"①

从这份修路碑记来看，滇盐古道的道路建设多是国家行为。云龙的主路关乎食盐运输安全，因此，地方官员必须确保道路的通畅。这里，修路的工作由云龙州知府来主持，而非当地的盐业官员盐课提举。从这样的分工来看，云龙州知府负责当地的基础设施建设，以保障食盐的正常生产和运输，而盐课提举专职负责实际的食盐生产与运输。在具体的道路修筑过程中，知府考虑到不给当地百姓以经济与人力的压力，因此并未给当地百

---

① （清）陈希芳：《修云龙大桥碑记》，载《雍正云龙州志校注》，黄正良、尹含校注，云南人民出版社，2019年，第96—97页。

姓摊派，而是采用付工资的形式来雇修路工匠。在整个道路的修建过程中，知府采用道路分段负责制的方式，让云龙州府内的主要官员承担起责任。这样的道路建设倡议与执行力，深得民心，不出数月的时间，道路得以系统修复，得到来往商旅的称赞。再回到陈希芳本人，他是地方盐官，主持编纂《云龙州志》，作为当地的历史人物，他留下浓墨重彩的一笔，做了很多诸如修筑建桥、纂修志书之类为当地百姓谋福利、为地方留下历史的落地工作。如陈希芳一样的典型，在各盐井地都能找到，如白盐井的盐课提举刘邦瑞，黑盐井的盐课提举沈懋价，都是这一类人物，都能从当地具有较强流动性的地方官员中脱颖而出。

桥成为盐井地一道重要的风景，在琅盐井的《重修永康桥碑》中，直接指出桥对于盐井地的重要性，"是桥为井地之重赖尔"。桥是通连交通的重要承载者，是关系盐与柴薪顺利运输、盐业生产顺利进行、盐税正常征收的重要载体。"琅为盐课之区，盐为柴办。而斯桥山蹊要径，凡负载柴薪必由是路。桥不建而不遏其湍，民之负载者不免截径以窘步"，表明了建永康桥的必要性。同时，建桥也作为井地的一大民生工程，得到了众人的响应，"余（沈鼐）捐资倡赞劝，绅衿商灶莫不踊跃乐输，人不怕劳欢欣助力，如云来而星行，风应而日作"。[①] 在乾隆时期的琅盐井井地内，有永正桥、玉带桥、西石桥、永康桥、鹿鸣桥、永济桥、玉城桥、河道木桥。

黑盐井的五马桥，是食盐运输的必经之地，也是黑盐井当地人日常生产生活使用频率最高的交通节点。这座桥是黑盐井的生命线，所谓"桥断则诸物缺"。五马桥年代较为悠久，追溯五马桥的历史，即可以一窥黑盐井的地方史。五马桥的命名，在当地流传有两个版本的传说。一个是五马桥与五匹天马的传说。五匹天马为了黑盐井的社会发展变为一座横跨龙川江的桥梁，从此，食盐可以顺利运出黑盐井，这座桥也未因水患遭到损毁，当地人为纪念五匹天马的牺牲精神，将此桥命名为"五马桥"。另外一个是五马桥与当地盐政管理者之间的传说。黑盐井的五马桥始建于元大德五年（1301），由时任黑盐井管理者马守政建造，取名的时候，他希望

[①] （清）沈鼐：《重修永康桥碑》，载（清）孙元相《琅盐井志》，禄丰县志办公室校注，云南科技印刷厂印装，1997，第117页。

自己的五个孩子可以"成龙",因此取名为五马桥,同时,寓意五马驰骋、万民安乐、金融舒畅。

图 4-1 黑盐井五马桥

资料来源:作者拍摄。

五马桥自兴建以来,经历过 19 次大大小小的重修,保留了下来,当下还是当地人的必经之地。刻于清康熙四十六年(1707)的《修五马桥记》,由督理云南分巡通省清军驿传盐法道、按察使司副使加一级李必撰写。碑文记述了五马桥地理位置的重要性及修筑五马桥的必要性。五马桥是黑盐井盐运至昆明的必经之地,而昆明是黑盐井盐主要汇聚的地方。五马桥的通畅关乎盐税的正常收缴及民众的用盐安全。

修五马桥记

五马桥者,黑盐井桥也。予奉命理盐法,既莅任,检阅图籍,云南产盐之井九,而黑井盐课十倍他井。考其里道关梁,乃知黑井去省会城三百里,而五马桥其要津也。前井司王子策易以石。未几,西洞坏,费且数千。心已异之,以他务未悉。后,井司沈子以公事谒干予,问井形势及桥状。沈子曰:"黑井者,统名也。井有三:大井在西山下,东井在河中,复井在绝峰山下。桥在大井上,在东井下,去司治里许,自西往东,长二十丈,广二丈六尺;自桥面至水迹,高三丈六尺强,凡三洞。"予曰:"井,弹九耳,桥之高且大,胡为者?"沈子曰:"桥之广狭、高下,因河为之也。"河源出洱海界,经楚雄,受二州五县水。夏秋之交,百川来注,波翻流疾,泥沙水石,浊混不辨,舟楫莫能施。砯崖转石,雷轰电掣,有望之色变者。且井地在万山中,居民两岸相向,而五马桥其咽喉也。心欲一至其地,以快所闻,而道亦旧有巡行各井例。乃予既理盐法经年所,而壅滞者日疏,残废有日起,井务渐就,理遂无事。巡行至黑井,而见所谓五马桥者。后,予以内艰去,藩司摄道篆,其知井形势倍于予。

甲申(清康熙四十三年)秋,井司以水灾闻,云:入秋雨集,河水腾沸,东井去其半,五马桥东岸崩,桥圮。藩司闻之骇,谛问之,乃知坏者东洞,而中洞、西洞尚存也。东洞坏,往来不能通挽运,奈何!因以权宜计,檄井司沈子,因其未圮者架木成梁,以便挽运,而民食幸以无缺。且檄中有许其"水缩再议兴修"语。后十月,予复至滇理盐法,知桥状,有枝柱于心者。适沈子具文请曰:"前桥之坏,以木代之者,权也。风雨浸蚀,木其能长恃乎?设也来秋水势如今年,则木架不可以图存也,谋新之。"予曰:"子言是也,予亦念之,桥有三洞,互相依倚,势如唇齿。东洞去,而中、西两洞能保其无恙乎?无论木架不可以图存,即使可以图存,而中、西两洞不能无虞也。语曰:'多算胜,少算不胜。'子其善为我计之。"后又具文乞详:"查前卷,井修此桥,共费银四千四百有奇,内动公帑三千两,所不敷者,灶户出三之一,牛脚出三之二。奈今之日非复昔之日矣,不可为也。以今之时,处今之事,惟盐斤余美或可加意耳。议于正额外行盐八万斤,该获价银若干两,以若干两修东岸桥,以若干两修东井,以若干两给灶作薪本。既不累灶户与牛脚,不碍正供,以公济公,此未议也。"予然其说,就商于藩司,适与予议合。请于两台,佥曰:"可。"予乃檄沈子曰:"达者识未萌,明者睹未然。天下事能预为之计,虽补偏救弊,足以为功。迨其废且坠也,即改弦易辙,徒滋扰耳。且修理桥梁、道路,尔有司事也。例有殿最。通往来,便出入,苟有益于人者,人且争为之,矧是桥为挽运要津乎!灶一日不出盐,则饷课逋;桥一日不通挽运,则民食缺。而国计民生,其关系有如是

160

者！予也鞭长不及，吾子其勉之，乘天之时，相地之宜，尽人之力，予将乐观厥成焉。"沈子如予指，经始于正月十一日，以度其形势，以鸠工凿石。二月十一日撤水，以量其深浅，下概立岸，岸入地五尺，镇以巨石，石五层，层一尺。后施以料石十层，层八寸，乃加券，券八十八层，层七寸，长三丈三尺，高三丈六尺，广狭如东、西洞。补葺上岸之缺折者，以达其气；增长下岸之短缩者，以壮其卫。制炼铁以联其泽，和矿灰囊隙以其。石之能激薄者，凿之以杀其怒：石之能壅阏者，去之以顺其势。其上绕之以阑循，俾往来有所凭；列之以尘肆，使商贾有所归。且设谯楼，建扉扆，置器械，列兵卒，以司启闭，以缉奸究。又四月初八日告成。予览其状，予虽不至其地，而五马桥历历如在目前也，嘉叹者久之。一日，沈子具文请曰："桥工告成，俾往来有道路，挽运如流水，民食有资，饷课得以不匮，皆大人之赐也，不独井之人士戴大人之德，即滇之食黑盐井盐者，且颂大人之德于不衰。"为文以记之，归功于予。予曰："是两台之赐也，是子之力也，而藩司之加意为尤厚，予何与焉？虽然，言之者易，行之者难。服官者视官为传舍，借修练储备之虚名，以罔其上，以行其私者，未易更仆数。予如是以诏之，子能即如是以应之，委曲繁重，不啻出诸予手也，可不谓贤欤？"沈子曰："唯唯，否否。两台固为国课民生计，而不有两大人左右其间，而舆情无由达，则桥未必修，修之亦未必果也。有司者，虽夙夜匪懈，罔敢陨越，亦不过奉令承教焉耳。使下作而上不应，虽有志计，亦穷于无所施。匪大人赐，桥何由成！"予听其言，察其行，盖非挽近世涂民耳目，以幸成功者。因记其颠末，勒之贞珉，以见两台之与藩司之为民生国计者深且重，而予与沈子与有荣施焉。是为记。

康熙四十六年岁次丁亥八月初九日吉旦

督理云南分巡通省清军驿传盐法道按察使司副使加

一级李必撰

云南黑盐井盐课提举司提举沈懋价

盐课司大使任廷枢[①]

---

① 文艺编著《黑井古镇》，云南人民出版社，2015，第58—61页。

刻于清代康熙四十六年（1707）的《修五马桥记》，详细呈现了修五马桥的始末。分别对修建的原因、修建的经费来源、修建的工期安排、修建好后的影响等做了细致的描述。五马桥不仅是当地民众生产生活往来的必经之所，也是食盐出关的重要之地，运往楚雄、昆明一带的食盐必须经过五马桥。桥的顺利通行，关系到食盐的顺利运输，盐税的正常上缴，周边民众的用盐安全。清代康熙四十三年，五马桥因入秋暴雨，一桥洞被洪水冲毁，到了不得不大修的时候。此次修理的经费来源与之前五马桥修理的经费来源有所不同。在较近一次的五马桥修理经费中，共计花费银四千四百多两。其中三千两出自公款，其他的一千四百多两，由灶户出资三分之一，由牛脚出资三分之二。可见，这样的经费摊派，让作为个体的灶户和牛脚压力倍增。而于清康熙四十六年修理五马桥的经费，全部出自公款，这部分公款来自正额盐之外的其他食盐销售所得，说明此时的食盐生产与销售呈良性状态，黑盐井当地的官员、灶户、商人也有了更大的自主权，这无疑可以增进食盐生产活力。同时，从公款的流向来看，公款主要投入黑盐井的地方社会建设，如修建桥梁、修理盐井、作为灶户薪本等。此次五马桥的维修耗时三年完成，黑盐井外出交通得以全面通畅。

现在的五马桥，是游客来到黑盐井必到的打卡点。在五马桥桥头，写有一副有趣的对联，"五马桥，桥上瞧，风吹桥洞桥不动"，据说这是历史上五马桥建成之际，当地人给出的对联。当时这副对联被认为是"绝对"，因为现场没人对出下联。后来，这副被称为"绝对"的对联就刻在五马桥头，等来来往往的行人给出下联。不过，五马桥人才济济，其后这副对联有了下联，"飞来寺，寺中祀，日照寺庙寺真妙""马帮路，路善禄，南北西东通天界"。这样有趣的对联，一方面，呈现了黑盐井文化的精妙；另一方面，当地如此有趣的文化现象出现在五马桥，表明五马桥作为黑盐井重要公共空间的位置。很有趣的是，在白盐井也有五马桥，这两处五马桥均是盐井地的标志性建筑，都处于当地的中心位置，当地的集市、人口多集中于五马桥一带。

除五马桥外，黑盐井的其他交通类型也在历史上有所发展。清康熙四十八年，政府对黑盐井至禄丰的驿道重新修复，前后花费8年时间，路面全部由石板路取代，且增修了桥涵，路面得以拓宽到六尺。民国时期，黑盐井共有盐运驿站16个，里程766里，每天行走于道路上的背盐人员有七八百人。每百斤食盐每站（60里）的运盐价格为银二三钱，当时的盐价为每百斤银4两左右。民国时期整个盐兴县有人口45016人，其中一半人口依靠背盐或背柴为生。[①]当时，这些背夫的工资为每日2角5仙至4角（旧币）之间。以每站（60里）来计，每百斤食盐用人力背运的工价为2角6分，马驮的工价为3角。

1942年，从一平浪到元永井的公路交通打通，标志着黑盐井公路交通的到来，黑盐井也渐渐摆脱了人背马驮贩运食盐的历史。1956年，沙黑公路通车。沙黑公路连接沙矣旧和黑盐井两地，1955年开始动工，全长42公里，建有桥梁3座、涵洞36个。道路修建所用的劳动力全部取自当地民工，工程抽调5000余人，历时一年多，得以全部修通。其后的1964年，黑盐井到妥安乡的公路也建成通车。沙黑公路、妥黑公路的修建，是在既有古道道路基础上的拓宽。新道路的修建有古道交通的积淀，是黑盐井人延续历史上道路重要性的认知，在新时代下所做的注入道路新鲜血液的努力，亦是古道交通留给当下公路交通的财富。

盐井的盐仕往除了满足当地需求外，还需要长距离运往外地，琅盐井的食盐就常年运往云南东部的建水州、阿迷州、宁州、通海县、河西县、新兴州共六州县，据清雍正十年（1732）的额定量，琅盐井行盐量约200万斤。[②] 运销食盐就要通过道路，琅盐井"东路为六州县行盐要道，南至威楚，西至定远，北至黑井，皆米薪所必由，非数年一修，即未免莩难行也"。[③] 因盐道日常的人流量很大，每隔数年就需要大的修缮。道路修建在盐井志书中常有记载。清康熙五年（1666），由当地提举沈鼐筹集资金来修缮盐井东路。清雍正五年，由提举汪士进、吏目孙复及众灶户捐资修建东路。清雍正十二年，由提举李国义在东路与南路修建施水设施，设立水缸，以解决商旅饮水问题。同年，提举李国义还修缮了西路、北路的部分路段。清乾隆二十年（1755），提举孙元相与众灶修通了东路转塘及鳌峰、

---

① 禄丰县文体厂电旅游局、禄丰县恐龙博物馆编《黑井古镇拾遗》，云南民族出版社，2015，第176页。
② （清）孙元相：《琅盐井志》，禄丰县志办公室校注，云南科技印刷厂印装，1997，第29页。
③ （清）孙元相：《琅盐井志》，禄丰县志办公室校注，云南科技印刷厂印装，1997，第10页。

高枧槽山脚一带的道路。① 盐道多为官民共建，主要由地方官员提举发起，其中的"民"，尤其是灶户出力出资最多，《琅盐井志》就有"行盐道路，与通衢不同，多系请项或捐修者"的记载②。

二 私盐问题与滇盐古道建设

对于私盐与官盐，最为普遍的是以有无盐税来做区分。民国时期著名盐务专家景学钤解释过："私者何？对官而言，何谓官，何谓私，无人不知，有税为官，无税为私。"③ 所谓私盐，即得以逃避王朝国家税收的食盐。私盐因为逃离了国家税收，有较大的利润空间，成为盐商、灶户竞相逐利的对象。甚至一些官员也会铤而走险，官商勾结，这更造成了私盐问题的猖獗。"每年盐利入官时，少入官家多入私。官家利薄私家厚，盐铁尚书远不如。"白居易的一首《盐商妇》，道出了盐商的发迹秘密，大量盐商在私盐中牟取暴利。

灶户与当地盐官的关系较为复杂，盐官代表国家利益，为国家收取盐税，从这一层面而言，盐官是杜绝私盐存在的，盐官与灶户二者之间是一种对抗关系。但盐官在一定空间内，是默认私盐存在的，所谓"水至清则无鱼"，盐官多为流官，"强龙压不过地头蛇"，初来乍到的盐官在一定程度上亦是需要作为地方一大势力的灶户来庇护和周全的。于盐官自己而言，只要他们能缴齐朝廷规定的盐税，也就算得上是一个称职的官员了。灶户的收益，一来自通过正常渠道销售的盐，二来自私盐，私盐的收益比重又与盐政的紧缩或开放关联。通过私盐获得收益中的一部分，灶户以捐资修路、做公益、修缮衙门等形式实现对社会的反哺，另一部分也以"回扣""保护费"等形式进入盐官的腰包，灶户与当地盐官存在利益的共谋，二者实现利益均沾。由此，私盐在盐产地也就成了公开的秘密。

私盐现象长期存在，以至于有学者以私盐为主线来表述中国盐业的历

---

① （清）孙元相：《琅盐井志》，禄丰县志办公室校注，云南科技印刷厂印装，1997，第12—13页。
② （清）孙元相：《琅盐井志》，禄丰县志办公室校注，云南科技印刷厂印装，1997，第8页。
③ 景学钤：《盐政问题商榷书之七〈盐政丛刊〉》，盐政杂志社，1921。

史,"盐法的历史就是政府与黑市商人斗争的历史"。① 黄国信教授就专门对中国的私盐现象做过研究,他未将私盐一味作为问题的面向,而是更多强调私盐是活跃市场的要素。黄国信教授在其著作《市场如何形成:从清代食盐走私的经验事实出发》一书中,以私盐来看中国市场体系的形成。② 他指出中国市场体系的形成是官商利益一体化的成长过程,官商利益一体化正好也是中国传统市场的特点,研究澄清了既有的对私盐的认知与研究偏误,而强调私盐是市场活跃的重要标志。私盐与官盐相伴相生,同时也在互动与博弈,私盐比之官盐,有更为明晰的市场化特征。私盐在盐政的制度框架内是不受保护的,因此私盐比之官盐要更为遵循市场规则。同时,因私盐比官盐更具有价格优势,私盐也就更多流入民间百姓的日常生活里,因与最普遍最广阔的市场连接,私盐就更能较为真实地反映传统中国市场的形成与运作。

在历史上,私盐泛滥,名目很多。以清代为例,从贩盐地点和工具来说,可分为场私、邻私、船私;从贩盐者的身份来说,可分为官私、商私、枭私等。为了杜绝私盐,盐业管理机构采取的措施主要有:为杜场私,设立公垣,专司启闭;官兵贩私指名题参,严加治罪;设立缉私卡巡,加大缉私力度;加强缉私队伍建设等。③ 所谓盐粒小,但盐法大。朝廷面对私盐问题也建立了严厉的惩罚机制。云南的私盐问题,在边界一带尤为突出。滇北位置有川盐进入销售,滇南位置有地方土著私开当地盐井。而海禁取消之后,缅甸盐和越南盐也纷纷进入云南的市场。外盐进入云南的市场,也是滇盐销售不畅的原因之一。清末至民国时期,滇盐受到外盐的冲击,外盐进入云南边境一带销售,冲击了滇盐原有的销售市场。在腾越边境有缅甸私盐的销售,滇东的昭通十二县,是川盐的行销范围,滇盐同时还受广东食盐、越南食盐的冲击。这些食盐凭借低廉的价格,占据了滇盐的市场,引发滇盐滞销,生产成本难以回笼,继而影响滇盐的再生产。而随着抗日战争的到来,因交通线路不畅,云南作为战略后方到来

---

① 〔日〕佐伯富:《清代盐政之研究:宫崎市定序》,顾南、顾学稼译,《盐业史研究》1993年第2期,第14—27页。
② 黄国信:《市场如何形成:从清代食盐走私的经验事实出发》,北京师范大学出版社,2018。
③ 纪丽真:《清代山东私盐问题研究》,《理论学刊》2006年第6期。

批量移民等，对食盐的需求量激增，既有滇盐产销不畅的情况才得到缓解。

清宣统二年（1910），云贵总督李经羲指出滇盐实际边岸缩减的危机，这就是私盐问题带来的冲击。"窃以为滇省盐法之坏，一由于外私充斥，一由于禁烟影响。滇本陆地，跬步皆山，运道之艰，既为各省所未有，而柴薪之贵，尤为往昔所未闻。成本日重，盐价日昂，又复西临缅甸，南越南，两处私盐，率皆价廉物美。民间惟便利是图，趋之若鹜，以故沿边之永昌、顺宁、临安、开化、广南等府属，直为海私灌输地。又迤东之东、昭两地，向本为川引借销；丽江府属之维西、中甸两厅，复为沙盐侵灌；而法属猛乌、乌得之磨埧等井，更近接思茅厅境，分道充斥，遂致曲靖、丽江以及普洱沿边一带夷地，到处皆私。官盐之引岸日狭，私盐之势力日张，虽亦严责营兵分途堵缉，无如头头是道，无隘可封，缉禁虽劳，苦无把握。此私盐充斥之实在情形也。"① 宣统年间，滇盐既有盐政规定下来的边岸受到极大冲击，这一冲击主要来自边境，尤其是靠近缅甸与越南一带的区域，滇盐显然失去价格优势和质量优势。云南私盐日盛的局面一方面反映出既有盐务的弊端，另一方面也代表了一场来自自由市场的私盐与受盐政严格保护的官盐之间的激烈较量。

清代的云南巡抚在《永禁加煎压散等弊示》中，指出了白盐井行盐过程中，私盐大行其道的问题。"白井之盐，卤浅易煎，自前院佟加煎之举行而销盐之法滞。遂使计口授食，名曰烟户盐。州县勒令烟户案领，责之乡保总领，压散穷民，所食无几而加倍给之。豪强之家则不敢及。且前盐尚在，后盐又到。于是百姓作三分七厘领者，不得不作一分六厘卖去，以后领之盐贱价卖而完前盐之课。日朘月削，鞭扑桁杨。不得已鬻妻子以偿，徇刀哀而死者岁岁有之。乃有力者反以轻价多积贱盐，至街出售，以谋大利。然强暴有司又得借以私盐吓诈之矣。此白井行盐之弊也。"② 私盐问题不仅在盐井地出现，在食盐中转站也广泛存在。现位于楚雄州的禄丰县城，过去是黑盐井主要的盐运中转站，主要管理食盐的正常运输，而私盐问题，在作为盐运中转站的禄丰较为突出，禄丰"夹带私盐，此官、商

---

① 《新纂云南通志》（七），牛鸿斌等点校，云南人民出版社，2007，第202页。
② 《楚雄州盐业志》编撰委员会编《楚雄州盐业志》，云南民族出版社，2001，第366页。

之并苦者也"。①

民国二十年（1931），当时的云南盐运使张冲在《云南盐政改革方案》中，揭露官场、灶户、盐商三方面存在的弊端，其中灶户方面计有五大弊端：勾串管理矿卤员役，私放矿卤，或盗取矿卤，以图煎制私盐；勾串查灶员役，煎多报少，或暗藏盐产，以图私售；勾串场官、盐商，或缉私营队，暗将私煎、私藏的盐，偷税销售；故意怠煎，使产量减少，供不应求，以期抬价私售；放弃职责，视井硐坍塌于不顾，致使产量日减，盐价上涨。② 这五大弊端中，前四个其实指向的就是私盐问题。具体到每个盐井，私盐已成为公开的秘密。黑盐井的私盐，其形成就有三类途径：一是私自开挖盐井煮盐；二是不通过官方渠道购买，私自向灶户购盐以销售；三是灶户与商贩、缉私官员串通，直接将未缴纳盐税的食盐运出关卡销售。

因此，在盐业历史上，查缉私盐是增课保税、维护国家利益的一大举措，缉私工作成为盐课提举司和盐场场长的一大要务。生产的食盐不缴纳盐税就出售即偷税，这类食盐就称为私盐。境内私盐有四种：第一种是私自开辟场地煎盐；第二种是私自向煎盐灶户购盐，偷税出售；第三种是灶户、商贩与不肖缉私人员串通将盐偷运出盐井；第四种是各盐井地均有人家每日私购盐偷运出井贩卖。明律规定，盐商必须经过法定手续，取得官方发给的专卖许可证即"盐引"方可经营，否则构成私盐罪。凡犯私盐罪者，处罚杖一百并徙三年；若有军器，罪加一等；拒捕者立斩。即便是买食私盐者，也要杖一百；如果买后又转卖者，杖一百并徙三年。国家鼓励一般民众告发私盐犯，鼓励私盐犯自首，并且严厉打击倒卖盐引和盐货的商人。灶户如果将余盐夹带出盐井及贩卖，要处以绞刑。如此峻法就是为了确保国家的财政收入不受丝毫损减。③

各盐井之间也存在竞争，竞争主要来自争夺行盐区域。因每个盐井都有指定的行盐区域，除了在这个区域指定销售的食盐，其他食盐一概不能在此区域销售。如若超出行盐区域进行售卖，食盐就会被列入私盐遭到打

---

① （清）刘自唐纂修（康熙）《禄丰县志》，张海平校注，载杨成彪主编《楚雄彝族自治州旧方志全书·禄丰卷上》，云南人民出版社，2005，第24页。
② 云南省地方志编纂委员会：《云南省志·盐业志》，云南人民出版社，1998，第130页。
③ 姜正成主编《两袖清风·于谦》，海潮出版社，2013，第18—19页。

压与收缴。但灶户和盐商群体能够获利最多的部分是私盐部分,如果他们私下扩大自己的行盐区域,致使一个地方出现多类食盐,食盐市场就不是垄断,而是走向市场的竞争,这就不免带来盐业管理难题。因此,界定行盐地方,规范盐业销售市场,是盐业管理部门一直努力在做的。在《琅盐井志》中,就有黑盐井与琅盐井争夺新兴州行盐地方的案件,案件一直从清康熙二十年(1681)处理到康熙三十年①,才终于得到妥善解决,此类案件较为棘手,耗费精力较多,各个盐井都会用尽全力,开辟自己的行盐区域。而理顺行盐区域,杜绝私盐问题的出现,滇盐古道的建设与管理就是盐政工作中的重要环节。

各个关卡就是为杜绝私盐而设置的,如南宁县的白水、沾益州的炎松、寻甸州的易溪、宣威州的可渡、寻甸州的功山、镇雄州的落垓塘、大关厅的盐井渡和长沙关,永善县的水脑塘、黄草坪、副官村,以上这些关隘是为稽查川盐而设置的。滇盐古道道路系统建设,在很大程度上也是为杜绝私盐而进行的。井兵驻守各个关隘,其作用就是将食盐生产纳入正轨,实现煎盐有额,交盐有仓,运盐有路,避免逃避盐税的私盐存在。井兵的工作是多维度的,如黑盐井井兵,不仅需要设卡查验食盐以杜绝私盐,还要维持柴薪的正常供给,据地方志记载,"井兵66人,营长1人,什长1人,设7个塘卡";"分为班次,昼间巡逻,有时护送柴薪,有时听令差遣,获盐则赏,失盐则罚"。②在《白盐井志》中,亦有井兵的记载。"因白井旧设督捕营奉裁日久,今五井只设练总五名、什长十名、井兵五十名、铺兵二名,分班巡守关口,查缉私盐,每月朔撰换,至岁暮时,四处宵小千百群聚积附井四山,强贸盐斤,骚扰井灶,兵少难于弹压,历年详请盐道行文,姚州土州同每岁腊月率士兵五十名到井防范,至正月初三四撤回,井地得安。"③白盐井地关隘众多,也多为杜绝私盐而设置,地方志记载的关卡有17个:小口子、龙王庙、小石井、三转湾、大梨树、锁水阁、西关、樊良箐、宝关门、八阁庵、汤家冲、灶户冲、大界冲上关、东

---

① (清)孙元相:《琅盐井志》,禄丰县志办公室校注,云南科技印刷厂印装,1997,第36页。
② 云南省禄丰县地方志编纂委员会:《禄丰县志》,1997,云南人民出版社,第183页。原载康熙《黑盐井志》卷二·井兵。
③ (清)刘邦瑞:(雍正)《白盐井志》,张海平校注,楚雄州地方志办公室编印,内部资料,2014,第19页。

关、魁阁后、清香树、河尾上关下关。这些关隘有效保障了白盐井盐业生产社会环境的安全性，同时盐的运输都必须过关卡出关，这使私盐无处藏匿。①

白盐井的南关和西关，是盐输出的关口，分别置有盘盐厅，在盐出关之前盘清盐的数量，以杜绝私盐。其中盐总量的 3/4 从西关输出，盐总量的 1/4 从南关输出。除西关和南关这两大关卡外，还设有十余处关卡，专为杜绝私盐和防御匪患等。② 在现大姚县与祥云县的交界处，有孔仙桥的遗址，此桥是大理、宾川、祥云进入白盐井的必经之地。从白盐井食盐销售范围而言，销西边的盐要更多，大概占了食盐销售的 2/3，而运往西部方向的食盐均需过大西关，经过孔仙桥到达大理等滇西地区。在历史上，马帮途经的三岔河水量较大，建造桥成为必然。因此，当地有著名的盐运桥梁——孔仙桥。据传说，在天乙山的庙宇住有孔道人，最初孔道人修建了此桥，他对造桥的工程不实行监工，请来的工匠自觉干活。桥建造完成后的开桥仪式，请了当地的官员来踩桥，孔道人事先化装成一个叫花子，他走上桥，却被人阻拦。于是当年桥就倒了，仅孔道人走过的桥面还完好。民众感知到了孔道人的神性，遂将桥命名为"孔仙桥"。孔仙桥做工牢靠，在石头衔接处都浇灌了锡，石头缝隙用米浆、豆浆等捏合。在孔仙桥的附近有数家马店，规模相当，还有几间简易的房子，一便于来往马帮避雨，二便于清点、盘查食盐。在《白盐井志》中，有地方官员投注孔仙桥建设的记载。白盐井提举刘邦瑞在《重修孔仙桥序》中，指明了孔仙桥于白盐井食盐运输的重要性，"孔仙桥离井治六十里，左界姚州，右达云南县，为西迤四郡十数邑运盐之通衢，而商贩出入之孔道也"，"桥属西迤运盐要路，凡自井来者，或背负肩挑，或牛车马载，必暂停桥上，以俟盘验放行"。③ 孔仙桥因是白盐井盐运向西通道的必经之地而经历了历次修复。刘邦瑞时期重修了孔仙桥，"于桥头构屋三楹，以为停盐之所，庶几

---

① 李陶红：《咸的历程——明清以来云南石羊古镇城镇化研究》，中国社会科学出版社，2019，第 112—113 页。
② 李陶红：《咸的历程——明清以来云南石羊古镇城镇化研究》，中国社会科学出版社，2019，第 51 页。
③ （清）刘邦瑞：(雍正)《白盐井志》，张海平校注，楚雄州地方志办公室编印，内部资料，2014，第 75 页。

风雨无患。更设栅栏一座,晨开暮闭,俾私盐无从飞越,即以关栏为扼要焉"。①孔仙桥的修复,也为白盐井在食盐运销过程中杜绝私盐起到很好的作用。

三 滇盐古道线路

滇盐古道线路,是以各个盐井地为中心散发出去的网状结构,这样的网状结构实现的是道路区域的覆盖与整合。透过滇盐古道线路,可以一睹道路带来的物的连通能力与区域的辐射能力。

(一)黑盐井盐运线路

以云南历史上最大的食盐产地黑盐井为例。黑盐井是滇中盐运古道的中心,滇中地区盐运道路以黑盐井盐运古道为发端,连接滇中黑、琅、元永、阿陋四井,东有昆明往西昌的古建都大道,南有昆明往大理的滇洱大道。黑盐井运盐古道的马道、步道遗迹至今犹存。由黑盐井往昆明的道路是黑盐井最重要的盐运道,其间黑盐井至禄丰段为黑禄路,在明清至民国初期计为两站,约80公里,其间自宝泉村至禄丰县城段基本与禄丰县城达中村公路同行。此道到达禄丰县城后汇入古滇洱大道,东经杨家庄、禄胰、安宁等地直达省城昆明,往东北可入罗次、富民、武定、禄劝等县。又有往双柏、易门的黑易道,以及滇南的运盐古道。同样由黑盐井跨五马桥南行逆龙川江而上,到达广通县城后,与古滇洱道汇合,可西出楚雄、大理。若往滇南,则继续向东南经大旧庄、罗川,在罗川分两道,往西南则入双柏、新平,继续往东南,则经川街入易门,再往玉溪、建水、蒙自、文山等地。又从黑盐井往东北10余公里即入当时的武定勒品(今元谋羊街、花同二乡),再往东北经猫街、高桥,到达武定县。从黑盐井往北60公里则到达元谋老城,汇入昆明通往西昌的建都古道。黑盐井往西60公里到达定远(今牟定)县城,再往西60公里到达姚州(今姚安)汇入姚嶲古道。

黑盐井至禄丰盐运驿道的古道历史上称为黑禄道,是黑盐井入省会(昆明)的必经之路,始开年代与开辟黑盐井的时间相当。明清时境内段

---

① (清)刘邦瑞:(雍正)《白盐井志》,张海平校注,楚雄州地方志办公室编印,内部资料,2014,第76页。

计两站160里。走向是自井东行过五马桥（亦称盐城桥），南行逆龙川江上5里至三道河哨（今三合村），东爬水台坡，10里过罗武哨，又5里到老王坡（与琅井入省盐运道在此交汇），再东行13里至高黎（合力）哨，下坡3里过花箐小石桥、小板桥，上坡至羊毛关、羊毛哨，过关东走15里过张棋（章喜）哨，下坡18里进沙矣旧。此为元（兴）永（济）二井入省盐运道汇合口，在清代时期设有巡检司，并苏姓土巡检世袭守护。至此，为第一站，计70里。过惠远桥，东行10里至鹦哥哨，又10里过秧草地哨，10里过大庄科哨，再10里过小庄科哨，10里经稗子沟哨（今七峰村），过章公桥行5里至刺桐哨（又名木次桐哨），10里至白沙哨，5里至宝泉村，村中有小石桥。此后入禄丰坝子，道路就较为平坦，可遥见禄丰城。东行5里过庙山哨、小河桥，14里经石灰坝、大北厂，过丰裕桥（又名飞凤桥），再行里许就可以入禄丰县城北门。此为第二站，计90里。两站计160里，汇入滇洱道，再东行5站就可以进入省会昆明。

此路自开辟以来多次进行修理，以使盐道畅通。有史料记载的最重要的一次是在清康熙四十八年（1709），由黑盐井提举沈懋价主持，对此道路进行整体修缮，沈懋价"捐薄俸，带头倡众集资修埋。……鸠工凿石，曲者直之不许绕道，卑者填之不沾涂。……并疏水道建桥梁，铺青石路面，铺石路面付给工钱，计一里地约一百八十弓，每弓六尺，每石方广一丈，给工银二钱五分。……历经八年，全部竣工，并置租田，以岁收谷物为常年养护费用。经此次大修后，晴雨可通。……虽狄峪变迁，而康庄道如一日也"。[①] 1957年沙黑公路通车，1958年修通禄丰至中村公路，均沿此驿道行进。

黑盐井当地人将黑盐井到禄丰的古道线路定位为黑盐井的交通大动脉，是黑盐井对外联系的重要驿道。历任提举的迎来送往，上情下达的盐务、灾情、具体批复，主要就依靠这条驿道来传递。在《明实录》《清实录》《云南省志》等历史文献中，能找到省一级的盐法道、云贵川总督，甚至是皇帝亲自下达到黑盐井的批文，这也正好证明了此条驿道在历史上对于信息传递的重要性，此道路必然也畅通无阻。而丰裕桥正好是这条古道上的重要基础建筑，是黑盐井食盐运至禄丰，继而运送到昆明的重要交

---

① 文艺编著《黑井古镇》，云南人民出版社，2015，第58—61页。

通节点。在费孝通先生等人的《云南三村》中,其中一个田野点选择的是"禄村",即现在的禄丰县大北厂,原禄丰县的市镇中心,丰裕桥正好就位于这个区域。费孝通先生于1939年至禄村调查的时候,还得知黑盐井有7户人家在禄村开马店。

黑盐井至易门的盐运驿道历史上称为黑易道,始建年代同黑禄道,是进入易门的盐运主道,途经广通、罗川、川街等地,全程4站310里,境内段3站235里。第一站自井南逆龙川江上,经三道河哨,过黄、李、岳、高4村,至罗申河、神树哨、麂子湾,翻小横山至徐家村,进广通县城(今广通镇),共90里。第二站自广通县城经七屯、大雀堡,爬慢坡山至大旧庄,再南行经鲍家庄(今清水村)、北山哨、堋下村到观音街(今罗川),共73里。第三站观音街南行经官仓屯(白扬)、彩其屯(彩云),越老红坡至星宿江边,沿江南下过螃蟹箐至大九渡村,渡江至李珍庄,经大、小栗树村至川街,共72里。第四站川街南越老黑山垭口,过杨海堵哨(羊海哨)、甲浦、白衣关、葛根箐入易门县城,此站共75里,均在今易门县境内。1935年春,滇缅公路通到一平浪。1941年2月,安易公路通车,易门所需食盐开始通过公路运输。中华人民共和国成立后,境内沿此道的大旧庄、广通至麂子湾修通22公里公路,其余仍为乡村驿道,但鲜有运盐的现象,人马已渐稀少。①

此外,从黑盐井出发还有黑楚道、黑牟道、黑元道、黑武道。黑楚道是黑盐井到楚雄府的路线。道路有一段经过黑易道,到达麂子湾后,向西沿着龙川江一路前行,经过平地、草楼之后就可以到达楚雄府,从麂子湾到楚雄府的里程为25里。黑牟道是黑盐井到牟定的路线。道路从黑盐井向西南方向行走,经过冠家山、琅井哨,到达琅盐井,再向西进入定远(今牟定县),这条线路全长30里。黑元道是黑盐井到元谋的路线。道路从黑盐井的北方出发,顺着龙川江行走,经过复井、法井、阿南庄后就可以进入元谋县,线路全长60里。黑武道是黑盐井到武定的线路。道路从黑盐井的东北方向出发,经过松平、花筹、仓底,然后过了花同,向北就可以到达武定府(今武定县)。

---

① 禄丰县文体广电旅游局、禄丰县恐龙博物馆编《黑井古镇拾遗》,云南民族出版社,2015,第176—179页。

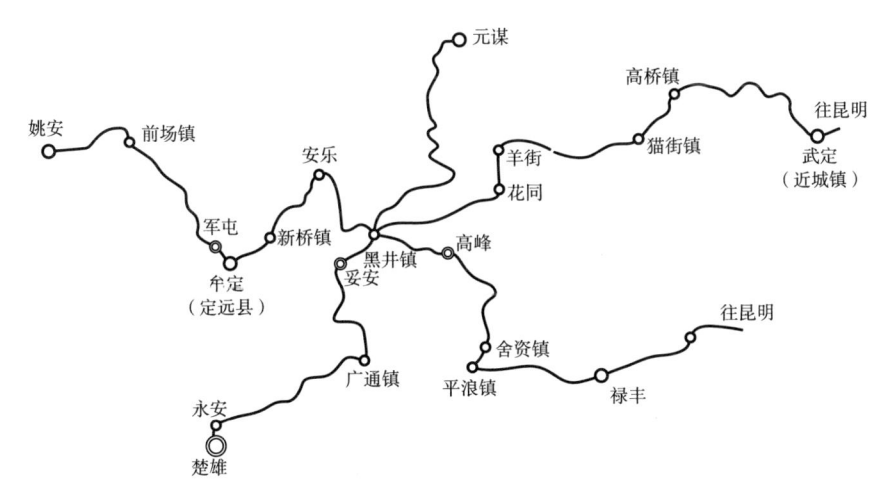

图 4-2 黑盐井盐运路线图

资料来源：作者根据黑盐井盐文化博物馆的"黑盐井盐运路线图"改绘。

（二）白盐井盐运线路

白盐井因盐的生产形成"以卤代耕"的生计方式，白盐井区内的人们仅生产食盐，井区内除食盐之外的必需品均需要由外界供应。白盐井天然形成贸易的中心，各地特产随马帮来到白盐井，卖了之后又换取食盐，以贸易为基础促成了多元的民族交往。盐在运销过程中以"道路"为线索促成了民族的互动。白盐井盐运驿道，通行的路线有五条。第一条：白盐井自西南方向经米甸、祥云，过云南驿汇入姚嶲道，再经弥渡、大理、蒙化、漾濞、腾越、永昌、龙陵，到潞西入缅甸。第二条：由白盐井西北行经宾川、华坪、永北、鹤庆，到丽江，经中甸、德钦，进西藏。第三条：由白盐井东北方向行经苴却、会理，到邛都，到达成都。第四条：由白盐井自东南方向行经大姚、元谋、武定、禄丰，到昆明，到达临安府、建水州。第五条：由白盐井南行经姚安、定远、镇南、楚雄、禄丰，到达昆明。①

（三）诺邓井盐运线路

诺邓的古盐道从村内延展开去，现在诺邓村内的石阶路，也多是历史

---

① 张国信：《千年古镇石羊》，载中国人民政治协商会议大姚县委员会编《大姚文史》第六辑，第 56—60 页。

图 4-3 白盐井盐运路线图

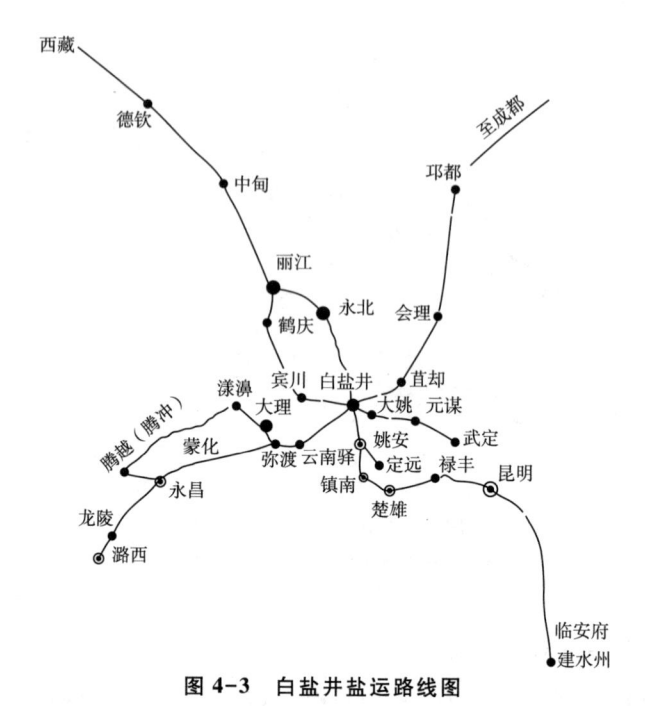

资料来源：作者根据白盐井盐文化博物馆的"白盐井盐运路线图"改绘。

的遗存，浸透着时间的味道。村内现存的石板路，从"官"和"私"的角度，可以分为两个类型——官道和私道。官道会在路的中间铺上一块大的条石，整体路面开阔平坦。而私道仅用杂石来铺路面，路面质量相对差，主要是民众、马匹等行走的道路。

诺邓井村落内的道路在过去有"四纵六横"的说法。杨希元老人回忆了儿时诺邓井的古道：盐井—鹦哥地、温坡古道；佛寺门外—香山古道；红土坡—古岭寺古道；红土坡—蛇岭古道；盐井—大青树—玉皇阁古道；秉礼桥—台阶子集市—三崇庙—新寺山古道；营尾—河头坡古巷；上水井—三崇庙古巷；新宅—大青树古巷。①诺邓井村落内的交通除了道路之外，还有各式的桥，秉礼桥、接佛桥、盐井桥、天子箐桥、河头桥、东村桥等，连通着村落交通，也形成极具欣赏效果的人文风景。村落连接村外

---

① 转引自杨国才《中国白族村落影像文化志——诺邓村》，光明日报出版社，2014，第86页。原始资料由杨希元老人口述。

的道路，主要有东西南北四个方向一共四条交通线路，主要是自东向大理、自南向保山、自西接腾冲至缅甸、自北向丽江至西藏。诺邓井食盐主要就依靠这四条道路输送到外地。

小 结

很多地方的路，要去追问何时开辟已经很难。但毋庸置疑的一点是，路是伴随着人类活动而出现的，人是社会性的动物，有了人，就有了跨越距离进行交流的需要，路也就随之产生了。尤其是伴随社会财富的积累，人们以物易物的诉求就更为强烈，伴随物资的交流，人与人之间文化的交流也便顺理成章。而路，正好提供了物资交换、人群交流、文化融合的媒介。所谓"走的人多了，也便成了路"，路是靠民众的双脚走出来的。因此，民道比官道的产生时间要早，民道的产生基于最基本的、最底层的需要，官道的产生基于政治经略。道路系统将原本支离破碎毫无连接的区块整合为一个整体，因为路的存在，松散的区域得以连接，形成区域性经济，甚至演变为国家经济。

对云南古道的研究中，比较成熟的是对茶马古道的研究。此外，对博南古道、灵关道、五尺道等的研究也都相继展开。笔者发现，云南既有的古道网络图中，盐井地和盐运中转站，是古道网络中的节点，各地的盐井地，就是一个个中心，围绕中心散发出去的盐道，就是盐井的动脉系统，起到物资流通的作用。笔者结合滇盐对于云南区域社会重要的政治、经济、文化意义，围绕盐井地及盐运中转站，开展对云南古道交通的补充研究。为了研究的方便，笔者将围绕滇盐产地及盐运中转站辐射开去的古道交通，称为滇盐古道。意在继承前人研究的基础，加注对云南古道交通的理解。

就滇盐古道而言，通畅的滇盐古道，就形成滇盐的生命线。滇盐古道承载的传统人背马驮的交通形式，与后续出现的铁路交通、公路交通相比，书写出不一样的滇盐历史。传统社会中的交通主要以道路的形式来呈现，道路因此体现出特有的亲和力。虽然斯科特在《逃避统治的艺术》中有言，交通沿线往往是战争过程中物资、人力补给及日常国家税收征收最容易涉及的区域，因此，山地民众会将交通作为国家统治的空间予以回避。但这样的一种论述显然并不全然适合云南人口的区域分布,云南既有的盐业遗址、盐运中转站,体现出相同的特点,即位于便捷交通的节点,以实现食盐的通畅流通,因此,人们在交通沿线居住,以享受交通通畅带来的便利。这样的境况在当下的云南社会中也得到延续性的呈现,往往一地的交通打通,远离交通的住户会纷纷将新房建盖在交通线上,这样可以带来家庭的便利与后续的发展。

  滇盐古道同样具有云南古道的官道属性与民道属性,滇盐古道建设同样是国家化进程的一部分,同时,其生命力源自道路的民道属性。滇盐古道建设是食盐顺利产销的重要一环,历来为盐业官员与地方民众所重视。滇盐古道的重要性,也在实际的道路活力中得到表达,其具体带来的经济共生形态及民族和谐关系样态将在接下来的两个章节详细展开叙述。

第五章
滇盐古道周边区域的经济共生

以资源互补、平等互利原则为基础的商业贸易,被证明是一种最为平和、最为公正、最易于为广大民众包括社会上层接受的互动方式。①

第五章与第六章是本研究的核心部分,重点阐释滇盐古道周边区域的经济共生形态与滇盐古道周边区域民族和谐关系的具体样态。这两章的内容既是并列关系,也是递进关系,经济共生的阐释为民族和谐关系提供理论支撑。笔者围绕"共生"相关理论、经济共生的生态背景、滇盐古道周边区域生计互补、滇盐古道周边市镇发展四个议题,对滇盐古道周边区域经济共生形态展开讨论。

第一节 "共生"相关理论

共生的原初理论始于生态学,强调生物之间紧密联系在一起的生存状态,凭借这一理论的强大解释力,共生理论在人文社会科学领域被用于解释人类社会的复杂性层面。共生理论运用于人文社会科学领域的探讨逐渐深入,其中,与经济共生、民族经济共生相关联的研究,对于笔者的研究具有参考价值。

---

① 李旭:《茶马古道各民族商号及其互动关系》,社会科学文献出版社,2017,第251页。

一 生态学到人文社科的共生理论

共生理论最先于生态学界提出。最早的共生概念由巴里（Bary）于1879年提出，用于专门强调各种种属生活在一起的状态。其后，植物学家马古利斯（Margulis）博士基于与生物进化论的对话，提出多物种生存与发展过程中共生形态的重要性。斯科特指出共生是生物间相互依存实现平衡的状态，而非一方依赖另一方。[1] 共生被理解为不同生物密切生活在一起（Living together），相互依存，形成稳定的、持久的、亲密的组合关系，这样的组合不是以一方压倒另一方的方式存在。共生理论在进化论仅关注竞争与优胜劣汰的基础上，提出了物种间的共生性，这一共生性对于物种而言具有必然性，同时也具有普遍性。在生物学界，共生的现象随处可见，最为耳熟能详的例子，即人体内都有细菌，貌似对人体不好的细菌，却也发挥促进食物消化的作用。共生理论在相关的微生物学、真菌学、环境学、昆虫学、细胞学、植物学等领域得到了很好的运用。在生态学及其相关学科的促动下，共生的内涵得到了拓展，形成"狭义共生"与"广义共生"的概念。"狭义共生"是指生物圈内生物之间的组合状况和利害程度的关系。"广义共生"将各类生物与外界环境通过能量转换和物质循环密切地联系起来。[2] 但不管狭义共生还是广义共生，置于生态学范畴内的共生理论与方法，均旨在对生物之间的关系和生物与环境的关系做出系统的描述。

20世纪中期以来，生态学界提出的共生理论被引借到人文社会科学领域。该理论对阐释人文社会现象与问题具有充分的解释力，尤其是哲学层面、经济层面、应用层面，对共生的借鉴与创新较多。较先开启共生理论在人文社会科学领域讨论的国家是日本。早在1987年，日本著名建筑学家黑川纪章就著有《共生哲学》一书，开启共生理论在建设领域的运用。1993年，哲学家花崎皋平著有《主体性与共生的哲学》，探讨生态共生与人类社会共生领域的区别，重在强调人类社会共生形态的复杂性。1995年，尾关周二著有《共生的理想：现代交往与共生、共同理想》，该书于

---

[1] G. D. Scott, *Plant Symbiosis in Attitude of Biology* (Studies in Biology on 16 Edward Arnold London, 1969), p. 58.
[2] 何自力、徐学军：《生物共生学说的发展与在其他领域的应用研究综述》，《企业家天地》2006年第11期，第133页。

1996年被译为中文，重在强调共生的异质性范畴，认为差异是建立互为依赖、互为共存的共生关系的基础。①

在国内，将生态学界的共生理论引借到社会科学领域的重要人物是袁纯清，他于1998年就将共生理论提升到了人文社会科学基本分析方法的高度，并建构了分析逻辑框架。继袁纯清之后，对共生理论做出重要解释的是胡守钧，胡守钧教授于2000年指出社会的良性发展需要共生论的指导，提出社会共生论的三个维度：经济共生态、政治共生态、文化共生态。他将经济共生态理解为在多种经济主体于合理的范围内分享财富基础上所形成的经济和谐关系样态；将文化共生态理解为不同文化主体在合理的、有限度的范围内分享资讯，自由创造并且传播精神产品所形成的文化和谐关系样态。其中，外来文化与本土文化共生态是文化共生态的一种形式。②胡守钧在著作《走向共生》《社会共生论》等中，直接指出共生是人的基本生存方式。胡守钧教授还在复旦大学开设"社会共生论"课程，在授课过程中，他明确指出社会共生是人基本而又普遍的存在方式。人为了生存与发展，必须与周边的人合作，这就是共生，同时他也认为过程中出现的斗争与妥协，也一样属于共生的维度，共生并不否认差异与竞争。

伴随以胡守钧教授为代表的学者对共生理论的专门研究，形成了一批专门关注共生理论的研究群体，这进一步促进共生理论在人文社科中的运用。《辞海》也收录"共生"二字的解释，将"共生"解释为两个或两个以上的有机体生活到一起所形成的互利共生关系。李燕于2005年提出共生哲学，并阐释了共生哲学的基本理念。③ 以上类似的研究，都为共生理论在人文社会科学界的创新，以及国内共生理论的发展，做出了贡献。人文社会科学界在持续了多年的共生理论与方法的研究后，一致认为整个世界是普遍联系与普遍依存的，和生物世界一样，共生关系在人类社会中一样存在普遍性。因为有人的思想、文化、制度等的综合作用，人类社会生活中的共生现象与自然界的共生现象相比，要复杂得多。显然，人文社会科学对既有生态学层面共生理论的借用与创新，已经在试图尽可能地理解这样的复杂性，尤其在哲学

---

① 〔日〕尾关周二：《共生的理想：现代交往与共生、共同理想》，卞崇道等译，中央编译出版社，1996。
② 胡守钧：《社会共生论》，《湖北社会科学》2000年第3期，第11—12页。
③ 李燕：《共生哲学的基本理念》，《理论学习》2005年第5期，第73—74页。

层面、当下经济发展层面、区域发展层面，学界已取得了相关的学术成果。

二 经济共生理论

共生理论在人文学科的运用方面，经济共生的概念及其解释，对于笔者的研究具有借鉴意义。秦欣梅、黄小勇建构了区域经济共生发展系统基模，提炼出区际共生、代际共生、生态共生、制度共生、低碳共生、发展共生六大影响区域经济共生发展的关键要素。区际共生用于强调区域单元之间联系的紧密程度。代际共生主要强调区域的可持续发展能力，尤其是经济与生态的可持续能力。生态共生将生态作为共生资源，强调生态的完整性，以及生态的资源共生本性。制度共生强调制度机制在开放性、灵活性、协调性方面给区域经济带来的激活能力。低碳共生强调区域经济共生发展结果，必须实现低碳生产、低碳消费、低碳生活的方式。发展共生强调经济共生发展结果，亦必须有发展成果由全体居民来共享的维度。[①] 显然，该研究非常系统地呈现了区域经济共生发展的影响因子模型，不过，这一模型是为适用于当下社会发展进程中的区域经济形态而生发出来的，如果考虑到历史的维度，它对过往历史时期的经济共生维度是缺乏解释力的。以笔者所关注的经济共生样态来看，六大影响要素及其影响强度都是需要做出调整的。其中的代际共生、低碳共生对区域经济的影响力是微乎其微的，用于讨论工业化进程之前的区域经济共生样态，就可以忽略。类似的研究还有在经济学的领域探讨工业的共生与产业的共生，[②] 这些均是在现代化语境下提出的经济共生形态思考。

民族学、人类学界提出的"族群共生"概念，对本研究非常有启发意义。此概念用来描述不同民族间事实上存在多种互补互利的共生状态。[③]

[①] 秦欣梅、黄小勇：《基于系统基模的区域经济共生发展影响机理探析》，《企业经济》2015年第11期，第115—119页。

[②] 石磊、刘果果、郭思平：《中国产业共生发展模式的国际比较及对策》，《生态学报》2012年第12期，第3950—3957页。黄小勇、陈运平、肖征山：《区域经济共生发展理论及实证研究——以中部地区为例》，《江西社会科学》2015年第12期，第38页。

[③] 袁年兴：《共生理论：民族关系研究的新视角》，《理论与现代化》2009年第3期，第14—18页；马光选、刘强：《民族关系的"互嵌—共生模式"探讨——对云南省民族关系处理经验的提炼与总结》，《云南行政学院学报》2016年第6期，第38—45页；刘占勇：《散杂居地区民族关系的理想类型：机制与系统——基于"共生互补"理论的认知和探究》，《西北民族大学学报》（哲学社会科学版）2017年第3期，第21—25页。

在类似的相关研究中，对于本研究比较有借鉴意义的是丁龙召、袁年兴、周智生等学者的研究。丁龙召将共生理论用于分析民族关系，提出民族关系中民族共生态的样态，并从政治共生态、经济共生态、文化共生态来具体阐释民族的共生态。[①] 袁年兴首次提出民族共生的概念，并对其进行理论解释，为民族关系尤其是和谐民族关系提供了新视角。[②] 周智生、猴晓婷直接指明民族的经济共生关系是衡量民族关系的重要内容，并突出其在民族和谐共生关系中的基础与纽带作用，认为民族间不管利益分配问题、权力分配问题，还是教育问题等所引发的各类民族问题，归根结底都是经济发展问题。在具体的研究中，周智生、猴晓婷用自然环境、经济环境、政治环境来阐述多民族经济共生关系。其中具有共生性的自然环境是民族经济共生的基础保障，基于民族尊重、民族认同、民族交融的民族文化环境是民族经济共生的生存平台；政治环境为民族经济共生提供平等、稳定的外部条件。[③] 笔者即参照相关研究对经济共生的概念理解和理论运用，再结合自己的研究实际，做出一些研究探索。这些研究进一步佐证了笔者将经济共生作为民族共生关系中重要因素的合理性。

在既有研究基础上，笔者尝试性地做出了对相关概念的解释。经济共生是两个及以上经济单元在资源共享或互补基础上所形成的互惠互利经济合作样态。而一定区域范围内的经济共生形态，可以用"区域经济共生"来表示，显然，区域经济共生形态在于呈现经济共生的网络状结构。而民族经济共生就是区域内各民族在一定共生环境中长期形成的彼此联系的经济关系。

第二节　经济共生的生态背景

生态-文化多样性与坝子—山地社会形貌是促成云南经济共生的生态背景。云南自然地理差异明显，酝酿了云南生物多样性特点。在云南，生

---

① 丁龙召：《认识中国民族关系的一个新视角：各民族共生态》，《内蒙古师范大学学报》（哲学社会科学版）2003年第6期，第55—58页。
② 袁年兴：《民族共生理论的构建——基于社会生物学的学术共鸣》，《岭南学刊》2009年第5期，第20—25页。
③ 周智生、猴晓婷：《藏彝走廊地区多民族经济共生形态演进机理研究》，《云南民族大学学报》（哲学社会科学版）2014年第3期，第118—123页。

物多样性与文化多样性是一种完全契合的关系，形成典型的生态-文化多样性样态。生态多样性酝酿了文化多样性，文化多样性反哺了生态多样性，使得生态多样性得以持续。同时，云南是具有坝子—山地社会形貌的典型区域，坝子与山地具有生态、生计、经济的差异性，差异带来的互补性，也促成了坝子与山地之间的多维互动。

一 生态-文化多样性

云南的绝对海拔差异明显，海拔最高点位于滇藏交界处德钦县梅里雪山主峰卡瓦格博峰，海拔6740米；海拔最低点位于中国与越南交界处的河口县南溪河与元江交界处，海拔仅为76米。两地高差有6000多米。绝对海拔差使云南气候呈现垂直变化的显著特点，形成"一山分四季，十里不同天"的典型气候现象。

气候垂直变化、海拔高度差异大的地理特点为云南生物多样性提供形成条件。云南气候类型多样，包括北热带、南亚热带、中亚热带、北亚热带、南温带、中温带、高原气候七个气候类型，立体气候明显。自然地理与气候的多样性塑造了云南生物的多样性。云南所拥有的脊椎动物有1737种，占全国总量的59%；鸟类有793种，占全国总量的62%；野兽类有300种，占全国总量的51%；两栖类有102种，占全国总量的46%。云南昆虫有2.5万余种，其中被列为国家一、二、三级保护动物的稀有昆虫占全国总量的41.6%。云南拥有高等植物1.7万余种，占全国总量的63%。云南现拥有国家级森林公园26个，省级森林公园7个；拥有国家级自然保护区17个，省级自然保护区52个。云南形成全国典型的物种基因库，动植物分布呈现典型的南北东西交汇的样貌，[①] 素有"植物王国""动物王国""生物物种基因库"的美誉。

研究表明，生物多样性与文化多样性具有直接的关联，云南的生物多样性塑造了云南的文化多样性特点，云南拥有25个少数民族，其中世居民族有15个，跨境而居民族13个，少数民族人口占云南省总人口的1/3。

云南是生物多样性与文化多样性的汇聚地，横向分布的资源差异性明显，垂直分布的立体气候造就不同的生物资源与物产供给。生存于不同自

---

① 高正文等主编《云南生态情势报告（2004—2005）》，云南大学出版社，2005，第78页。

然地理生境中的民族形成一种差异共生的形态，物物交换、道路物流、文化交流，都成为差异共生的具体体现。

二 坝子—山地社会形貌

云南的坝子—山地社会形貌正好为差异共生提供了较好的解释力。山间盆地或高原台地叫"坝子"，这是来自云南及四川、贵州等西南地区一带遍及民间的一个普遍称谓。在云南面积大于1平方公里的坝子约有1868个，其中，面积在100平方公里以上的坝子就有49个，坝子地区总面积约为2.6万平方公里，占云南总面积的6.60%。[1] 云南人一提起坝子，都能知道所云，也能对坝子做出认知基础之上的解释——大面积的平地，可以种大米。很多地方志书也将"坝子"作为重要的地理单元与文化单元加以论述，如在《禄丰县志》中，就有对禄丰坝子的详细记载，整个禄丰县，面积在2平方公里与4平方公里之间的坝子有9个，面积在4平方公里与16平方公里之间的坝子有16个，坝子面积共计289平方公里，占全县总面积的8.2%。县志对坝子有这样的定位：坝子地势平坦，土地连成一片，灌溉较为便利，是禄丰县重要的农业基地与经济中心。[2] 在禄丰一带，80%的人口主要居住在位于坝子上的金山、中村、和平、路溪、腰站、川街、土官等，而其余20%的人口主要居住在山地地区，依泉水、箐沟建村而居。禄丰的坝子与山地之间也显示出明显的民族分层居住的特点：汉族主要居住在坝子，而彝族、傈僳族等少数民族主要居住在山地。

因云南的山地和高原比重较大，没有如北方一样的大型平原，坝子正好弥补了云南没有平原的遗憾，发挥了如平原一样的功能意义，尤其是一些面积比较大的坝子，成为云南比较早的人口定居点。随着人们的集中利用与改造，坝子已经成为云南省的水稻种植地，发展为重要的经济、政治、文化中心。坝子包含了云南主要的土地资源，因拥有可利用的土地资源，这些坝子就成为云南人口密集、交通线纵横的地区。

在斯科特的研究中，大米因便于国家收税，且能养活众多人口，所以成为国家倡导的粮食作物。这样看来，坝子因为可以生产大米，所以也是

---

[1] 童绍玉、陈永森：《云南坝子研究》，云南大学出版社，2007，第22页。
[2] 云南省禄丰县地方志编纂委员会：《禄丰县志》，1997，云南人民出版社，第54页。

人口的主要集中地。据统计，云南的坝子，集聚了90%的人口。而与之相对的山区，具有绝对的面积优势及鲜明的资源优势。由大理大学、香港科技大学、香港中文大学等高校共同组成的"云贵高原的坝子社会"研究团队，就是切中了坝子这一云南地域独特的地理单元，将坝子作为重要枢纽性政治地理架构，通过坝子来讨论"坝子—山地"的生态、生计、经济的差异性与互补性生成的多维互动关系，尤其关注国家力量、道路网络、地方能动性等对"坝子—山地"二者关系的生成效应，由此形成对云南整合"坝子—山地"的社会体制研究。

总体来看，云南的土地被高山峡谷和河流切断，这使得原本直线距离很近的地方需要"绕山绕水"才可以到达，相对保留了丰富多样的地理形貌和文化形貌，呈现典型的生物-文化多样性生态样貌。同时，坝子—山地社会形貌本身所具有的差异性与互补性，使得貌似孤立的一个个地理空间，因人而形成彼此密切联系和互动的区域共同体，形成差异共生的形态。

第三节　滇盐古道周边区域生计互补

云南盐业社会呈现"以卤代耕"的生计方式，这样的生计方式意味着云南诸盐井地以食盐生产为主业而不事农业，除食盐外的其他物资全靠周边区域来供应。供应的物资主要有生产性物资与生活性物资，生产性物资如柴薪、铁锅等是盐业生产的"刚需"，生活性物资如大米、蔬菜等是盐井地民众必不可少的物资。这样来看，盐井地与周边区域形成生计的互补形态，二者构成互为依赖的模式。

一　"以卤代耕"的盐业社会

盐井地呈现典型的"以卤代耕"盐业社会形态，地方志对这一典型的盐业社会有描述。白盐井"井地多以卤代耕，其余若读书若贸易，莫不沐浴圣化，习礼让而安生业"。[1]"白井僻居一隅，人以煎盐为业，办课甲于

---

[1] （清）郭存庄纂修（乾隆）《白盐井志》（卷一·风俗），张海平校注，载杨成彪主编《楚雄彝族自治州旧方志全书·大姚卷上》，云南人民出版社，2005，第421—422页。

滇省，所食米粮，全赖运盐商贩顺便携来，籴以糊口。"① "其民多不习耕稼，而惟井盐之利是赖。"② 琅盐井"处万山深谷中，无田可艺，以卤代耕，井民米谷仰给邻土"。③ 元永井"井地人民，向系以卤代耕，素乏田地可种，所需谷米，全恃附近各州县贩运到井，以供民食"。④ 云南盐业社会将盐作为生存的物质资料而不事农耕，与典型的农业社会将土地作为最重要的生存资源相比较而言有其特殊性。在农业社会，土地是父母与子女之间紧要的关联，是最为重要的财产继承单元。而在云南盐业社会这一特殊的地域空间内，卤水和盐井才是家庭财产继承的核心。在现诺邓村存留的明代万历年间以后遗留下来的分家析产契约文书中，当地的卤水、盐井、盐灶房等盐业生产资料就是分家的核心资产。

中国社会传统中"重本抑末"的观念认知已经深入人心，研究也多将"重本抑末"作为研究中国传统社会的普遍背景与基本常识。"重本抑末"作为中国传统社会的底色，是不置可否的，但放到具体的地域与语境中，又会呈现其复杂性。以笔者的云南盐业社会研究为例，不管灶户，还是盐商，他们都是典型的不务农事之人。如灶户、盐商一类的群体是盐业生产中的关键角色，国家的食盐安全与社会的安定离不开他们，那么"重本抑末"的社会观念与形态放到灶户与盐商身上，就会变得异常微妙。灶户与盐商会在表面看来不适合自身生存的"重本抑商"社会中寻得被尊重的位置，不管经济的、政治的，还是文化的。灶户与盐商的生存之道，是将经济资本巧妙转化为当地的政治资本、文化资本，这样的转化使得灶户与盐商身份在"重本抑商"的社会中赢得一杯羹的同时也获得了身份的合法性。以这样的视角来看，在"重本抑商"社会中，我们虽然会有如商人群体得不到应有的社会地位，其社会地位被置于农民之下这样的认知，但若将商人群体置于变幻不居的现实社会中，又可以看到商人群体在其间将自有资本巧妙转化，以实现自己可以越升至良好社会地位的目标。

---

① （清）郭存庄纂修（乾隆）《白盐井志》（卷四·艺文），张海平校注，载杨成彪主编《楚雄彝族自治州旧方志全书·大姚卷上》，云南人民出版社，2005年，第496页。
② 《重修白盐井志序》，（清）李训铉、罗其泽纂修（光绪）《续修白盐井志》，赵志刚校注，载杨成彪主编《楚雄彝族自治州旧方志全书·大姚卷上》，云南人民出版社，2005，第552页。
③ （清）孙元相：《琅盐井志》，禄丰县志办公室校注，云南科技印刷厂印装，1997，第128页。
④ 云南省档案馆《民国云南盐业档案史料》，云南民族出版社，1999，第20—21页。

以卤代耕 云南盐业社会的经济共生与文化交融

以白盐井为例。白盐井"以卤代耕"盐业社会的空间分布是从南关（现畜牧局）到北关（现猪市场）面积不到 2 平方公里的狭长区域范围。当时的南关和西关是白盐井盐输出的关口，分别置有盘盐厅，其在盐出关之前盘清盐的数量，以杜绝私盐。其中盐总量的 3/4 从西关输出，1/4 从南关输出。除西关和南关这两大关卡外，此地还设有十余处关卡，专为杜绝私盐和防御匪患等。在明代，为便于户口管理，政府将面积约为 2 平方公里的井区编定为五坊：绿萝坊、宝泉坊、荣春坊、思善坊、训让坊。在清代，又将其更名为五井：观音井、旧井、乔井、界井、尾井。从南关到现在的红太阳宾馆为观音井，该井区的盐井皆集中于香河的西边和绿萝山脚下。从红太阳宾馆到五马桥的位置为旧井，盐井集中分布在香河西岸。从五马桥到霁虹桥的位置为乔井，盐井在香河的西岸和东岸皆有分布。从霁虹桥到万安桥（现新桥、一脚跨两桥）的位置为界井，盐井集中分布在香河的东岸。从万安桥到北关为尾井。

白盐井催生了大量以盐为业而不事农耕的群体，如专门从事煮盐行业的灶户群体，以背柴、背盐为生的脚夫。康熙年间，直接从事食盐生产，并按月发工钱的人员有：灶户、盐行、发店、锯夫、背夫、包盐、打小印、发盐仓看门人、车夫、整车木匠、哨兵、雇募书写、卤簿、大使、书门皂役、盐卤老人、卤人、看井人、守仓人。这些人群都不种粮食，所需粮食均通过集市购买，加之需要缴粮赋（田赋），粮食成为集市贸易的主要商品之一。与白盐井同样以卤代耕的黑盐井，曾"壮夫几满万，俱不事锄犁"。在黑盐井还有句俗话"罗锅支在两肩上"，罗锅是指煮饭的炊具，这句话意指用肩去背柴薪和食盐，以挣钱去买米吃。这句谚语对黑盐井生计方式的形象说明也可用于白盐井。以白盐井有记载的人口高峰时期约 1.6 万人[1]来看，以每人每天食用大米 1 斤来计，每天就要 1.6 万斤的大米。这仅仅是大米的数量，还不包括其他粮食及水果、蔬菜的供给量。白盐井有数家专门从事粮食贩卖的米

---

[1] 据《白盐井志》记载，道光年间白盐井人口数为 3125 户。数据参见（清）李训铉、罗其泽纂修（光绪）《续修白盐井志》（卷三·食货志），赵志刚校注，载杨成彪主编《楚雄彝族自治州旧方志全书·大姚卷上》，云南人民出版社，2005，第 644 页。道光年间的人口据是志书中人口记载最多的一次。平均总人口为 2963 人，平均每户为 4.9 人；光绪五年，总人口为 3557 人，平均每户为 5.4 人；光绪三十三年，总人口为 4330 人，平均每户为 5.1 人。笔者取这三个具体可考的每户人数的平均值为 5.1 人。

店，米成为继盐、柴薪之外的大宗销售物资。在1953年国家对粮食实行"统购统销"后，当地活跃的米市才渐为消失。

据笔者调查所得的口述史资料，一个灶户需要雇盐工5人（2人白班、2人晚班、1人做小杂），以一仓盐计（向官仓交一次盐的数量因盐井含卤量的不同而有差异，一般在1700—2100斤[①]），交一仓盐，盐工5人的工资可获得25—30半开[②]，其中，用于交仓的盐所获得的工资要高于生产私盐所获得的工资，同时，超额完成的盐按生产私盐的工资来计算。

如前文所估算的，白盐井常规的直接盐业生产人员约860人。除此之外，围绕白盐井的盐业也出现了一些附带的行业。一类是脚夫，即专贩卖私盐的人员，同时还产生了每天在茶馆联系私盐买家的"私盐头头"，脚夫和私盐头头在井区约有70人。脚夫的工资（脚价）视买家需要将盐运送的距离而定，一般而言，脚夫只要背一次私盐，就可以很富足地消费三天，满足三天的饮食所需。另外一类是挑水工，其中又分为挑清水即饮用水的和挑马水的。在民国十年（1921）以前，白盐井区有以下几处出饮用水的地方：大西关、北关（清香井）、南关（小石井）。挑水工到以上几口井挑水，然后挑到街上叫卖，整个井区共有挑水工50人左右。挑水工以一个小铜板买一挑水，可以卖一个大铜板，挑5挑水就可以卖5个大铜板，当时的5个大铜板就足够挑水人一天的饭食。当时，一碗米大概六七公两，仅需要1个大铜板就能买到。在过去，有较多的马帮来往，整个井区有近50家马店，一家马店要请两名左右挑马水的人，挑马水的这一群体约有100人，他们从表面来看是由马店主人养活，其实是由来往马帮养活。

黑盐井人口众多，在核心区方圆仅半公里的区域，就有过万的人口。据老人的回忆，当地能够数得上名字的有11家茶馆，是当地从事盐业生产的民众日常闲暇的好去处。盐工的工作多集中在上午，拉盐水的人、送盐

[①] 斤引用旧时计量单位。
[②] 2个半开等于一个银圆，在民国时期，云南省的货币主要为半开，不属于中央制造的银圆，在白盐井，其他货币因货币贬值也未流通。民国政府成立后，各个省均有造币厂，云南造币厂所造的为半开，云南造币厂从清代延续至民国时期，所造币种有半开、中毫、小毫，此外还造有辅助功能的铜板，价值分别为100文、50文、20文、10文铜板。一个银圆的重量为七钱二分，含盐成分不低于90%，半开的重量为三钱六分，含银量也不低于90%。在白盐井，据张国信老人回忆，自己每天有20文铜板的零花钱，当时的10文铜板就可以买一个椒盐饼和一碗黄粉汤。

水的人，忙碌地穿梭在各个大大小小的巷子里，根据各个灶的卤水配额来运送卤水。卤水配送完毕，盐水工一天的工作就算完成了，他们洗完澡，吃了饭，然后就花一整个下午的时间泡在茶馆。

云龙八井专门从事盐业生产的人口，以清雍正时期的统计数据，除石门井的人口数据缺失外，其他七井中金泉井规模最大，从事盐业生产的人口为四百余户，居八井之首。其次是天耳井三百户、诺邓井二百户、大井百余户、师井百余户、顺荡井百余户、山井三十余户。[1] 从人口的构成来看，外地人口多于本地人口，雍正《云龙州志》中记载："土著者鲜，流聚者繁，人难役也。"[2] 从这样的记载来看，盐井地人口具有鲜明的流动性特质。

二 周边区域物资供应

盐井地"以卤代耕"，不事农业，除盐外的生活必需品唯有由周边区域来供给。如白盐井形成的"县（盐丰县）属居民，城区多数以卤代耕，或从事商业；四乡汉、夷人等，勿论男女，皆恃农业为生活"[3] 的特殊生计方式。盐商一般运进粮食等物资，物资售后又购买食盐运往别地。白盐井还在盐业贸易基础之上发展为物资的集散地与中转站，周边区域物资在白盐井出售，行商们收购物资后又将其转运到别的市场贩卖。即使是在白盐井盐业出现衰微之势的民国时期，白盐井周边能供应给井区食用的大米仅为1/3，其余的2/3需要通过邻县来供给。在当时，井场仍受国家重视，在战事频仍的年代，仍然还有"宁失十州县，不能失一井场"[4] 的言论。

除卤水之外，滇盐最重要的生产资料是柴薪。滇盐生产技术的特殊性间接促进了民族之间的关系维系。井盐主要分布在川、滇、藏等。西藏盐井的盐虽被称为井盐，但是和四川的井盐相比，其制盐方法不尽相同，前

---

[1] （清）陈希芳纂修《雍正云龙州志校注》，黄正良、尹含校注，云南人民出版社，2019，第29—32页。
[2] （清）陈希芳纂修《雍正云龙州志校注》，黄正良、尹含校注，云南人民出版社，2019，第32页。
[3] 郭燮熙纂修民国《盐丰县志》（卷四·物产志），杜晋宏校注，载杨成彪主编《楚雄彝族自治州旧方志全书·大姚卷下》，云南人民出版社，2005，第1149页。
[4] 《改进盐丰教育的若干问题》，《滇黔月刊》第3卷第1期。

者采用天然的日晒风吹法，盐民往往"就岸架厢，汲水灌注，风吹日晒，即可成盐"。① 同时以四川为代表的井盐生产可由大量天然气作为柴薪的替代品，对柴薪无刚性需求。而滇盐的盐业生产因为附近无煤炭、天然气的供应，所以完全需要柴薪，而柴薪多由盐井周边的少数民族来提供，井区周边的少数民族是柴薪资源的最大拥有者。

卖柴薪成为周边区域少数民族经济收入的主要来源。盐井区向周边区域的少数民族源源不断购买柴薪来作为煮盐的重要生产要素，周边少数民族通过销售柴薪获得生计来源。柴薪的供应圈以盐井为中心，因盐产量的高低而扩大或缩小。由此，盐井地因盐的生产而与延伸开去的周边区域少数民族具有密切的互为需要的贸易往来。"盐"与"薪"带动的民族之间的经济往来，应是研究盐井民族互动的基础与重要因素。

以白盐井为例，白盐井在明清盐业兴盛之时，每天熬盐需要消耗柴薪数万斤，且不算用作燃料的枝叶。据《新纂云南通志》记载，清代中叶白盐井每生产 100 斤盐需要消耗柴薪 300 斤至 400 斤。在白盐井地，柴薪消耗与产出食盐的比例为"四柴一盐"，即 4 斤柴可以煮出 1 斤食盐。按当地的这一比例，若按照清康熙四十五年（1706）的盐产量 870 万斤来计算，平均每天的食盐产量为 2.4 万斤，则需要消耗柴薪 9.6 万斤。如果每人每天砍柴 300 斤，每天需要雇 300 多人上山砍柴。加之运输的工人，需要的人工量可想而知。根据柴山远近的不同，平均 300 斤柴需要 2 名运柴工将其运送到白盐井。那么砍柴、运柴就需要 1000 多人参与进来，如此，就形成了一类专门砍柴、运柴、卖柴等以柴谋生的人群。

在白盐井，一般的灶户都有柴山、土地，如果柴山、土地坐落在彝族地区，那么彝族地区的首领会和被称为"山主""田主"的灶户主动交往，彝族首领也会让自己的孩子拜灶户为干爹，彝族首领与灶户形成"亲家"关系。由此，彝族首领会帮灶户看管山场，该彝族人家也借此增加了自己在彝族地区的威望。

柴薪的来源有一个超越井区本身的区域范围，大约可辐射方圆 20 公

---

① 佚名：《盐井县纪要》，《边政》第 6 期，1931 年。

里。① 南边可至新街、大桥、大小锣鼓一带；西边可至岔河、核桃树、坟箐、花白箐、密林庄一带；北边可至三岔河、格谷、大小龙潭、拉乍么一带；东边至潘家、赤石岩一带。因运薪距离比较远，贩卖柴火的民众出门与归家常常"两头不见亮"——需要在天亮前离开家，卖完柴火到家也已经天黑了。

图 5-1　白盐井集市的卖柴人
资料来源：作者拍自石羊古镇文化站。图片来自白盐井当地人李泽润先生的写实画作。

因盐业生产需要大量劳力的参与及专门的社会分工，自明代开始，白盐井就吸引了大量移民入住，其中的一部分移民也会迁移到白盐井区周围的少数民族聚居地，同少数民族一样靠打柴火卖于井区维持生计，卖柴薪虽然是辛苦活，却也是一种有保障的经济来源。据20世纪三四十年代的口述史资料，卖了一担柴的钱，可供卖柴人在街上吃顿饭、喝壶酒、买点米、买一斤给孩子的糖果。通常而言，柴的价格，通常由卖柴火的人说了算，没有现在所谓的"垄断"之说。灶户最为繁忙的事务一是煮盐，二就是买薪，灶户无论轮到煎盐与否，都需要备足柴火，因此卖柴人绝无柴薪卖不出去的情况。每个灶户每天都得到街边购买柴火，前来卖柴的人便可

---

① 20公里这一数值是在20世纪三四十年代的数值，具体而言，柴薪供给的辐射范围会跟随盐业产量的多少而变化。

选择给价高的灶户,可谓"张家不买李家买"。

除对柴薪的刚性需求外,白盐井在煮盐过程中,对铁锅的需求量也较大。因为食盐的生产有定额,必须昼夜不停地生产食盐才能实现额定量,并且除了额定量,多生产出来的食盐一部分成为私盐,是灶户获利最多的部分,有这些因素的驱使,铁锅时刻都在煮盐状态。一般而言,铁锅用到一个月就很容易开裂,因此需要经常更换。而当地不产铁,对铁锅的获取必须通过外地,供应地主要是现在的永仁县一带。铁锅的供给直接影响盐业的正常运转,因此,铁锅供应成为多方力量共同合作完成的事项,从碑刻资料《钦命冶铁告示碑》中可以看出。①

白盐井在煮盐过程中,除对柴薪、铁锅的需求外,还有一些如马鞍、木器、竹器、皮具的需求。清末民初,每天进出白盐井的马匹多达四五百匹,商贩二三百人,当地有"乡间铃响马帮来"的说法。井区运柴、驮盐主要靠骡马牲口,马鞍的需求量较大,白盐井的马鞍业长盛不衰。白盐井区制作的马鞍,多用高山栗木、鸡嗉子树、千层皮树、冬瓜木,这些木材由周边的彝族人背到白盐井区销售。而制作马鞍的工匠是来自牟定的师傅。白盐井的马店业也成为重要的服务行业,马店主要集中在场署两侧的祠堂箐和牛场附近,多达30余家,每家可住30—50匹骡马牲口。马店的店主为马帮提供草、水、烧柴、马灯、床位等。"鞋底线、细麻线、麻绳、山草绳,皆夷人为之",②这些物品也由白盐井附近的彝族人拿到白盐井的市场售卖。白盐井对专用于挑盐的竹篮需求也很旺盛,"每运盐百斤,需篮二支。商人于缴纳税薪外,自行向商会购备,计每年共需盐篮七万余对"③。

三 周边区域市场

古代交通的货物流通有层次性,主要分为基本生活用品类、生产资料类、高价值商品类。而在道路运输中流通得较多的便是高价值商品,比如

---

① 云南省牟定县志编纂委员会编纂《牟定县志》,云南人民出版社,1993,第665页。
② (清)李训铉、罗其泽纂修(光绪)《续修白盐井志》(卷三·食货志),赵志刚校注,杨成彪主编《楚雄彝族自治州旧方志全书·大姚卷下》,云南人民出版社,2005,第659页。
③ 郭燮熙纂修(民国)《盐丰县志》(卷四·物产志),杜晋宏校注,载杨成彪主编《楚雄彝族自治州旧方志全书·大姚卷下》,云南人民出版社,2005,第1148页。

盐、铁、茶叶、丝绸、瓷器等。关于盐、铁、茶叶、银矿、铜矿等物资，第一个特点是它们的区域不均衡性非常明显，不产以上物资的地方需要通过运输来实现资源的共享。第二个特点是它们在民众的生产生活中是"刚需"物资。比如没有盐，人的生命无以延续；没有铁器，在精细化的农耕生产中，农业生产就无法继续，因此，此类物资的流动变成必选项。第三个特点是它们比之粮食而言，体积小、价格高，因此经济附加值高，这意味着其流动背后有重要的经济利润的驱使。因此，此类物资成为道路运输与流通市场中常见的物资，也往往会跨越较长距离进行运输与交易。由此来看，交易市场的层次性，其中一个面向即粮食等经济附加值低的物资往往在相对有限的区域市场内流动，而如盐、铁类经济附加值高的物资，其活跃在更大区域的市场范围内，形成更为扩大的市场。

马帮是滇盐古道商品运输的主要载体。如黑盐井的马店主要开在盐出关的交通沿线，这样的马店也方便马帮抄盐及启程。在黑盐井的马店，规模都较大，对于地狭人稠、寸土寸金的黑盐井而言，只有大户人家才有能力开马店。马店需要较大的占地面积，需要供人休息的客栈，需要供马匹吃草和睡觉的马圈，需要供给马帮做饭的厨房。马店的大门也需要足够大，以方便驮有货物的马帮进出。黑盐井的马店多为四合院形式，中间有天井。马店内供马帮使用的东西一应俱全：有供马帮做饭的各种厨具，有处理草料的铡刀，有洗马用的铁刮子，有给马喂药的木架子，供马饮用的水，有拴马用的拴马桩，有方便夜里起夜用的油灯和马灯，同时，马店也会准备一些马具配件，以供不时之需。民国时期，禄丰的交通还多靠人力与牲力。禄丰因地处食盐主产区，骡马交通的需求量较大，民国十四年（1925），禄丰有驮马专业户共900多户，骡马共7700多匹；民国十八年（1929），专门从事运输尤其是盐业运输的脚夫有七八百人。[1]

除了马帮，在道路上还有来来往往的各类挑夫。以黑盐井为例，黑盐井最多的是担柴卖的挑夫，他们自己上山砍柴，通常自砍、自背、自卖。这一类以纯粹砍柴背柴为生的背夫，多是黑盐井附近的民众，他们有自己的山场、土地，以背柴卖的方式获得经济收益，供给家庭的生产生活开销。除了担柴卖的，还有以背盐为生的，需要运至附近区域的食盐，一般

---

[1] 云南省禄丰县地方志编纂委员会：《禄丰县志》，云南人民出版社，1997，第247页。

由背夫来完成。通常，请背夫运送食盐的成本要低于骡马运输的成本，如果不是长距离及大批量的食盐运输，运输方式优先选择人力运输。这些运送食盐的背夫通常结伴将食盐运至周边区域，再从周边区域背回粮食、土特产、山货，如铜锅、皮制品、竹器等黑盐井重要的生活、生产消耗品。背夫正好在这来来去去的路上赚取货物的差价。背夫，除了他们赖以为生的强健的身体，亦有另外的"标配"物。在黑盐井，背夫通常有"背板"和"杵手"。背板是用来背重物的必备品，在云南诸多需要人力负重的地方均能看到。背板是一块方形的木板，中间凿出一个半圆形的弧形开口，形状与大小正好可以支撑人的脖颈。木板的两端各凿两个眼孔，用于系绳索。背板是强体力负重中的省力工具，使用背板，可让身体的头部、肩部、腰部共同受力，可负重爬坡、下坎，灵活性较高。另外，杵手也是背夫的必备品，杵手是一根木棍，当负重途中需要间接休息的时候，背夫就用杵手来支撑重物。这样，背夫不用放下重物，就可以得到很好的休息。

在地方志里就有明洪武十七年（1384）的正月初八，在黑盐井的绝峰山有"濮、僚、夷、罗"等族群聚集赶会，并进行土特产交易的记载。[①] 藏族古谚语中有这样的表达："来往汉藏两地的牦牛，背上什么东西都不愿意驮，但遇贸易有利，连性命也顾不了。"[②] 此古谚以牦牛的精神来映射人们在贸易往来中的拼搏精神，连牦牛都愿意为商贸之利一搏，更何况人呢。此谚语不仅表达商贸之艰辛，也表达出商贸之利将人自发卷入其中，促进物品通连，促成自发市场的形成与巩固。

在黑盐井及其周边区域，唐、宋、元时期，随着区域内盐、铁业的发展和县级行政机构的设置，集市已具雏形。明代，罗次的碧城、黑城（今仁兴）、鸡街（今腰站），广通的县城、罗左甸（今罗川），禄丰的龙街（今金山）、小鸡街（今中村），已形成农副产品定期贸易市场。黑盐井、琅盐井、阿陋井、猴井（元永井）、草溪井（今中兴井）是省内51个州县食盐的产销集市，均天天为市。清代，境内集市已具一定规模，有人管理市场。康熙《广通县志·卷一·地理志·风俗》载："县前五日一市，逢

---

① 云南省禄丰县地方志编纂委员会：《禄丰县志》，云南人民出版社，1997，第13页。
② 范文澜：《中国通史》（第4册），人民出版社，1978，第54页。

五逢十，近远咸集，各携所畜，相为贸易，无有猜忌。"①康熙《禄丰县志·卷二》载："本县城内市（今金山），龙、狗日集。泥川市（今中村），鸡、兔日集。二乡二街市（含茶树村、划入易门县），二、七日集。三乡新街（今腰站小铺子），鸡、兔日集。"②产盐的五井之地，则天天为市。清末，井区集市又有发展，增加含资街、黑苴街、东隅新街、腰站街、和平小猪街、前所小马街、川街、积石河小街、老鸦关街、土官新街、中村阿勒街、罗次小羊街、高峰牛街13个。民国时期，随着一平浪盐矿煤矿的发展和滇缅公路的通车，新增杨家庄、一平浪、干海资、大旧庄、级山街5个集市。1949年井区有集市43个，其中：天天为市的9个，逢三天为市的2个，六天为市的19个，一年赶一次的有13个。天天为市的有黑盐井、琅盐井、元永井、阿陋井、黑苴、一平浪、干海资、旧庄、杨家庄。三天为市的有广通街、罗川观音街。六天为市的有禄丰街、舍资街、中村街、路溪大厂街、和平小猪街、前所小马街、腰站街、东隅新街、川街、积石河小街、土官新街、老关街、兴大猪街、仁兴小马街、碧城龙街、碧城猫街、勤丰鸡街、马街、羊街。一年赶一次的集市在正月初八当天，位于黑盐井的绝峰山和寇家山一带。③

据清代雍正《云龙州志》记载，云龙州成规模的定期市场有：旧州街，于农历每月的初六、二十一日赶集；关坪街，于每月的朔望日赶集；曹涧街，于每月的辰戌日赶集；天耳街，于每月的初二、十六日赶集；师井街，于每月的初五、十九日赶集；顺荡街，于每月的初八、二十四日赶集。④在诺邓盐井的集市贸易中，有来自怒江泸水的猪，洱源的乳扇、辣子面，剑川的木雕门窗，祥云的土锅，弥渡的红曲米、芋头，保山的大米、黄烟，缅甸的水火油、洋布，云龙的木板、荞面、土皮菜丝，师井的

---

① （清）李铨纂修（康熙）《广通县志》（卷一·地理志），载张海平校注，杨成彪主编《楚雄彝族自治州旧方志全书·禄丰卷下》，云南人民出版社，2005，第384页。
② （清）刘自唐纂修（康熙）《禄丰县志》（卷二·增补），载张海平校注，杨成彪主编《楚雄彝族自治州旧方志全书·禄丰卷上》，云南人民出版社，2005，第44页。
③ 云南省禄丰县地方志编纂委员会：《禄丰县志》，云南人民出版社，1997，第326页。
④ （清）陈希芳纂修《雍正云龙州志校注》，黄正良、尹含校注，云南人民出版社，2019，第16页。

挂面、旧州的香油等。① 多地物资在此云集，集市较为活跃，商品的流动性强。

在滇盐古道的商品流动中，总能遇见盐的身影。在《滇西兵要界务图注钞》中，有对民国时期喇鸡井人口与食盐运销地的记载："居民三百余户，产盐极丰，卤质极佳。同治十三年开归盐井提举管辖，额定年煎六十九万余斤，行销丽江、维西、中甸、邓（邓川）、浪（洱源）、剑（剑川）七属，如无引岸限制，由井尽量煎熬，足供四五府人之食。附近居民以此为生，以此致富者亦不少。商业殷盛……雇用马匹亦便。"② 埃德加·斯诺云南行的旅游日记中，有关于滇盐重要性的记录。"除我的设备和粮食以外，我们还带着几驮食盐和针。食盐凝结成大块的锥形，每块约重三十市斤。这两样商品在亚洲的这一带地方可以像法定货币一样通行。"③ 这一记录证实了云南地区特定的以盐为币的现象，以及盐在商品交换中大致为一般等价物的情况。

以盐为代表的物的流动，实现了物资的互补余缺，满足了民众的生活所需。同时，物带着产地的标签，经过流动来到诸多消费地，自然就融入了以物为媒介的遥远异地的想象与认知。在田野调查过程中，时常能听到类似的话语，"黑盐井盐是很好的，在南诏大理国时期，是专门供南诏大理国皇室食用的"。被孙中山誉为"饮和食德"的宣威火腿，一直誉满天下，"宣威火腿为什么好？其中一个重要的原因是宣威火腿用了黑盐井的盐，而宣威当地是不产盐的"；"诺邓火腿好，是因为诺邓的盐好，诺邓的盐里，据说钾的成分高"；"白盐井的食盐曾一度远销到东南亚一带"。因此，物总是与其产地身份连为一体，物的使用与地方关联，就有了地方的标签，就有了地方的关注与认识，消费物的同时，也是对物所在地方的文化进行消费。

民国时期，随着工业化的到来，云南盐业社会的市场的商品中出现了很多带有工业化特色的物品，有些是来自遥远异地的新的商品，如在民国十四年（1925），在禄丰县城首次批量出现煤油、肥皂、火柴、蜡烛、香

---

① 林文勋：《诺邓村：一个盐井村落的历史文化解读》，《盐业史研究》2004年第4期，第39页。
② 李根源：《滇西兵要界务图注钞》，《片马历史资料》（第一辑），云南人民出版社，1989。
③ 张继强主编《永平文史纵览之诗词艺文篇》，内部资料，2018，第274—275页。

烟等新兴商品，据悉是由当地商人林之明从昆明采购回来设店销售的。①民国时期在禄丰有比较知名的百货业商号，如在禄丰县城的"德胜昌""宝森隆""福兴祥"，黑盐井的"荣鑫""庆昌祥""万兴祥"，元永井的"白厚长"。

第四节 滇盐古道周边市镇发展

陆韧在其《高原通途——云南民族交通》一书中，论及道路于城镇发展的重要性，用了这样的比喻："不断延伸的道路似金丝银线缀起这座座明珠般的城镇。"②赵敏的研究注意到，在滇西片区，历史上具有一定规模市镇的兴起与盐有着密切的关系，如石门井、诺邓井、顺荡井、喇鸡井等是作为盐出产地而兴起的历史市镇，如沙溪古镇、杉阳古镇、漕涧古镇等是作为盐运中转站和盐业交易地而兴起的历史市镇。由此，通过盐来看历史上的集镇样貌，也不失为抓典型的做法。

滇西的盐如诺邓井盐、雒马井盐，滇中的盐如黑盐井盐、白盐井盐、元永井盐、琅盐井盐等，运至昆明及向东一带，必经大理到昆明段的"迤西道"，"迤西道"上的"九关十八铺"是主要驿站。有"天子万年，炼象雄关"之称的炼象关最为有名。据闻"迤西道"是一条官道，在清咸丰年间，道路上出现滇西一带的土司向朝廷进贡的来自缅甸的大象，因此当地的地名就与"象"产生了关系。"炼象关"的地名也正好言说了"迤西道"的官道属性。早在明洪武十六年（1383），朝廷就在此地设置了炼象关巡检司和百户堡。炼象关，即典型的因盐而兴的关隘，在现在的炼象关，还能找到当时食盐运输带来当地兴盛的遗迹。现仍有当地张家盐号"义兴隆"旧宅，过去还有像兴源号、恒源号等大大小小的盐号十多家，所有盐号的盐，"码得像山一样"。每天往来的马匹，少则上百匹，多则上千匹。

在人背马驮的年代，依靠人力畜力所产生的动力需要较多依赖沿途的补给，不如当下石油产生的动力更为方便持久。一般而言，人负重行路，

---

① 云南省禄丰县地方志编纂委员会：《禄丰县志》，云南人民出版社，1997，第 17 页。
② 陆韧：《高原通途——云南民族交通》，云南教育出版社，2000，第 52 页。

一天能走 15 公里到 30 公里,① 那么当人与马帮在行至 15 公里至 30 公里的时候,就需要有停歇之所。具有中转意义同时兼具其他功能的集市、驿站等场所也就应运而生,促进了市镇发展。

一 黑盐井市镇

黑盐井市镇建制的一个特点即"地狭人稠",因受制于龙川江夹在高山之间的狭隘地形,黑盐井市镇仅能在河流周边的平坦地势依势而建。加之黑盐井人烟聚集,因此给人拥挤之感,这实则也是当地市镇兴旺的写照。在《黑盐井志》中,有一篇名为《烟溪赋》的文章这样写道:"间阎云集,宅舍缠绵,立千门以共启,阆万户以相先。两家之檐牙可接,比屋之囱突垂连。层层以上至凤岭,簇簇以下至龙川。昏晓之灯火相辉,恍熬山之张海市;高低之篯笼相轧,俨邺架之积书编。屋傍屋而相和相爱,楼轶楼而比为联。柱础争寸金之地,瞰霄写蔚蓝之天。"赋文中鳞次栉比的市镇建筑形式,正好向我们呈现了盐业社会时期黑盐井的繁华气象。

黑盐井市场繁荣。有黑盐井在民国八年 (1919) 的经济数据。黑盐井向周边区域输出食盐,但是除了食盐以外的其他商品,"不敷甚巨",因此主要靠周边区域供给。黑盐井需要每年从外地运进大米 900 余石、布匹 900 余驮、油 13 万斤、酒水 3600 驮、糖 70 万块、烟叶 1 万斤、铁锅 2700 口,② 用于黑盐井民众的消费。黑盐井的市场中交易量最多的商品,除了盐之外,就是煮盐所需的柴薪和民众日常所需的米、蔬菜。柴市主要集中在黑盐井大大小小的巷子里,尤其是小北门、燕子窝、盐厂门口一带。柴市天天为市,每天的交易高峰期为 12 点至 15 点。卖柴人于一大早出发前往黑盐井,大约在 12 点陆陆续续到达。卖柴人所卖的柴薪,通常连柴带叶一并售卖,因带枝叶的树干在煮盐过程中易燃,火焰也会上升,俗称"辣火"。连枝带叶的柴薪是作为上等柴薪来售卖的。一般而言,灶户不亲自买柴薪,而是专门委托师爷去买。师爷对柴薪的品相、树木的种类、干湿程度等都有较好的把握。委托师爷买柴,可以为灶户节约很多柴薪的成本开支。通常,几家灶户会同时委托一位师爷买柴。师爷与卖柴人谈好价格

---

① 云南地形山地与坝子交错,因此行走公里数受地形影响较大。
② 李希林等编《黑井情缘》,云南民族出版社,2013,第 51 页。

之后，会从柴枝上取下一片叶子，用毛笔在叶子上写下柴的价格，并吩咐背到指定的灶户人家。这样，卖柴人就拿着写有字的叶子，背上柴到灶户家领取柴钱。

黑盐井卖柴薪的行为一直延续至1956年。1956年，沙黑公路通车，黑盐井的制盐燃料改用价格相对低廉的一平浪煤，黑盐井长时间的柴薪煮盐历史才告终结。其后，虽然盐业生产已经不使用柴薪，但当地居民在生活中还是将使用柴薪作为一种习惯，尤其是一些上了年纪的老人家，即使在通了电的情况下，也很少用电，他们认为用柴火做出来的饭菜香，有味道。尤其在20世纪90年代，每逢黑盐井赶集的日子，都能看到周边村子用骡子驮着柴火来黑盐井卖的，买柴火的多是黑盐井的城市居民。在他们的灶房里，有一个可以专门烧火的灶台或是三脚。①

大米亦是当地关乎民生的商品。在黑盐井，不仅从事盐业生产的灶户、灶工需要购买大米，而且连周边从事背盐的背夫也需要购买大米。在黑盐井有句俗语，"罗锅支在两肩上"。罗锅是当地的土语，专门指煮饭用的锅，因为盐业生产的特点，当地直接或间接从事盐业生产的人群一般不种植稻谷，所需要的大米均由周边区域来供应。这些大米通常由前来买盐的马帮带来，他们运进大米和黑盐井所需其他物资，然后运出食盐，这样就可以做双程的生意。或者大米由背夫运送，背夫将食盐背至周边区域售卖，他们的行程少则一两天，多则一个月，而在返回时就会背回大米等物资，留足自用后就可以到市场售卖。黑盐井的大米主要在财神庙、新井、龙泉坊一带进行交易。在大米交易中，也有像柴薪买卖中的师爷一样的中间人，当地人称其为"米贩子"或"米牙子"。他们购买运进黑盐井的大米，再转手卖给当地人。当地的米市直到1953年国家实行粮食的"统购统销"政策后才取消。后来在1979年，米市渐渐恢复，不过在当地生计方式逐渐转型，周边民众的生计转为以农业为主的背景下，黑盐井的米市主要供应有限的黑盐井市镇人口，市场规模已经大不如从前。

在盐业社会时代，黑盐井的蔬菜也依托附近区域供应。因为蔬菜没办法进行长途运输，所以主要由就近居住在黑盐井周边的民众供应。如现在

---

① 三脚：由一个圆形的铁圈和三根铁棍焊接在一起的铁制器具。

的板桥、石头村一带,过去就是专门种植蔬菜的。这两个地方的民众百余户,多投入蔬菜的种植。通常,他们一早采摘蔬菜,然后挑至黑盐井的五马桥一带售卖。后来随着当地人口的变化、社会的转型,蔬菜的市场需求变小,当地人才将土地改种粮食。

黑盐井有"六坊","坊"即街道的意思,是当时黑盐井居民区集中、经济活动频繁的区域。六坊为安东坊、德政坊、龙泉坊、利润坊、锦绣坊、中奉坊。市场主要集中在六坊范围内。黑盐井工商业较为发达,据民国时期的口述史资料,在黑盐井有大大小小的商家200多户,有经营盐、烟、酒、糖、茶、布匹、杂货的,有开食馆、酒馆、茶馆、住宿、马店、烟馆、赌馆的,亦有开药店、诊所、照相馆的,等等。以茶馆为例,据地方口述资料,在民国时期,在面积仅0.5平方公里的黑盐井这一弹丸之地,就有9家茶馆。分别为德政坊的刘思公家茶馆,利润坊的杨树熙、杨跃、蒋琪、李学、杨伯骏、胡绍增6家茶馆,锦绣坊的圣谕堂张家、赵荣家2家茶馆。另外,黑盐井有63家百货店、15家布匹店、17家饭馆(其中2家回族饭馆)、6家专门负责酒席的、6家猪肉铺、3家糕点店、1家酱油坊、6家中医馆、2家西医馆、2家中药店、18家马店、15家旅店、5家理发店、3家银饰店、1家照相馆、6家烟馆、3家丧事店。除了以上有店面、成规模的店铺外,还有百余家摆小摊的,主要卖米、豆腐、凉粉、咸菜、甜品、瓜子、草鞋、风味小吃等。除了以上经营性铺面和小摊,还有一些手艺人的铺面,也流动在黑盐井社会中,其中有4家木匠、5家泥水匠、1家铁匠、16家道士、6家教师、1家负责婚丧嫁娶的司仪。[①] 从这些可以透视当时黑盐井民众的社会生活。在黑盐井,商品与服务应有尽有,可以满足民众的消费所需,当地呈现较强的消费能力。

因黑盐井富甲一方,当地民众的生活也比较讲究,如个别富裕的大家庭,为客人准备的房间有多种类别:贵客房、老爷房、小姐房。贵客房是专为到访的达官显贵准备的,老爷房是为长辈准备的,小姐房是为晚辈准备的。一些讲究的人家使用的炊具,是用紫铜打造的铜锅、铜勺,更讲究一些的会在铜制炊具上镀银。此外,还会用纯银的勺子、筷子,或是象牙的筷子,以及景德镇烧制的瓷器。其生活精致程度从厨房用品

---

① 李希林等编《黑井情缘》,云南民族出版社,2013,第54页。

可见一斑。

从当地的宴席也可看出黑盐井因盐业经济发达，当地社会生活富足的情况。黑盐井的宴席不管用来接待前来的官员，还是普通人家婚丧嫁娶所用，都非常讲究。在黑盐井，最讲究的宴席是用来接待前来黑盐井视察的官员的。在民国时期，云南盐务官员张冲前来黑盐井视察，就亲历过这样高水平的宴席接待。这样的宴席被称为"八八席"，总共有32道菜，共分4次出餐，一次8道菜。菜品囊括了煎、烤、煮、蒸、炖、煨、烩、焖、炸等烹调技法。食材包括猪、鸡、鸭、鱼、鹅等常规肉类，鸡枞、虎掌菌、香菇、木耳等当地的山珍，熊掌、野鸡、麂子、马鹿等野味，还有海鲜。黑盐井不产海鲜，海鲜全由骡马从昆明运回，有海参、鱿鱼、大虾等。利用以上丰富的食材，黑盐井厨师结合南来北往人群的口味需求，创制了此类席面上的特色菜，如盐焗鸡、盐焗肝、烧烀、滑余、烧卖、太师饼、鸡丝面、燕窝皂角米羹等。餐具的选用也较为讲究，盛鱼用鱼盘、卤菜用碟、炖菜用碗、羹用汤钵、炒菜用圆形盘、烤菜用腰形盘。这类酒席造价不菲，一桌"八八席"大约需要消费30两银子，这是一个平凡的6口之家一年全部的生活费用。

除了"八八席"外，所谓的"四四席"也较为讲究，这样的席面主要在黑盐井大户人家的婚宴、寿宴中盛行。席面共16道菜品，分2次上餐，菜品中也有当地的特色菜，每一桌大概花费3两银子。而平常人家的席面称为"八碗四碟席"，这样的席面较为大众化，味道也多偏向当地人喜爱的口味。当地人爱吃的灰豆腐、氽肉、酥肉、烧烀、盐焗鸡、盐焗肝等，在这样的席面上都能见到。在现在的黑井古镇，凡遇婚丧嫁娶场面，仍然保留了"八碗四碟席"的特色席面。

席面除外，再来看黑盐井人们的日常饮食。因为通宵达旦煮盐，盐工经常轮流上灶熬制食盐，因此，黑盐井当地的饮食实行5餐制，以保证不同时候工作的人们都能吃到饭。5餐分别包括早餐、午餐、晌午饭、晚饭、夜宵。其中的早餐、晌午饭、夜宵主要吃各类风味小吃。黑盐井的风味小吃较多，有稀豆粉、麦粑粑、油条、豆面汤圆、椒盐饼、太师饼、凉麦面、麻叶酥、仙鹅蛋等。据统计，黑盐井在市面上能购买到的各类独特小吃有30余种。

二 白盐井市镇

白盐井历来的市镇建设经费,"约分两种:甲种出于盐斤,乙种出于公山、公款,其收入之多寡,每随盐务之盛衰以为衡",[①] 市镇建设经费的多少与食盐生产收入的多寡息息相关。

白盐井区所消费的物资由马帮运来,马帮运粮一来可以通过卖粮增加收入,二来可以在来买盐的路途中防盗。马帮运来的粮食一般交由中间人去买卖。其他各地的土特产也多由马帮带来,盐井的外来物资以来自西北方向的商品为主,如永仁、湾碧的松明子(用于沿街摆夜市的照明、夜间在街区行走的照明);永仁、湾碧的明烟(呈黑色粉末,用于补锅,每天每个盐灶房均有补锅的需要;明烟也可用于印刷,主要做七月半焚烧的纸包);宾川和永仁的水果(橘子、甘蔗);宾川的砂糖;祥云的海东梨(一般在农历冬腊月时期运进盐井区);永仁和宾川的松子与花生(作为婚礼、过节亲戚间的走访礼物,礼物"三件宝":松子、花生、橘子。"三件宝"既用于民间的走访礼物,也用于官方的走访礼物);姚安、仓街的酒;昙华一带的皮革(当地以畜牧业为主,原始森林里野兽较多)。在白盐井地区,主要消耗牛皮,其他皮革、麻子、麻线、荞子、玉米、麻布,还会经由收皮革的商人收购后贩运到昆明等地销售。如在当地有一家有名的收购皮革的商人,当地人称他为"陈麂皮"。所以白盐井区是商品的销售区,也是中转区。在白盐井区除了柴火不需要上税,运进来的商品几乎都需要收税。收税的标准主要是所卖的商品、经营的规模。收税的部门为"稽征所"(除白盐井之外的一些地方称"立监总办"),收税人员为稽查,税收一部分上交省一级,其余部分用于地方的公益事业。白盐井区的粮食、酒、油、炭火的销售比较特殊,因为此类商品在当地销量较大,为了便于收税,就将此类商品集中起来由"牙子"销售,以方便统一收税。

白盐井地的商人分为坐商、行商。行商主要收购聚集在白盐井的商品如麻布、皮革等,再销往别地。明末清初时,白盐井周边集市有昙华、三台、铁索三处地方,行商也会将货物运到以上集市贩卖。20世纪30年代,

---

① 郭燮熙纂修(民国)《盐丰县志》(卷一·地理志),杜晋宏校注,杨成彪主编《楚雄彝族自治州旧方志全书·大姚卷下》,云南人民出版社,2005,第1050页。

湾碧街集市兴起,湾碧当时是行政的边缘地带,位于盐丰、大姚、永仁三县的交界处,成为"三不管",因此是主要卖大烟、盐、枪弹的地区。白盐井的坐商有经营百货(当地称洋货)的,整个井区有十来家,从省里批发百货(俗称打省货),卖洋布、肥皂、牙膏、牙刷、电池、毛线,其中洋布销量最好。有卖土杂的,如火石、火磷、茶罐、抽大烟的器具等,此类物品消耗大,销路比较好。土杂中有专门经营盐、酒、糖、茶的,此外有专门经营酸菜、酱的。有卖小票盐的,盐场公署卖的盐以担来卖,数量较大,小票盐的出现用于解决小户人家对盐较少的需要。

白盐井盐业的兴盛造就了当地市镇的繁荣和发展。盐业的生产,带动了白盐井商品经济的发展,白盐井商贾云集、市井繁华。清人曾有过表述:"而白井之志有不同者,盖其地以盐名,学以盐开,凡兹一切兴建文物之得比于州郡者,皆以盐故。"①

三 诺邓市镇

诺邓位于现大理州云龙县诺邓镇南部,是一个典型的山地村落。诺邓所属的云龙县,其在西汉至南北朝时期的古地名为"比苏县",这是一个白语地名,意为"出产盐的地方"。这里在历史上是云龙八大盐井之一。

诺邓因盐业生产,也形成了活跃的市场,诺邓在盐业社会时期"天天为市",除此之外,还有规模较大的定期市,一般在农历每月的初一、十五赶大集,初八、二十三赶小集。除了主要的盐业市场外,还有各类专营某一类物资的市场,如卖米坪、卖鸡坪、卖百货坪、卖猪冲、卖针线铺等,物资比较齐全,对周边区域人群具有吸引力。一般而言,集市会吸引大理、保山、兰坪、永平曲硐的人们前来,他们一方面来采买物资,另一方面也将自有的物资运至此地进行销售。因此,前来赶集的人们,既是买者又是卖者。在这样互通有无的市场里,也就容易看到来自四面八方的物资在此交易。如保山的大米和黄烟,缅甸的水火油(洋油)和洋布,云龙团结的木板、荞面和土皮丝,云龙师井的挂面,旧州的香油,洱源的乳

---

① (清)郭存庄纂修(乾隆)《白盐井志》,张海平校注,载杨成彪主编《楚雄彝族自治州旧方志全书·大姚卷上》,云南人民出版社,2005,第543—544页。

扇、辣子面,剑川的各类木雕,祥云的土锅,弥渡的红曲米和芋头。① 还有周边区域的各类山地杂粮,如玉米、荞麦、大豆、小麦等,还有诺邓当地的腌制品如诺邓火腿、酱菜、咸菜等,也非常受欢迎。诺邓集市较为集中的区域是一个叫"台阶子集市"的地方,这个地名到现在仍然保留,诺邓人均能给外来人指出"台阶子集市"的具体位置。

诺邓井在明代是云南四个提举司之一——五井盐课提举司的驻地,诺邓的对外交通通达度也较高,从诺邓井延伸出去的滇盐古道东可接大理、昆明,西可到腾冲、缅甸,南至临沧、耿马,北至丽江、西藏。在古道上,盐、人、马及其他物资源源不断地流动着,卖米坪、卖猪冲、卖百货坪、卖针线铺等地名遗存,正好见证了当年滇盐古道的繁忙景象与诺邓市集的兴盛。古道从村内延展开去,现在诺邓村内的石阶路,也多是历史的遗存,浸透着时间的味道。村内现存的石板路,从"官"和"私"的角度,可以分为两个类型——官道和私道。官道会在路的中间铺上一块大的条石,整体路面开阔平坦,俗称官员走的道路。而私道仅用杂石来铺路面,路面质量相对差,主要是一般民众、马匹等行走的道路。诺邓井村落内的道路在过去有"四纵六横"的说法。村落连接村外的道路,主要有东西南北4个方向一共4条交通线路,是自东向大理,自南向保山,自西接腾冲至缅甸,自北向丽江至西藏,诺邓井食盐主要就依靠这4条道路输送到外地。

四 其他市镇

此外,滇盐古道上的著名市镇还有沙溪古镇、曹涧古镇、杉阳古镇、元江等。沙溪古镇位于大理州剑川县,沙溪因对于滇西盐井的地缘优势,在历史上形成了重要的盐运中转市镇。沙溪是距离乔后井、弥沙井、诺邓井、喇鸡井最近的市镇,也比周边区域更为繁荣。沙溪不仅是食盐的中转站,同时还是马匹、皮货、药材、茶叶等物资的集散地,日日为市。沙溪市镇的中心位置,是位于沙溪寺登街中心的"四方街"。在滇西一带,位于集市中心位置的区域多叫"四方街",如喜洲古镇的集镇中心叫"四方街",丽江大研古镇的中心位置也叫"四方街"。沙溪的"四方街",顾名

---

① 杨国才:《中国白族村落影像文化志——诺邓村》,光明日报出版社,2014,第88—89页。

思义，也是当地市场最为繁荣的地带。在这里，店铺林立，多以前铺后店的形式出现。临街的部分做商铺用于经营买卖，后院的建筑用作住宿，供来往马帮歇脚，具体设有客房、货房和马圈。沙溪众多的桥梁，也是道路通达的保障，玉津桥、文凤桥、古鳌桥等古桥，历经沧桑，功能未变，成为重要的道路连接点。

沙溪古镇是一个典型的因盐运中转而形成的区域中心市镇，是典型的由马帮驮运出来的市镇。马店众多成为沙溪一大特色，马店在当地语言中又称为"公店"。马店有130多家，以每家马店容纳70匹马来计算，沙溪古镇一天可以容纳9000余匹马。与马帮正常运转相关的铁匠铺、马掌铺也应运而生，市镇元素一应俱全。寺登街是市镇的中心区域，每隔三天赶一次集市，商品以盐、柴火、药材、山货、布匹、百货居多。沙溪古镇还有宗教庙宇兴教寺、魁星阁等，体现出人群与文化交融的样貌。

曹涧古镇，位于大理州云龙县境内，白语意为"充满咸味的山箐"，亦是食盐的集散地，云龙五井的食盐主要汇聚在此，进行销售和分销到外地，因此，此地有食盐汇聚，有运盐的马帮来往。除专职的盐背夫外，会有季节性的盐背夫，他们主要是居住在曹涧古镇的彝族、阿昌族人。他们会在农闲时节来此背盐，运至腾越一带销售。

杉阳古镇，位于大理州永平县，历史上有盐马古道上的兰津要塞，途经杉阳古镇的这段古道是博南古道上的一段，古道经当地博南山、永国寺、杉阳古镇、过街楼、凤鸣桥、江顶寺关隘、澜沧江上霁虹桥，后通往腾越诸地和南亚各国。因重要的地理位置享有"兰津古驿""迤西咽喉""兰津古渡""霁虹飞渡"的美誉。杉阳古镇的主体民族为汉族，占总人口的97%，此外还有白族、回族、彝族、傈僳族等。清末民初，杉阳古镇有住户四百余户。在杉阳古镇，马锅头来来往往，当地的缅桂花，相传就是马锅头从缅甸带回来的，当地还有有名的"马锅头豌豆凉粉"。

元江，即今天位于云南中南部的元江哈尼族彝族傣族自治县，历史上是磨黑盐的集散中转站，所产食盐往东运往滇东的建水、蒙自、个旧等，往北运往昆明、玉溪等地。在元江，主要的交流物资就是食盐。新中国成立以前，元江专门经营食盐的较大店铺就有30多家，其中挂有盐号的有张泉鸿的"永生利"、杨殿清的"正兴龙"、李和才的"和利源"、熊鱼斌的"胡庆昌"、张建中的"瑞兴利"等。盐号一般拥有自己的马帮，如李和才

图 5-2　兰津古渡遗址

资料来源：作者拍摄

的"和利源"。拥有 500 多匹骡子的马帮，一般在磨黑与元江之间运输大米和食盐。马帮走得远时会到玉溪、昆明、石屏一带。①

小　结

笔者经过研究认为，以盐井地为核心的滇盐古道周边区域，呈现出典型的民族和谐样态，而这样的民族和谐样态的形成，是以区域的经济共生为核心与基础的，经济共生要素正是笔者阐释民族和谐样态的重要理论支撑点。本章"滇盐古道周边区域的经济共生"就是对经济共生做出的具体论述。具体而言，本章讨论了经济共生的相关理论来源，滇盐古道周边区域经济共生的生态背景，滇盐古道周边区域经济共生的具体形态。

---

① 王仁湘、张征雁：《中国滋味：盐与文明》，辽宁人民出版社，2007，第 142 页。

经济共生的提出并非无缘无故，其提出与共生理论密切相关。共生理论最初始于生态学界，用于指出物种间的共存关系。基于在解释人类社会与自然世界时所具有的普遍解释力，共生理论被从生态学界引借到人文社会科学领域，它对于人类社会的复杂面向具有较好的解释力。人文社科领域的共生理论研究，不同学科有其侧重，经济学界汲取了共生理论，发展出经济共生理论，不过，这一理论仅适用于纯粹经济学的视角，而忽略了经济的社会性、文化性、民族性维度。而在民族学、人类学界，学者也引借了共生理论来解释民族关系，提出民族经济共生，一来凸显了民族关系中的经济要素，二是凸显了经济要素中的非经济要素。

滇盐古道周边区域经济共生样态的形成，有区域独特生态环境背景的支撑。一是生态多样性与文化多样性的存在，使其区域之间的互通有无成为必然；二是坝子—山地社会形貌的存在，也使区域间的物资流动成为必然。这两个特殊的生态背景，正好解释了滇盐古道周边区域经济共生的生态基础。

经济共生的具体呈现形式，一是区域间的生计互补，二是在物资互通有无基础上形成的活跃市镇。盐井地是典型的"以卤代耕"盐业社会，除食盐之外的生产生活资料，都需要周边区域的供给。围绕盐的流动及其他商品的流通，物资在区域范围内得以盘活，滇盐古镇周边市场得到发展。盐井地与周边区域以经济为核心，形成典型的共生关系。

第六章
滇盐古道周边区域的文化交融

正是在平等互利的经贸关系和一定的合作机制下,互动关系不是作为统治秩序的需要而被建构起来的,而是基于资源互补、人民生活的日常需求;互动关系也不是作为行政指令而强加给社会的,而是出自人们自发自生的自然行为和理性选择,并且建立在诚恳互信的基础上。[1]

基于第五章对"滇盐古道周边区域经济共生"具体样态的讨论,第六章围绕"滇盐古道周边区域的文化交融"议题展开。研究发现,基于经济共生形态的民族关系呈现出和谐样态。滇盐古道周边区域民族关系的和谐样态,具体以民族交往方式、交融的文化与信仰、杂糅的风俗习惯三个指标要素来呈现。

第一节 民族交往方式

中国交通史源远流长,著名史学家白寿彝在其《中国交通史》中,将中国交通的开启追溯到先秦时期,[2] 长达1700—1800年的先秦时期,其时代的一个典型特点是民族与民族间持续不断的混合运动。例如,商民族与殷民族混合,形成殷商;周民族和殷民族混合,形成宗周。白寿彝进而将

---

[1] 李旭:《茶马古道各民族商号及其互动关系》,社会科学文献出版社,2017,第250页。
[2] 白寿彝将先秦时期界定为夏后、殷商、宗周,以及春秋战国时期,一共1700—1800年的时间。

类似的民族混合,归因为先秦时期的交通要素,指出:先秦交通与当时的民族混合运动,有着密不可分的关系。① 可见,中国交通发展由来已久,伴随着文化交融进一步发展,交通要素成为文化交融的关键要素。

许倬云先生对中国历史上出现在西南地区的特殊行政单元"道",有过很好的诠释:"(汉代)开发西南地区有一个特殊的现象,就是行政单位叫作'道'。道是一个直线,不是一个点,也不是一个面。从一条线,慢慢扩张,然后成为一个面,建立一个行政单位。这个过程也许是跟着贸易一步一步向前走,紧随贸易活动跟进去的是移民,移民后面跟进去的是军事力量和行政力量。"② 在许倬云先生的解释中,作为行政单元的"道",最初可以看作一条简单的线状道路。伴随道路上人流物流的发展,贸易铺展开来,道路的基础性作用与影响力不断增强,带动了区域内人流物流的活跃,区域的活跃对移民具有吸引力,移民形成群聚效应之后,国家管理的行政力量与军事力量陆续进入。一条道路的通达需要通过道路网的联通来实现,如此,道路网络就带来了区域的联动。因此,一条貌似简单的道路连通,实则能推动一个区域的联动与活跃。许倬云先生在研究中,为中国的传统社会增加了流动性的维度:"细看中国的历史,没有一个地方的人群是真正的安土重迁,一波又一波大小移民潮,从东到西,从北到南,不断地彼此影响,终于融合成一个大同小异的中华文化。"③ 因此,不变的安土重迁与流动的"天各一方",形成并行不悖的中国传统社会表达。

道路为民族的交流提供空间,交流不仅是经济往来,更深入婚姻、语言、宗教等多维互通层面。李旭在做关于滇西北商帮的研究时,专门指出滇西北商人在进入藏区经营贸易的时候,并非一味坚持自己民族的文化取向,而是能够换位,更多地站在藏族的文化立场上,偏向效仿藏族的文化取向。滇西北商帮与藏族一道说藏语、穿藏衣、吃糌粑、喝酥油茶,到藏传佛教地区转经与布施。④ 这样看来,经济交往是其他交往的基础条件与主要途径,一旦有了经济交往,其他习俗的、文化的、宗教的交往就会

---

① 白寿彝:《中国交通史》,岳麓书社,2011,第4页。
② 许倬云:《万古江河——中国历史文化的转折与开展》,上海文艺出版社,2006,第99页。
③ 许倬云:《万古江河——中国历史文化的转折与开展》,上海文艺出版社,2006,第6页。
④ 李旭:《茶马古道各民族商号及其互动关系》,社会科学文献出版社,2017,第225—226页。

伴随其中，这些非经济性的交往、交流得益于经济交往。各民族间政治、文化的交往，需要经济的交流作为先导，如若没有经济交往的层面，其他的交往往往也不可能牢靠。显然，经济交往远远胜于历史上出现的朝贡体系这一带有强弱关系、非自愿关系、单一流向的物质沟通方式；而形成相互依存的资源互补形态，带动的是一种动态的、有弹性的格局。因此，"在民族与区域关系中，贸易才是一种在尊重差异的前提下，真正导向平等关系的实践活动，是真正意义上的合作体系，并初步形成了社会中互动关系的机制化保障。正是在平等互利的经贸关系和一定的合作机制下，互动关系不是作为统治秩序的需要而被建构起来的，而是基于资源互补、人民生活的日常需求；互动关系也不是作为行政指令而强加给社会的，而是出自人们自发自生的自然行为和理性选择，并且建立在诚恳互信的基础上"。①

同时，长期的非经济性交往，又稳固了经济性交往，周智生教授在关注滇藏民间商贸的时候，就指出了经济性交往与非经济性交往互为助力的形态，"长期以来纳西、藏、白、彝、普米、汉等各民族间团结友好、互助互信关系的维持与发展，很大程度上也得益于滇藏民间商贸在互贸有无的过程中冲开封闭，促进了民族间的交流与互信"。② 在区域的交往互动过程中，道路就如同一条流动的血脉，给予周边区域经济交流和文化交流的给养。

运盐的路途有去有回，走这样的路线，盐运马帮就会和途经地居住的民众形成较好的关系，吃住与补给多集中在固定的几家，在频繁的沿途往返交往中，其关系亦比较稳定。面对熟悉的住家，马帮会在去时就将回程需要的粮食等存在住家，等返回的时候再用，不用一路携带而增加运行的难度。赶马人通常是全能型的人物，在赶马过程中，赶马人需要熟悉当地的自然地理，以选择适合的地点休息；需要熟悉当地的风土人情，以取得沿途人们的帮助；需要掌握医人医马的方法，以应对行进途中的人畜健康问题；需要掌握烧火做饭的能力，以处理柴米油盐等烦琐细节。他们的生

---

① 李旭：《茶马古道各民族商号及其互动关系》，社会科学文献出版社，2017，第250页。
② 周智生：《历史上的滇藏民间商贸交流及其发展机制》，《中国边疆史地研究》2007年第1期，第82—89页。

活，正是所谓"三个石头支锅灶，夜半三更就起床了"，因在沿途没有住宿的情况下，仅能风餐露宿，这被称为"开亮"或"打野"。正如赶马调里唱道："一顿饥来一顿饱，人找山泉马寻草。树下强当坐屋中，芋头红薯拾柴烤。""爹望山口娘求神，四季风霜赶马人。三十晚上摸夜路，大年初二才进门。"赶马的路上有各种不确定性因素，赶马人获取经济收益的过程是具有冒险性的。

因为有人的流动，所以会出现人们将一地的好物携带到另外一地使用、消费，甚至培育的情况。据李旭的考察，今天滇西北一带丽江、大理地区食用的白菜、南瓜、萝卜、青椒，就是当年商人带来种子在沿途种植而延续下来的。[1] 道路的通连促进了物的流动，甚至促进了物质文化在别地生根发芽，在物的多样性基础上生产出多样性的物文化。在促进"物"的流动层面，"民族中间人"起到重要作用。如云南的纳西族就是具有这种身份标志的民族，云南的丽江是滇茶入藏的必经中转站，丽江在地理上位于汉族区域与藏族区域的中间位置，其纳西族文化也就成为对汉族文化与藏族文化均有吸纳的中间文化。因此，纳西族就在汉族与藏族的交往之间起到沟通的作用。

一　婚姻

从非经济交往中的婚姻交往来看。早在20世纪80年代，就有相关研究关注到道路的通连性带来的婚姻样态与城镇化的关联。马金在研究中指出，"汉族人口迁至藏区以后，普遍与藏族通婚，因此，解放前在藏区的交通沿线各主要城镇，都有很多汉藏结合的家庭"。[2] 这一研究传递出道路带动城镇兴起与婚姻互动的事实。古道沿线移民群体中有大量的商人，他们是活跃于古道的主体人群，商人基于物资运输与销售需求而对区域的整体认知有诉求，要实现这一诉求，婚姻是一个很好的途径，这是商人群体安身立命的捷径。商人与当地人结合，就意味着商人获得了当地人身份，依托婚姻建立起来的亲属网络有利于商人群体更好地实施经济行为，同时

---

[1] 李旭：《藏客——茶马古道马帮生涯》，云南大学出版社，2000，第157页。
[2] 马金：《略论历史上汉藏民族间的茶马互市》，西藏社会科学院民族历史研究所编《西藏史研究论文选》，西藏人民出版社，1984，第32—37页。

强化自身对当地社会的融入。

民族通婚是民族交往交流交融的主要衡量指标,标志着民族之间可以放下成见而互相欣赏。通婚意味着不同民族、不同文化交流互鉴的姿态。婚姻与区域整合的关系,我们通过大理洱海区域的"绕三灵"仪式就可以理解。由整个洱海区域 71 个①村落参加的"绕三灵"仪式,包含仪式串联起来的城隍庙、庆洞"神都"本主庙、河矣城洱河祠、马久邑洱河祠等仪式空间。其空间内的诸神就是一个以婚姻为基础建立起来的社会关系网络,仪式将参与人群作为村落共同体的表现形态,将其通过隐喻的方式塑造为历史性的"一家人",将家庭关系扩展到大理坝子与巍山坝子的姻亲关系。具体就是通过金姑与南诏王的婚姻结合,进而将地缘关系巧妙诠释为丈人、丈母娘、女儿、女婿的关系。姻亲关系统摄了大理坝子与巍山坝子的地域间关系,为这种关系找到稳固的合理性解释。民众借助神灵"现实人间化"的亲情、爱情、友情等关系,构筑自己心目中的"人间社会",人神互通,神的社会关系的构筑即被用来隐喻现实生活中人的社会关系。②

在历史文献中,记载了具体的滇盐古道周边的婚俗,如在黑盐井周边一带,多是汉族婚俗,多行攀比之风,摆阔气,铺张浪费,故在清代康熙年间,禄丰县令颁布《婚礼宜从俭约示》,其中指出,"兵民要娶妻娶媳妇,送衣服一套,被褥一床。初定礼、成婚礼俱用羊酒,不许用桌张行插戴等定礼。其迎亲轿上,不许用彩结楼亭。八品以下至有顶人员,绸载不得过四,金银首饰不得过四件,桌子食盒不得过六件。其金银财礼,官民概不许用。违者,系官革职,兵民枷号一月,责四十板,该管州县失察者罚俸三个月。……定例遵行。倘敢不遵示禁,仍然越礼僭分,任意需索财礼银两,及迎娶之时,擅彩结高顶大轿,并多设喜筵等物者,该地方官立即严拿详报,以凭照例责治罪"。③

---

① 张云霞:《"绕三灵"与大理坝子的社会建构——以"神都"为中心展开的讨论》,载赵敏、廖迪生主编《云贵高原的"坝子社会":道路、资源与仪式诠释》,云南大学出版社,2018,第 110 页。
② 张云霞:《"绕三灵"与大理坝子的社会建构——以"神都"为中心展开的讨论》,载赵敏、廖迪生主编《云贵高原的"坝子社会":道路、资源与仪式诠释》,云南大学出版社,2018,第 112 页。
③ 云南省禄丰县地方志编纂委员会:《禄丰县志》,云南人民出版社,1997,第 121 页。

二 语言

我们可以从非经济交往过程中的语言要素来看文化交融。云南是民族多样性富集区域,语言文化也丰富多样,但民族多样性与语言多样性并未使云南各少数民族形成一座座"文化的孤岛",反因互通有无的诉求,民族之间的交往变得比较普遍。这就促使人群交流互动较频繁的区域,形成一种类似现在普通话的通用语言。如滇西一带的商帮,经营西藏一带商贸的商人群体,虽然他们是汉族、白族、纳西族,但都能说流利的藏语,有些人可以说一个区域内的几种少数民族的语言。而商帮行走到藏族地区,生活习俗等也会效仿藏族地区,有充分的融入感。此外,有研究者通过对大理白语的专门研究,来寻找大理白族文化与中原文化的关联度,并指出,白语与湘、赣、江、浙一带的汉语方言具有亲密的亲属关系。从大理当地的诸多地名来看,亦有江南一带语言的影子。① 这些都是透过语言看到的民族交往事实与民族和谐样态。

第二节 交融的文化与信仰

构成以盐井地为核心的盐业社会的一个重要衡量指标就是盐文化信仰圈的形成。除了盐文化信仰圈,盐业社会还有其他多元的信仰。交融的文化与信仰,成为滇盐古道周边区域民族和谐样态的重要呈现方式。

一 盐文化信仰圈

盐业社会形成了独有的盐业神信仰,有研究做了粗略统计,全国的盐业神有30多位,② 从全国范围来看,供奉比较多的盐业神是宿沙氏、盐母、葛洪、李冰、管仲等。据笔者的田野调查,云南的各个盐井都有盐业神崇拜,形成特有的盐文化信仰,并且笔者经过调查与研究发现,云南的盐业神信仰有共通之处:一是盐井传说故事的同质性,二是盐业神均有来自国家的敕封。这样的相同性一方面源自云南盐业社会特有的共通性,另

---

① 《方国瑜文集》(第四辑),云南教育出版社,2001,第107页。
② 王仁湘、张征雁:《中国滋味:盐与文明》,辽宁人民出版社,2007,第178页。

一方面也得益于各盐业社会之间的文化交流。同时这样的共通性也与云南盐井统一纳入王朝国家管理有关系。

赵敏教授在做滇西洱海区域盐井文化的研究时,发现此区域内的盐井传说有个有趣的现象,传说遵循同样的叙述模式,即无一例外,都是由动物(通常是牛、羊)来发现食盐。他将其解释为动物对盐敏锐的自然天性。[①] 如在《乔后盐矿史略》中,就记载了一位名叫陈文秀的放牛人发现牛特别爱饮一潭水,他好奇地尝了尝,发现水是咸的,就这样,当地人通过牛发现了卤水,继而才开启了食盐开采之路。当然,这一类动物发现食盐的传说,除了从自然的维度来解释,还应该加入政治的维度。盐作为特殊的获利较多的资源,众多利益集团对其虎视眈眈。在不同时段,盐的所有权由不同的利益集团掌握,而动物发现食盐的传说,比某个个体或某类群体发现食盐更能让所有利益集团接受。因此,普遍流传的动物发现食盐传说,应该是各个利益集团在进行权力争夺后互相妥协的结果。这也表明了盐与权力的必然相关性,盐不必然作为某一群体的专属物资,而是在时代的变迁中在不同利益群体间流转。

除动物发现食盐的传说外,还有人发现食盐的传说。四川盐源县的白盐井,自汉代起就在开井生产食盐,据说发现食盐的是一位牧羊女,她赶着羊群放牧,羊群发现了盐水,于是人们才得以开凿盐井从事盐业生产。人们为了纪念牧羊女和发现食盐的羊,将此地命名为白盐井,并在井旁建了牧羊女和羊的塑像,人称"开井娘娘"。[②] 而这样的盐业传说在云南大姚的白盐井也有。大姚白盐井流传的"龙女牧羊的传说",与四川盐源的白盐井的传说有着惊人的相似。不过显然,这类传说与动物发现食盐的传说是属于同一叙述脉络的,因为在动物传说中,动物多为牛、羊等,这类动物已经进入人类驯养的阶段。因此,动物发现食盐与放牧的人发现食盐属于共同叙述模式。

在空间布局上,云南的盐业神信仰分布于诸盐井地,同时,这一信仰也以盐井地为核心形成圈层,呈现一定区域内的信仰形态。除盐井地外,在一些重要的食盐汇聚地和盐运中转站,也会形成盐业神信仰空间与文

---

① 赵敏:《隐存的白金时代:洱海区域盐井文化研究》,云南人民出版社,2011,第5页。
② 王仁湘、张征雁:《中国滋味:盐与文明》,辽宁人民出版社,2007,第178页。

化。位于云南昆明繁华地段的拓东路,在历史上是"盐行街",它是滇中一带食盐贸易的集中地。在这里,建有一座清光绪七年(1881)的盐隆祠,祠内供奉盐神轩辕黄帝,传说轩辕黄帝派宿沙氏煮海为盐,因此,所有食盐归轩辕黄帝管辖。盐隆祠不仅是盐业神的供奉之所,在民国时期还是当时的盐商同业公会会址。

云南的各地盐井均有卤水龙王的信仰,根据史料来看,这一信仰具有普遍性,源自"雍正二年(1724),巡抚杨名时以盐课充溢,民食有赖,请准加各一井龙神封号,为普泽龙王,春秋致祭"。① 雍正二年,以官方规定的形式,龙王被赐予"普泽龙王"的封号,并进行定期祭祀。在诺邓盐井,至今还能看到卤水龙王庙,庙中设有龙王的牌位,牌位上方有五条龙,中间写有"敕封灵源普泽卤脉兴旺得道龙王之神位",这一牌位的文字与白盐井如出一辙。

诺邓盐井的龙王庙位于进村口处,是整个诺邓村地势较为平坦的地方,龙王庙建筑所占面积也比村内其他宗教空间要大,是村落的核心宗教空间。诺邓的龙王与周边从事农业生产的地区供奉的龙王,是完全不同的。因为煮盐,当地盐业社会就将雨水龙王替换为卤水龙王,祈求不要有过多雨水,多出卤水。正殿对联写有"井养不穷资国赋,龙颜有喜利民生",横批"以井养民"。这副对联道出诺邓盐功能意义的两个维度。诺邓盐一是国家赋税的构成部分,二是民众用盐安全的保障,于国于民都是有利的。正殿供奉卤水龙王夫妇,神像周边写有对联"玉液甘霖徐徐润,金波法雨涌涌来;龙颜有喜家家乐,玉泽常流处处恩",横批"利国利民"。

每年正月,诺邓均有祭祀卤水龙王的仪式,盐井地祭龙王,不像农业社会一样祈求下雨,以获得庄稼的收成,相反,人们会祈求少下雨,以保证卤水的高浓度,大大减少食盐的生产成本,提高食盐产量。诺邓井祭祀卤水龙王的仪式往往会持续几天,届时会有戏班唱戏,酬神娱人,祈求"卤旺盐丰"。龙王会期间也会伴随隆重的商品交易活动。

在黑盐井地区,最早发现的盐井位于黑盐井的七局村(过去的大井位置)。在刊刻于明弘治七年(1494)的《重修七局龙祠记》碑文中,记载

---

① 《新纂云南通志》(七),牛鸿斌等点校,云南人民出版社,2007,第 150 页。

图 6-1 诺邓卤水龙王庙

资料来源：笔者拍摄。

了将李阿召供奉为龙王进行专门祭拜始于明宣德元年（1426）。碑文具体记载"我朝宣德元年提司主者，请朝廷封七局龙王大廷膺九龙金盖如意大自在龙王"。以宣德元年为标志，当地的卤水龙王由朝廷追加为"大廷膺九龙金盖如意大自在龙王"，当地的李阿召卤水龙王得到了朝廷的认可，这也标志着以七局村为代表的黑盐井被进一步纳入国家的管理中。在刊刻于清康熙三十年（1691）的《重修七局龙祠碑记》中，详细记载了黑牛发现盐井的传说，"考黑井志有李阿召者，居七局村，养一黑牛，日饮井水，肥泽异他牛。一日失，所在迹之，因得卤泉，自蒙氏开之，是为黑井"。同样，在清康熙四十九年的《黑盐井志·古迹》中，也记载了这样一个传说，"有土人李阿召，牧牛山间，中一牛倍肥泽。后失牛，因迹之，至井处，牛舔地，出盐后，牛入井，化为石，今井底有石如牛状"。黑牛发现盐井的传说，成为当下黑盐井耳熟能详的传说故事。在调查中，还能听到关于食盐发现地七局村的故事。七局村的李阿召所放牧的牛发现了盐井，因此李阿召被封为盐水龙王，当地人为其建庙造像，加以供奉。

除了七局村盐井外，黑盐井地区其他的盐井也建有卤水龙王庙，也有由朝廷给予的封号。在黑盐井地区起到总领作用的卤水龙王庙叫大龙祠，大龙祠有清代和民国时期的 14 件匾额，分别为 "灵源普泽" "泽流万世" "德遍黎民" "民生利赖" "万世永赖" "神功无极" "福国利民" "有龙则灵" "功资润下" "厚积流光" "泽及全滇" "功召格鼎" "井养不穷" "生灵永赖"。这些匾额从侧面反映了卤水龙王在盐业社会的重要意义，也体现出大龙祠在黑盐井空间中的重要作用。除了大龙祠，黑盐井的其他井区也有卤水龙王的信仰。如大井卤水龙王被敕封为 "汩宝卤脉龙王"，东井卤水龙王被敕封为 "涌卤惠民龙王"，复隆井卤水龙王被敕封为 "灵液裕国龙王"，东山箐龙井卤水龙王被敕封为 "殊夷龙王"。

碑刻《重修复隆井龙祠碑记》解释了当地为何会有卤水龙王崇拜："今井之得名以盐，盐之所出以卤，隆杀盈缩，必有神焉主之，即所谓龙也。井课计万，神与有力焉，况井人之赖以生全者众乎！祠之废坠，毋乃陨越，以贻君子羞，用是滋惧。乃捐奉构祠，肖神像其中，以为祭祀所。"在当地人的逻辑里，卤水的多少是受卤水龙王掌管的，而卤水的多少直接关系到食盐能否足量生产，盐税能否顺利完成，民众生计能否安稳。因此，神的舒适与否，神所在庙宇的兴衰，也自然关系到当地人的生活是否安康。在当地的志书及地方遗存的碑刻资料中，有不少重修庙宇的碑文。与当地的诸神信仰一样，卤水龙王也被放置到当地的信仰体系中。每年的春秋两祭，会在专门的时间由提举携诸灶长到龙王庙举行盛大的祭拜仪式。新上任的提举，会到黑盐井的大井龙王庙进行祭拜。从黑盐井卤水龙王被朝廷敕封受当地权力拥有者祭拜的情况，以及卤水龙王信仰在盐业社会具有普遍性来推断，在盐业社会，卤水龙王在诸神中位于金字塔顶端，其他如雨水龙王、地方神等均会让位于卤水龙王。

二 多元的信仰文化

云南多民族共存，支撑各个民族特性的宗教文化也呈现多元共存的现象。云南的多元宗教形成典型的多元宗教共生态平衡格局。所谓 "十里不同天，一山有四季，三个民族十个神"，宗教生态杂然共生，有一个民族信仰多种宗教和一种宗教由不同民族共同信仰的情况。云南的宗教生态与民族生态类似，也是一种嵌合关系。这使得民族认同中的重要维度——宗教认同，以天然的亲和力，促进了民族之间的彼此认同与欣赏。

第六章 滇盐古道周边区域的文化交融

在古道重地，位于香格里拉的奔子栏，其空间形态一样呈现了宗教的多元信仰特性。在当地，藏传佛教、东巴教、自然崇拜、祖先崇拜等信仰形式都有，藏族的、汉族的、纳西族的、白族的文化元素也一样都在宗教元素中有表达，我们可以感知到奔子栏文化的多元性与交融性。在拉萨藏传佛教居主导信仰地位的空间内，我们还是可以找到伊斯兰教信仰的清真寺，还有纳西族的"三多"神信仰神像。而在古道沿线，沿途的寺院往往也是驿站，僧人也参与到经济交往中，如藏传佛教是鼓励和提倡僧人以经商来获利的，更重要的是，僧人也在宗教交往中起到沟通作用[①]。

云南各个盐井及重要盐运中转站所呈现的宗教空间，普遍看来具有数量多、规模大、多种宗教空间并存的形态。诺邓村宗教庙宇空间在历史鼎盛时期有40多座，[②] 现经过重建、修复等方式，仍存在的共20多座。有玉皇阁、文庙、武庙、财神殿、关圣殿、吕祖阁、龙王庙、万寿宫、三崇庙、云崇寺、观音寺、太平寺、十三庵、古岭寺等，是典型的多宗教文化信仰空间。

在诺邓玉皇阁存留的《玉皇阁主持碑记》中记载，玉皇阁始建于明嘉靖年间，碑记上署名的道人有三代。据当地人口述，在玉皇阁的道人多则上百人。根据史料记载，玉皇阁自建成以后，于明崇祯己卯（1639）、清道光七年（1827）、清咸丰七年（1857）进行过大的修缮。玉皇阁具有典型的道教元素，在当地刻于清雍正十年（1732）的《玉阁斗会碑记》中，就有记载当地人参加道教重要集会——于每年农历六月和九月举行的朝斗会，"虽深山穷谷，往往遇之类吾乡老之相沿于斯，盖亦累世遥矣……乃始而会"。玉皇阁也是诺邓保留较为完好的古建筑，现在我们还能看到历史上留下来，绘制于玉皇阁大殿"藻井"位置，含有东方青龙、西方白虎、南方朱雀、北方玄武的"四象八卦二十八星宿图"。玉皇阁一方面以道教为主体，另一方面也兼容儒释元素的多元宗教空间。现在到诺邓看到的玉皇阁实则是一个宗教建筑群，除玉皇阁之外，还有文庙、武庙空间。

---

① 李旭：《滇藏茶马古道的宗教文化》，《云南民族学院学报》1994年第3期，第23—27页。
② 杨国才：《中国白族村落影像文化志——诺邓村》，光明日报出版社，2014，第133页。

财神殿位于诺邓村落对面的山上，与村落相望，建于这样的位置，其用意在于象征财源滚滚前来而不外流。财神殿的对联比较有趣，正殿有对联"只有一锭金你也求他也求给谁最好，不做半点事朝来拜夕来拜叫我为难"，东厢房的壁画上题有"个个求财，试问能知足否？多多与我，当思以节用之"的对联，这些对联从一个侧面反映当地盐业经济发展带来的文风渐炽。关圣殿和吕祖阁位于财神殿下方，庙前有桥，也意为村口锁钥，希望能保住风水。据当地人的表述，万寿宫是诺邓现存的最古老的宗教空间，始建于元代，由来自外省的商人建盖作为会馆使用，明代改为寺院"祝寿寺"，现在置于其内的明代碑刻还记载了"朝贺明时习拜舞，万年祝寿听山呼"，体现万寿宫名为"祝寿寺"时期有人活动的繁盛场景。到了清代，"祝寿寺"的名字才正式改为"万寿宫"并一直沿用至今。三崇庙即诺邓村的本主庙，三崇庙在"破四旧"之前，主要供奉三崇本主，现在看到的三崇庙与"破四旧"之前的三崇庙有很大的不同。现存的三崇庙是在20世纪90年代陆续恢复重建的，一些无能力修复与重建的庙宇诸神被一并放置到三崇庙中，现在的三崇庙，算得上是诺邓地方民间信仰的诸神大聚会。正殿的主神是三崇神夫妇，周围还有子孙娘娘、痘儿哥哥、土地神、财神等十多位神像。

琅盐井现存及历史上有志书记载的庙宇空间有：文庙、崇圣祠、文昌宫、魁星阁、明伦堂、风云雷雨山川坛、社稷坛、武庙、三公殿、敕封灵源普泽龙王庙、城隍庙、厉祭坛、旗纛神坛、土主祠、节孝祠、桂香殿、龙潭庙、奇峰寺、观音寺、兴隆寺、开宁寺、玉阁、归善寺、七宝寺、西来寺、玉皇阁、北极宫、白马庙、一真庵、保宁庵等。

在历史上，黑盐井宗教空间最多达75个，其中包括儒、释、道、伊斯兰教及其他地方宗教的场所，多种宗教形态在此杂处。成规模及有较大影响力的宗教空间有德海寺、桃花庵、万全庵、锁水阁、昙华庵、真觉寺、毗卢阁、密塔寺、莲峰庵、观音寺、香山寺、同庆庵、白衣庵、滴露庵、宝宏寺、玉皇阁、文殊阁、圆通寺、接天寺、观音坛、桂香殿、万寿寺、真武院、飞来寺、二圣庙、三元宫、诸天寺、保家寺、地藏寺、凤凰阁、莲花寺等。①

---

① 《新纂云南通志》（六），李春龙、王珏点校，云南人民出版社，2007，第266页。

弥沙井有昭应寺、三圣宫、盐母庙、魁星阁、三太子宫、财神庙、观音庙。白盐井有社稷坛、神祇坛、武帝庙、文昌宫、五井龙神祠、城隍庙、石黄祠、奎星阁、名宦祠、乡贤祠、节孝祠、昭忠祠。将这些庙宇空间同样置于盐业社会来看的话，可以总结出同质性的部分。宗教空间是盐业社会的重要空间形态，分布较为密集。宗教空间呈现杂处与多元的形态，是以人的异质性与经济的丰裕为支撑的。

第三节 杂糅的风俗习惯

杂糅的风俗习惯，是盐业社会民族交往交流交融的日常呈现，在流动的饮食中，在多样的民风民俗中，可以感知民族和谐关系嵌合到日常生活中的稳固样态。

一 流动的饮食

滇盐古道周边区域因流动人口多，饮食业比较发达。白盐井井区的食馆主要集中在从观音井直到界井的区域范围，可谓食馆林立，食馆有专门的门面，也有街上摆的小摊。连南关口外也有十多家食馆，主要供给从南关前来背柴卖的脚夫饮食。街上摆的小摊主要供应卖柴人，所以一早不开店，上午10点以后才开店。食馆饮食种类丰富：有卤肉、汤锅、米线、面条、饵块等，卖柴人通常在食馆里切块猪头肉、打壶酒，并请店主加热自己带来的饭团，店主再给碗肉汤，就是一顿不错的饭食。平时一些卖柴人仅是吃自己从家里带来的饭，就专门请店家热饭，店家也不拒绝，还会免费给碗肉汤。这样，食馆在无形中提高了自身的口碑和声誉。五马桥附近是白盐井的高档食馆，肉食品种居多，有凉鸡、宫保鸡、油淋鸡等，每家均有特色，如某某家的凉鸡变成了当地的招牌。五马桥附近的饮食业很火，主要服务于当地中等经济情况以上的人家及外来的马锅头。五马桥附近饮食业的特色在于其多由外地人来经营，有来自会理（今西昌一带）及四川其他地区的厨师，也有历任白盐井盐课提举带来的厨师留在当地开店的。

还有一类饮食业从业者，是专门承包筵席的。在白盐井区，很多有钱人家到了夏天，会到山间的清凉地避暑，其中龙泉寺是人们的首选。承办宴会的人家应主人之请，便挑上担子，带上配菜，到龙泉寺为大户人家掌灶，像这样承办宴会的人家在白盐井有五六家。还有会友、游玩时需要宴请的情况，多在农历二月到八月，也多由这些承办筵席的人来包办。这个群体在婚丧嫁娶的时候，也会到主人家掌厨。

饮食业商家中有卖早点和夜宵的。早点卖得很早，专卖给一早出关的马帮和清早干活的盐工们，卖早点的从南关到北关有近50家。一些早点铺有自己独特的经营方式，如新桥的一家早点铺，这家店的米线味道很好，生意也就很好，但只营业到一早的9点钟就打烊了。在白盐井，早点的种类也多，有包子、馒头、米线、油炸果、香春果①、糍粑、烧饵块等。夜间仍有马帮熙熙攘攘，煮盐的工作也还热火朝天，人的活动还一直在持续，于是形成很热闹的夜市。夜市集中在五马桥附近，因为此处紧挨马店（马店多在祠堂箐），盐商、灶户、马帮、背私盐的脚夫成为夜市的主要消费群体，夜宵有面食、米线、蔬菜（卤菜、凉菜）、酒等，夜宵从晚间9点一直营业到凌晨的三四点。晚间卖甜食的也很多，因为当时抽大烟的人抽完烟嘴苦，就吃点甜食，如汤圆、荷包蛋等。整个白盐井做饮食行业初具规模的店铺不下100家，其中不包括临时摆摊的。临时摆摊的在当地俗称摆"露水摊摊"，如摆油煎粑粑、蒸糕、肉饼、卤肉等的"露水摊摊"，其中卖卤肉的"露水摊摊"有10多家，售卖卤猪肉、卤猪脚等，品种丰富。所以在白盐井，有句俗话说生活"好淘"，只要手脚勤快，无处不是赚钱的机会。白盐井饮食种类多、质量好，是白盐井经济生活富足的一种反映，白盐井区人们生活富裕，生活来源多样，所以社会秩序也比较良好。

据当地的口述史，在清光绪末年，西康（今西昌）会理人岳华廷、唐子舟、蔡甫廷三位师傅定居白盐井，他们自己研制经营了油炸果、香卷果、索子糖、白糖饺子、小油层、结珠粑、白糖饼、沙糕、豌豆糕、芋头糖、锅贴、抓饼、豆浆米线、鸡丝米线、米粉、米虾、凉黄粉、煎黄粉等30余种食物。他们选料精细，制作认真，技术超群，公平交易，很快获得了信誉，生意越做越红火。同时，他们还在白盐井带出了刘和清、苏怀清、马金芳、毛老四等一班徒弟。民国二十八年（1939），从保山又来了

---

① 香春果呈30厘米的长形，是从腾冲一带传入的饮食，发面很讲究，发面后将面摊开，放到油锅里炸，薄处似纸薄，进口就化，具有酥、脆的特点。

一位名叫刘文兴的师傅,他在白盐井小吃的品种、花样、色香味等方面增添了新内容。他春季经营米沙蛋糕、玉带糕、泡料蛋糕,夏季经营破酥包子、荞包子,秋季经营重阳糕、蒸鸡蛋糕、梅花饼、燕窝酥,冬季经营烧卖、十锦南、龙凤奇饼等,还带出了罗四、常济、胡珍、杨林四个徒弟。白盐井的风味小吃,有名气的有王家的鳌汤米线,甘家的豆浆米线,高家的卤肠子,苏家的宫保鸡、宫保肉,常家的破酥包子,宋家和范家的宫保肚、炒小肠,张家的炒板栗,孙家的夜醪糟。胡珍生制作的香春果、荞酥包子、皮糖、菜盒子、泡料蛋糕、破酥包子、杨梅糖、鸡骨糖等 20 余种小吃,也很受欢迎。

比之一些不产食盐或是路途遥远、食盐难以送达、终年淡食不知盐味的地方,产盐地的空气中弥漫着盐的味道,自然不用忧虑没有食盐的问题。相反,盐产地的人们对食盐的认知会有两个兼容的极端,一方面将食盐演绎为神一样的对象,将之供于神堂;另一方面又在日常生活中将食盐当作平常的食物一样,以至于可以大把"挥霍",全然不用在乎盐的金贵。笔者在对多个盐产地的调查中,可以明显地感受到盐产地在用盐过程中表现出来的便利,盐被用于当地饮食中,当地的特色饮食也就多了"咸"的气质,比如诺邓的火腿,白盐井的椒盐饼、腌菜,在楚雄盐产地及周边一带日常中常饮用的红盐茶、油茶等,"咸"无不是其明显的味觉感受。放置到历史中,尤其是时不时闹"盐荒"的时代,盐产地人们的食物是很"咸"的味道,让其他地区的人们无不钦羡。在盐业社会中,有一类需要用大量食盐来制作的调味品统称为"盐菜","酱"与"豉"就是其中的典型。"酱"与"豉"是需要用大量食盐腌制以达到保鲜效果的下饭菜,在白盐井就有制作这类腌制品的传统,如若遇到一户人家拿出这类腌制品作为下饭菜,算是很好的礼遇了,食物不仅好吃,还体现出主人的经济能力与客人的尊贵地位。"酱"与"豉"的腌制与消费不仅在白盐井风行,拓展到其他产盐地也是适用的,有研究就指出,"'酱'和'豉'的制作和使用,是盐业史研究不宜忽视的社会生活现象"。[①] 因为长期的"咸"的味觉刺激,盐产地人们食用盐的量要明显高于非盐产地,如在白盐井,人

[①] 王子今:《汉代人饮食生活中的"盐菜""酱""豉"消费》,《盐业史研究》1996 年第 1 期,第 34 页。

们的食盐食用量是一年"不咸不淡九斤半",是明显高于别地及当下的食盐食用标准的。

禄丰产盐的五大盐区和沿迤西驿道的老鸦关、白涵厂、腰站、响水关、沙矣,商贸比之周边较为发达,住宿业、餐饮业尤多,流动之地饮食的交融性也较高。如禄丰县城"西月楼""鲜味园"的烤鸭、"骏春园"的宫保鸡和爆肚、"荣春园"的蒸品、"良平牛菜馆"的凉片;黑盐井"兴和园"的"八八席"和"四四席"、"兴美园"的"八盘四盅";元永井的油炸粑粑;一平浪的水晶包等。这些都是区域内可圈可点的美食,而它们都出自盐井地。

二 多样的民风民俗

诸盐井地的风俗习惯以中原文化为核心,同时兼具多元风俗习惯。因此,盐井在区域位置来说尤其具有典型性。如盐井地与州郡庠序并立而设有文庙,"以井地(琅盐井)人文渐盛,议照各省盐运司例,详请设学于司治东,置买民房,建立文庙",[1] 因琅盐井地文风日渐昌盛,原先"琅井儒童,旧系定远县汇考送府",而在天启年间,改为"署司事楚雄府通判马良德详分井童归提举考,汇送府复考,送道取准拨入各学"。[2] 早至明天启年间,琅盐井在教育方面,就拥有如定远县一样的教育特权,直接由提举司取得选拔人才的权力,选拔出来的人才直接参加楚雄府试,其后,琅盐井教育的特权还逐渐强化。在雍正三年(1725),"抚臣杨名时题定,岁科各取进附生八名,由提举司送府转院",[3] 这样,每年参加府考的人员中,出自琅盐井的人才就有了定额,这为琅盐井人才的向上流动提供了便捷通畅的渠道。有了向上输送人才的畅通渠道,盐井地人才辈出。如在明清之际,云龙曾产生了三位进士,其中两位(黄绍魁、黄云书)就出自诺邓井。云龙还产生过23位举人,其中有22位就出自当地的盐井地。这是

---

[1] (清)孙元相:《琅盐井志》,禄丰县志办公室校注,云南科技印刷厂印装,1997,第65页。

[2] (清)孙元相:《琅盐井志》,禄丰县志办公室校注,云南科技印刷厂印装,1997,第73页。

[3] (清)孙元相:《琅盐井志》,禄丰县志办公室校注,云南科技印刷厂印装,1997,第73页。

第六章 滇盐古道周边区域的文化交融

与丰厚的地方经济实力、强烈的文化教育意识以及通畅的人才输送渠道相挂钩的。

从各个盐井地的风俗习惯中,可以看到盐井地的风俗习惯引领了区域社会习俗的风潮。黑盐井"井地土著,昔多夷人。自元明设官后,有迁徙至者,有宦游及谪戍入籍者,有商贾贸迁而家者,故冠婚丧祭,交际礼文,略与中华等。迄今生齿日繁,风会人文,日益遒上,骎骎乎进于大雅矣!但俗尚侈靡,不知撙节,贫者富者如一也。又:井俗煮卤代耕,男不耒耜,女不杼轴。富者出资,贫者食力,皆仰食于井。鹜利斯争,时所不免,而险健终讼者鲜,故其争易弭。凡礼仪服饰,大略与省会同"。① 琅盐井"煮盐代耕,淳朴务本。士尚淳风,弦诵弗辍。民鲜游惰,勤动不休。唯愚者不免崇释好巫,若贤者亦多乐善好义,高视阔步,不囿于俗焉"。② 白盐井"土瘠民贫,不事纺绩,多以卤代耕。其余若读书,若贸易,莫不沐浴圣化,习礼让而安生业。如《通志》所称'习气既迁,人文渐盛,男无狡猾,女无粉饰者',信矣!又:土地衣服,无夸缎帛。妇女俱梳云髻,著袄衣,上罩长褂,领缘饰以花绣,分肩成幅,帖挂前襟,此外别无艳妆华饰。行路则以纱巾蔽面,持伞遮身"。③ 从各个盐井同时期的风俗来看,它们都呈现出典型的盐业社会风俗特性,盐业社会的生计方式为"以卤代耕",其将省城风俗和中原风俗作为时尚与中心来进行效仿,注重读书与功名,维护良好的社会风尚。盐业社会本身构筑的风俗时尚又成为周边区域效仿的对象,盐业社会的风俗具有区域引领的作用。

诺邓井的风俗习惯比较杂糅,既有最地道的白族的文化表达,也有来自外地的移民文化,尤其是中原文化的表达。以诺邓的葬礼习俗为例,其葬礼的流程与中原地带礼俗类似,流程比较繁杂,具体包括临终守候、备棺、接气、喂百果(喂银气)、净身、入棺、哭丧、报丧、问丧、停尸、祭奠、闹丧、严盖、点主、起棺出殡、下葬等仪式。④ 葬礼的仪式流程大多与汉族的葬礼习俗相似,但也保留了自己的文化特色,如诺邓一带也有

---

① 胡朴安:《胡朴安中国风俗·上》,吉林人民出版社,2013,第406页。
② 转引自胡朴安《胡朴安中国风俗,上》,吉林人民出版社,2013,第407页。
③ 大姚县地方志办公室:《大姚县盐业志》,楚雄日报社印刷厂印装,2002,第94页。
④ 杨国才:《中国白族村落影像文化志——诺邓村》,光明日报出版社,2014,第108—118页。

如汉族使用的祭文，祭文用汉字书写，但是用当地的白族话来念诵的，是汉字记白语的形式，呈现典型的文化交融性。

　　黑盐井当地的节孝总坊就是鲜活反映交融性文化的例子。节孝总坊石刻位于黑盐井的五马桥桥头位置，当地人又将其俗称为"贞节牌坊"。节孝总坊是当地文化受当时所倡导的主流文化影响的呈现。黑盐井的节孝总坊是为了旌表黑盐井的87位贞洁烈妇而建造的。整个节孝总坊为石质榫卯结构，高6米、宽7.4米，为4柱3门结构，3门之上镶有大理石"节孝总坊"4字匾额，左门书"霜筠"，右门书"雪操"，3门横梁饰有浮雕，中为四龙抱宝，每条龙长1.5米，张爪回首曲身，头尾皆对龙珠。左为4个鱼隐托榫头，右为4条鲤鱼紧护卯眼，3门横梁之上立有12个石阙，石阙正中有五龙捧圣牌位，上书"圣旨旌表"。石阙由3层龙头象鼻斗拱组成，3层斗拱共有68处龙头、54处象鼻，斗拱间雕有"八仙过海""唐僧取经""二十四孝""大舜耕田""牛郎织女"等浮雕。坊基须弥座上有2对石狮、4个石鼓，2个母狮身上各有2个小狮，狮座三面刻花卉禽兽图2幅，鼓面上刻"娘娘送子""马上升官""童骑花鹿""驾鹤升天"4幅浮雕。坊上共雕刻人像47幅、龙首30幅、象首56幅、大小狮子9只、鳌鱼8只、鱼4条、马4匹、鹿2只、剑3把。有柱联5对，一为"八千里巽命遥颁，荡荡皇恩，总为边隅彰苦节；数十人坤仪久著，超超妇德，宜邀巨典建崇坊"，为滇南督学使者香山黄槐森题；二为"宇宙有完人，半属坤贞垂令范；朝廷颁盛典，全教冰节著芳名"，为黑盐井盐课提举江海清题；三为"古井共澄心，玉镜冰壶堪比洁；圣朝褒苦节，龙川鹭岭旧恩多"，为黑盐井提举丁恩荣题；四为"生宇宙作完人，无论孝妇礼宗，从容就义，贞姬烈女，慷慨誓心，凛凛著坤仪，类皆偕劲松坚柏，中处两间标雪操；惟朝廷褒苦节，不惜立祠崇祀，荐以馨香，刊石建坊，表阙宅里，煌煌颁巽命，遂尽举徽音懿范，永为三井树风声"，为黑盐井提举邹馨德题；五为"守节各矢诚心，雨雪冰霜，曾历尽千辛万苦；褒德宜邀盛典，馨香俎豆，信无惭九烈三贞"，为抚滇保使者常柏崧题。以上的五副对联均是在清光绪二十七年（1901年）题写的。① 节孝总坊宏大的规模建

---

① 禄丰县文体广电旅游局、禄丰县恐龙博物馆编《黑井古镇拾遗》，云南民族出版社，2015，第330—331页。

制与其偏居一隅的地理空间形成鲜明对照，更能体现黑盐井受主流文化的影响之深，这一影响与其所居地理空间已无太大关系。

图 6-2　黑盐井节孝总坊

资料来源：作者拍摄。

在现在的黑井古镇，我们仍能看到历史上保留下来具有中西合璧风格的武家石头大门。石头大门及武家整体建筑于清光绪二十七年（1901）竣工，大门请了当时云南省著名的画家廖新学设计，大门的两边设计了极具中国传统文化特色的石狮子，而门的尖顶和立柱则用了西式建筑风格。同时，大门设了三重——大门、二门、品门，取步步高升之意。同样，在黑盐井的另外一处武家大院，其建筑在历史中得以完整地保存了下来。武家大院建于清代道光十六年（1836），建筑布局取自"六位高升、四通八达、九九通人、王隐其中"的象征意义，依山而建，整体呈现"王"字造型。武家大院的整体建筑，既具有"三坊一照壁"的形制，也有四合院的形制。整个院落有 4 个天井、99 间房、108 扇窗，建筑面积一共 2410 平方米。此户武家中人于 1857 年中进士，咸丰皇帝亲题"画荻芳徽"的匾额。在武家大院的院子里，现在仍可以看到民国时期武家大院主人用的浴缸。当时的黑盐井，包括当下的黑盐井人，都鲜有用浴缸的。民国时期，武家大院主人与外界沟通甚密，其也在关注外来文化，其中就包括洗浴方式。

只是当时浴缸难以买到，且运输困难，武家人就利用黑盐井特有的红砂石，根据西洋浴缸的模样打制了一个。

图 6-3　黑盐井武家大院一角
资料来源：作者拍摄。

在黑盐井东松平界村南半山坡上，有一座金大婶墓，这个墓地很好地反映了当地汉族文化与回族文化的交融情况。墓主金大婶为汉族，嫁给回族人为妻，去世后葬于回族墓地。这座墓高2.6米、宽2.5米、长3.5米，墓石的雕刻艺术既体现了汉族文化习俗，也体现了回族文化习俗。其一，汉俗墓顶是圆弧形，该墓是当地回族的三角形顶样式，顶内为当地汉族的三重屋檐样式，下有3层斗拱。其二，汉族墓上可雕人物，该墓遵守回族风俗不雕人物，而改为雕刻花鸟图纹，共刻有9幅竹、梅、兰花图。其三，当地汉回习俗均在墓上刻联，在墓的8根柱子上共刻4对墓联，用汉文题刻3联，用阿拉伯文题刻1联，因此，在同样一座墓地上可见到汉文和阿拉伯文两种文字。其四，在墓地的顶、门、座、碛四大部件上，共雕刻兼具汉族文化和回族文化的图案37幅。[①] 这个墓地

---

① 禄丰县文体广电旅游局、禄丰县恐龙博物馆编：《黑井古镇拾遗》，云南民族出版社，2015，第321页。

为我们提供了盐业社会中汉回和好,有婚姻来往,且有文化互鉴互赏的例证。这些发生在黑盐井的接纳外来事物的小例子,正好为我们展示了黑盐井处于一个流动空间中的状态,这里不仅有物质的流动、人的流动,还有思想观念的流动。在这样极具包纳性的空间中,人的思想是活跃的,这赋予黑盐井经久不衰的活力。

比较有趣的是,笔者在文献研究过程中,发现云南的很多盐井,留存了诸葛亮南征的传说,传说的相似性也很高,多为诸葛亮在南征时为解决军饷问题,来到云南的诸盐井征收盐税。在黑盐井、白盐井、云龙井等均有诸葛亮前来盐井征收盐税以补充军饷的传说故事。在现在的盐井地,仍能发现诸葛亮相关的一些遗址遗存。在黑盐井,有一处泉水名为诸葛泉,在《黑盐井志·古迹》中对诸葛泉有记载:"在井北,即苍鹰沟,相传武侯南征经此,指与众军士饮,云可解瘴气。"[1] 同时,在黑盐井亦有汉王村,在锦绣坊一带,传说汉王村是当年诸葛亮挥师南下来到黑盐井,正逢军队中有得了重疾无法继续前行者,于是就停留在此,黑盐井当地人不知道他们具体从何而来,就直接称呼为汉王,他们的聚居地也自然被称作汉王村。这些遗迹一来为诸葛亮挥师南下提供各种证据;二来也说明诸葛亮以获取军饷为目的,挥师南下的路线偏重选择经过盐井;三来也证明了盐业社会是一个流动性较强的社会,南来北往之人,一旦选择在盐井定居,就意味着盐业社会多了一种文化选择的机会。又如在黑盐井有"李贤者泉",而李贤者是在南诏时期修建大理崇圣寺的主要匠人之一,在位于滇中地区的黑盐井出现了"李贤者泉",可作为当地受南诏文化影响,两地存在文化交流的证据之一。盐业社会的文化交流,以及盐业社会文化元素的多样性,也显示出作为纵向维度的历史的层级性。

小 结

笔者重点考察滇盐产地,其盐业社会的人群构成较为复杂,主要包括以灶户、汲卤工、盐商、盐官等构成的盐业生产群体,以及以背柴工、生意人等构成的盐业生产服务群体。从云南历史时期天然的多民族共处的居

---

[1] (清)沈懋价纂(康熙)《黑盐井志》,李希林点校,云南大学出版社,2003,第22页。

住格局来看，云南盐业社会及周边区域呈现出多样的民族构成。盐业社会的流动性较强，人的流动既有短期的，也有长期的，短期流动以盐运输交换推动的人的流动为主，长期流动以移民为主。云南盐业社会呈现出典型的移民社会特质，这样的社会特质更加深了民族间的交流交往，交流交往的复杂性及本身交往的深入性也体现出来。

总体说来，滇盐古道周边区域的民族之间呈现和谐的关系形态。民族和谐关系的呈现一部分在于盐业社会的区域共治。以滇盐的顺利生产与运销为中心，区域内群体形成共同的利益基础，修路、缉私等共同事宜相继展开。因食盐作为政治商品的特殊性，与其相关的民族交往也会有冲突的形态，但从长时段的历史时期来看，冲突不构成民族交往的常态，民族和谐才是滇盐古道周边区域交往的常态。民族和谐关系的重要体现，既包含以食盐贸易为中心的经济性交往，也包含以婚姻、语言为中心的非经济性交往。在长期的民族交往过程中，各民族互为借鉴，交融的宗教信仰和杂糅的风俗习惯，正是民族长期交往的结果，也是民族和谐关系的明证。

笔者从历史维度对云南盐井区的民族互动进行深入调查后发现，盐是一种特殊资源，在当地有不同民族为盐而发生争夺的传说痕迹，这符合西方族群理论中的资源竞争理论的逻辑。但经笔者的调查研究，除此传说外，很难找出为争夺盐业资源而引发的民族冲突，民族冲突是偶发的。从长时段来看，各个盐井区内外民族"各安其位、各得其所"，共同维系了盐业生产的良好民族生态环境。因此，笔者初步分析，民族对盐业资源的争夺仅出现于盐业开发的早期，即西方族群理论中的资源竞争理论仅适用于盐井开采的早期阶段，并非适用于盐业发展长时段的历史。因此笔者意在与资源竞争理论对话，指出资源竞争理论带有强烈的经济决定论色彩，它将民族建构过程中的民族看作"理性经济人"而忽略了民族根基论的一面。同时，资源竞争的理论过于强调社会行动者追逐利益的主观能动性的决定性作用，而在一定程度上忽视或低估了具体社会环境下政治与文化因素对民族建构的影响。

费孝通先生的多元一体格局强调"其主流是许许多多原有分散孤立存在的民族单元，经过接触、混杂、联结和融合，同时也有分裂与消亡，形成一个你来我去、我来你去，我中有你、你中有我，而又各具个性的多元统一体"。① 将费孝通先生的多元一体格局理论，置于滇盐古道的道路体系中，就形成一个很好理解的场域空间。道路正好是让分散的个体走向流动与交流的媒介，正是道路的通连性与流动性，促成了你来我去、我来你去，我中有你、你中有我的民族关系。道路上的商贸流动及其他流动形式，正好实现了民族间的互通有无，通过道路连通的商贸，民族间可以互享社会发展带来的成果。"一群体特有而另一群体缺乏的资源，一群体特有而另一群体不具备的技能，可以因此得到传布。通过这种方式，每个社会都在某种程度上分享了世界上所有的资源和智慧。"②

---

① 费孝通：《中华民族多元一体格局》，中央民族大学出版社，2003，第3—4页。
② 〔美〕艾萨克·阿西莫夫、弗兰克·怀特：《诠释人类万年》，梁鸿鹰、蒋燕译，内蒙古人民出版社，1998，第191—192页。

第七章
结　论

基于以上章节的讨论，笔者的结论部分主要探讨三个面向的议题：一是路学视域下的滇盐古道；二是云南民族和谐关系的解释路径；三是云南盐业社会的类型学意义。路学视域下的滇盐古道，指明了滇盐古道的道路特性、历史意义与现实价值。云南民族和谐关系的解释路径，为云南民族文化大省建设提供了历时性的框架解释。云南盐业社会的类型学意义的探讨，对云南盐业社会在云南区域社会历史中的意义进行总结。

第一节　路学视域下的滇盐古道

清代的赵承煌的《澜沧铁索桥》中有"南天何处是，一径百蛮通"①两句诗，路因此具有了明显的象征意涵，是连通中原与边疆尤其是少数民族的象征物，而不管古人，还是今人，都为道路的畅通而不断努力着。道路具有互联互通的特性，不同级别的道路连接了乡村、城镇、都市，连接了整个世界，也因为道路发展的日新月异，整个世界朝着"世界社会"的方向迈进。

路作为空间，是社会的创造物，随着社会的变迁，路也就实现着作为空间形态的生产与再生产。而在另一层面，空间的生产本身，又是权力的生产。道路的形式与变化，无不充满权力的统摄与博弈。尤其是在讨论"国家—地方"关系时，依托道路的空间生产，附着了国家对地方资源的

---

① 张继强主编《永平文史纵览之诗词艺文篇》，内部资料，2018，第159页。

支配、转化与储存[①]的能力。道路的存在意义,就权力视角而言可以概括为两个层面,一是从国家层面而言的控制(政治控制、经济控制、文化控制)用意;二是就地方层面而言的物资互通有无、文化交流共享的通道。道路的重新布局,会打破原有利益格局并构建新的利益格局。

因道路现实意义所体现的重要性及道路日新月异的发展所带来的与人类活动的深度关联,关于道路的研究——"路学",应运而生。路学是一门从跨学科的角度对道路修建、使用和影响进行综合研究的学科。[②] 道路因人们沟通的诉求而不断出现,随着人类社会的发展,道路的形态也在不断发展与变化。从羊肠小道,到五尺道,到高速公路;从民间自发形成的交流通道到国家倾注全力进行国家化建设的道路;从人力畜力通行的蜿蜒耗时小路到汽车、高铁通行的笔直快捷路面;道路形态在人类历史发展中发生着翻天覆地的变化,人类的活动与诉求不仅在改造道路本身。同时,道路也反作用于人类社会,最典型的在于道路通过时空张缩的手段来重新塑造人类对时间、空间的理解。由于人类与道路"人物相杂"的状态,路学渐成为一门显学,吸引了民族学、人类学、生物学、生态学、历史学、地理学、政治学、传播学等多学科的共同参与。

民族学、人类学视野下的道路研究,重在将道路作为一种特殊的空间形态,来看以道路为联结节点所呈现的人类社会活动样态。笔者所关注的滇盐古道,因其本身的道路特性,对滇盐古道周边区域的社会生活形成影响力。

首先,滇盐古道具有连通性。滇盐古道以盐产地为起点与中心点,围绕盐产地扩散开去,形成网状结构。道路的通畅度以人的需要为基本考量,会随着周边人口的变化有一个自然调适的过程。滇盐古道的道路模式与当下的高速路、高铁一类的串联道路形态不一样。滇盐古道会最大限度地对区域的发展形成整体观照,而不像当下的串联式交通,主要衔接关键节点而放弃了次要区域与次要节点。原有人背马驮的古道交通中人与人之间的亲密交流要比当下快速的公路、铁路交通更多,也来得更深入。因

[①] 〔英〕安东尼·吉登斯:《民族、国家与暴力》,胡宗泽等译,生活·读书·新知三联书店,1998,第68页。

[②] 周永明:《道路研究与"路学"》,《二十一世纪》2010年第8期,第77页。

此，滇盐古道的连通性具有较强的覆盖性，毛细血管类型的滇盐古道促动的是整个周边区域的连通与整合。

其次，滇盐古道具有开放性。道路是一个开放性空间，对使用其的对象具有兼容性。就滇盐古道而言，行走于滇盐古道线路的既有上任的官员，也有为利奔忙的商人，还有淘生计的流民。滇盐古道为民众的发展提供开放的空间，不论阶层。滇盐古道作为开放的空间，对周边区域民众发展而言是平等的，滇盐古道因此具有了普惠性的特征。

再次，滇盐古道具有互动性。滇盐古道成为人群往来中文化交流的空间，行走于滇盐古道上的人们往往是较善于交际与沟通的。例如，一个好的马锅头不仅可以对内部的马帮具有较好的领导力，还同时兼备处理马帮在行进过程中面对的不同地域、不同文化的能力。在笔者的田野调查中，一些马锅头会说不同民族的语言，对语言之外的不同民风民俗也谙熟于心。因此马帮能够顺利得到沿途周边民众如草料、饭食、住宿的供给，遇到突发情况，也容易获得沿途周边民众的帮助。滇盐古道本身具有流动性，这也就要求行走于滇盐古道的人们具备流动的特质，对沿途不同文化具有理解与吸纳的能力。

最后，滇盐古道具有聚合性。滇盐古道的意义不仅是线状的有限空间，更是围绕滇盐古道沿线的区域性带动。因此，对滇盐古道的认识应该从线状的封闭空间提升到以滇盐古道为媒介形成的区域群聚效应。如果行走于云南，不难发现诸多村落都是沿着道路分布的，一般村民都愿意将房屋修建于道路附近，以方便物资的运输等。这与既有一些逃避现代化的理念是不一样的，因此斯科特的"逃离统治的艺术"就有些值得商榷了。就笔者的田野调查来看，道路的通达性是人们关于村落建成与延续的一大考量，民众的生产与生活会尽量享受国家化进程带来的便利。就此而言，滇盐古道具有极强的聚合性，聚落以滇盐古道为中心聚合起来，形成文化富集地。滇盐古道沿线是重要的文化遗产汇聚地，在此区域内，有盐业古镇古村落、盐运古道、盐运驿站、盐运关卡、会馆、古桥、古街、碑刻、寺院、盐商院落、制盐生产工具等，以及构成盐业社会生活部分的仪式与节日、饮食、习俗等。

滇盐古道作为古代交通的代表，其具有的连通性、开放性、互动性、聚合性，体现了优越性。从道路交通体系的变迁视角来看，人类的交通模式亦在发生重要变革,最为显著的变化就是从人背马驮式的古代交通到工业化以来的公路、铁路直至当下的高速路、高铁类的快速交通。道路交通体系的变化,对地域的物资贸易和人的沟通交流产生一种变革。以滇越铁路的开通为例,滇越铁路开通后,个旧锡矿从慢速的水运直接转为通过滇越铁路进入国际市场,道路使锡矿从慢速运输转向快速供给,锡矿通过道路实现的快速供给直接影响了其快速生产,就在滇越铁路开通的次年,锡矿的生产量直线上升。从历时性的新旧交通对比中,我们可以感受到新旧交通体系各自的优长,而不是做新近交通必然优于旧有交通的绝对论调。

从新旧交通看滇盐的发展,道路交通体系的变化,同样影响着云南盐业的发展。民国时期以来,云南公路交通的打通对云南盐业的短期发展是一个契机,但长期而言,蓬勃发展起来的公路及高速路,乃至当下的高铁网络,使云南盐业被卷入更大的盐业市场网络中,面临新的困境与机遇。抗日战争时期,因战事的需要,云南集聚人力物力修建了滇缅公路,元永盐井也借助此契机,将自建的元平公路与滇缅公路衔接起来,元永井自此摆脱了传统盐业社会中人背马驮的历史。元永井在原材料的输送、成盐的对外输出上,因公路的通达而节约了运输成本,提高了物资流通效率。而将历史拉回到当下,我们进入超市看到的食盐,其价格是调味品中比较低的,而超市中销售的食盐品牌也多元化,不仅有云南省内的磨黑盐、一平浪盐,还有来自省外各个品牌的食盐,民众可以货比三家,根据自己的喜好做出自由的选择。这就意味着云南盐此时有了更多的危机感,不是过去的一家垄断,而是被强制推向市场,进入市场这一炼金炉里,等待市场的检验。

我们生活在当下快节奏的交通体系下,也享受着快捷交通带给我们的极度便利。只是,我们可以稍微停留,来反思从时空张缩下的快速交通中,我们获得了什么,又失去了什么。从失去的面向来看,现今一路高歌猛进的高速公路,与历史上的滇盐古道等传统道路相比较而言,呈现了封闭性的一面。尤其在高速公路的发展与城乡二元发展路径的关系上,对于村落和乡镇等小型聚落而言是"过眼烟云"的高速公路,剥夺了小型聚落的发展权利。高速公路仅以大城市的无缝对接为用意,使得人流和物资都需要以城市为中心集散，高速公路因此成为区域发展呈现中心化形态的推手，① 而小型聚落的发展诉求自然地被放弃。如此，其带给小型聚落的只是被占用的空间和标榜现代化的道路景观。

滇盐古道在当下的时空中，虽然失去了其旧有的风华，但滇盐古道作为盐业社会文化遗产，作为难得的文化线路，为当下提供诸多现实注解，尤其为区域民族和谐关系的理解提供重要的解释维度。一方面，滇盐古道逐渐被现代的交通网络体系取代，从实用意义而言，古道逐渐淡出历史的舞台，尤其是在城镇化进程下，古道沿线的古村落正在消亡，老街废弃，古镇被蚕食。而另一方面，在文化遗产保护语境下，古道沿线又成为文化遗产富集地带，古道又以文化之名重塑了文化价值，在古道逐渐退场和文化遗产保护的双重语境下，对古道的研究也就有了学术意义和现实意义。

第二节　云南民族和谐关系的解释路径

当下对云南民族的认知已经达成了一些共识，即云南是少数民族最多的省份，是世居民族最多的省份，一提到民族文化大省，云南省必然是无法回避的典型。云南的民族文化大省身份实至名归。当下，云南在发展战略中已将民族文化大省建设放到重要的位置，因此学术研究也应该为民族文化大省建设提供更多的理论支撑与现实指导。云南的民族文化大省建设，为民族和谐关系样态提供实践经验与理论指导。相关学术研究的关注意趣，即在于云南民族和谐关系如何，以及何以如此的问题。在厘清云南民族和谐关系的议题之前，我们先将视野放宽放远，关注既有云南民族关系的研究。

既有对云南民族关系的研究非常多，历史学、民族学、人类学等相关专业的学者，都对云南民族关系形成了自己的解释。总体而言，研究所呈现的民族关系，有三类视角。第一类是民族关系的冲突论视角，第二类是民族关系的和谐论视角，第三类是兼容冲突论与和谐论的辩证视角。

从民族关系研究的冲突论视角来看。冲突论的解释主要基于两个重要的社会历史背景，一个是外部力量诸如移民、现代化、外来政治等进

---

① 周恩宇：《道路研究的人类学框架》，《北方民族大学学报》2016年第3期，第82页。

驻民族内部所带来的破坏性影响及其民族内部的反应。另一个是民族自身的人口增长、经济发展等带来"竞争性增强",旧有的"和谐共生"被打破。以此为背景与依据,所呈现的民族关系就是以冲突论为主导的民族关系。以冲突论视角为主导的民族关系研究,呈现的是民族之间因为资源、利益、权力等所展开的斗争与博弈,这样的民族关系只有斗争,没有对话。

从民族关系研究的和谐论视角来看。民族关系的和谐论视角,关注的是文化之间的关系和互动,而不是隔阂和边界。[1] 研究强调在云南民族关系中,占主导地位的是相互吸收、相互依存、友好合作、共同发展,不占主导地位的是相互矛盾、相互排斥、隔阂冲突、武力冲突。[2] 云南各个民族得以保留传承民族文化多样性要素的原因在于对文化多样性的宽容及对民族差异性的宽容。[3] 有研究还从历史的维度、民族和谐的关系维度,总结了云南民族关系的三大特点。一是各民族的关系总体而言比较和谐,各民族因杂居,乃至交融,形成你中有我、我中有你的血肉关系;二是云南特殊的自然地理环境,塑造了多样的生产生活方式,这使得云南民族众多,且民族内部支系复杂,在各个民族之间及民族内部,是一种相互区别却又相互依存、相互补充的关系;三是在云南民族关系的影响因素中,汉族要素是重要的维度,自两晋南北朝到明清时期,汉族对云南民族关系的影响越来越大,直到其本身成为云南民族中的主体民族。[4] 秉持民族关系和谐论视角的研究,重在关注在交往交流交融过程中,民族之间呈现的对话状态。

从民族关系研究兼容冲突论与和谐论的辩证视角来看。有研究在关注民族关系的时候,采取了一种辩证主义的视角,即其所关注的民族关系,既包括冲突论,也包括平衡论。20世纪八九十年代以来,人们对居于民

---

[1] 关凯:《超越文明冲突论:跨文化视野的理论意义》,《中央社会主义学院学报》2019年第5期,第147页。
[2] 郭家骥:《云南民族关系的历史格局、特点及影响》,《云南社会科学》1997年第4期,第52—53页。
[3] 伍雄武:《对多样性的宽容——论云南民族关系的历史经验之一》,《思想战线》2005年第6期,第70—74页。
[4] 方铁:《云南古代民族关系的特点及形成原因》,《社会科学战线》2013年第7期,第131页。

关系理论主流位置的平衡论和冲突论产生一定程度的反思，它们受到了一定程度的质疑。相关学者指出这两大主流的研究理论都把民族关系武断与简化了，在民族关系的共生时代，冲突与摩擦是事实，同时在冲突面前，民族间的互利共生、友好协作也是事实。具体的民族关系研究应该把握二者，透过纵向的"历史维度"、立体的"结构维度"和"广域深景"的民族志等多重视角，去做全面且具体而微的研究。[1] 这一研究基调下呈现的民族关系，承认在云南历史上民族之间有民族歧视、民族压迫、兵戎相见的情况，但更强调你中有我、我中有你的亲缘关系，认为多元一体格局的民族关系才是主旋律。[2] 这样看来，兼容冲突论与和谐论辩证视角下的民族关系，实则也在强调民族共生的主旋律。

笔者在全盘关注这三类民族关系的研究视角基础之上，从阐释民族关系共生的角度出发，选取民族关系的和谐论阐释视角，同时兼顾民族关系和谐论与冲突论的辩证视角，开启滇盐古道周边区域的民族关系研究。将云南各个盐井地作为中心，以滇盐古道为辐射，形成滇盐古道周边区域具有辐射力的民族相处空间，就是典型的民族关系和谐样本，可为民族关系和谐样态提供区域个案，同时提供更深层次的民族和谐关系理论建构过程与理论呈现。在既有的民族关系和谐论视角的解释中，多呈现的是一种建筑框架式的理论体系，而缺少血肉丰满的元素。基于此，笔者的研究着眼于这一典型个案，从历史的维度、日常生活视角（物质文化视角）、经济共生的指标维度丰富民族关系和谐的解释力，也为云南民族和谐关系提供有力的个案支撑与理论支点。

首先从历史的维度来看。从时间性维度来理解云南的民族关系，应该包括对当下的民族关系是什么及为何如此的追问。显然，对于当下云南民族文化大省建设的丰富内涵，需要从历史中寻找其深度与广度。回到民族学、人类学学术研究的视野来研究云南的民族关系，就不能将视野局限在新中国成立以来进行民族识别之后的民族关系，而是应该将视野延展到历史维度，看自在民族的历史形成过程，并对进入民族从何而

---

[1] 施琳：《超越"共生"与"冲突"：非洲民族研究方法论的精进与启示》，《世界民族》2019年第1期，第36页。
[2] 黄彩文：《试论明代云南民族关系的特点》，《中南民族大学学报》（人文社会科学版）2003年第1期，第93—95页。

来进行历史性思考。这样的学术研究可以为云南当下的民族文化大省建设提供有厚度的借鉴。因此，笔者的研究关注历史时期民族和谐关系的建构过程，为当下民族关系是什么的问题提供了诸多解释。从笔者所重点关注的明清以来的滇盐古道周边区域民族关系来看，民族间呈现和谐共处的模式，这样的模式得益于历史过程中长期交往所形成的文化交往逻辑与共建的社会生态。

其次从日常生活的视角来看。从马林诺夫斯基功能的视角来看民族之间的交往，交往是基于需求的需要。从笔者的研究来看，需求的需要更多来自日常生活的需要，比如日常生产生活中对食盐的需要、对铁器的需要、对药物的需要等，这些成为民族交往的最初动力与最持久、最深入的要素。因为生活中互补余缺的需要，物资的流动与交换也就成为民族日常生活的常态，而以物资流动与交换为媒介，连接起来的是人与人之间的交流。基于日常生活需要的物资交流而产生的人群交流呈现出必要性、基础性与持久性，也定下了民族关系的和谐基调。笔者的具体研究，以物质文化的视角，抓住滇盐这一核心物质。滇盐生产空间的分布不均与民众对食盐的必然需求，促进了区域内人群的协同合作，从滇盐的生产，到滇盐的运输，再到滇盐的分配，集合了国家与地方、官员与民众、食盐生产地人群与食盐消费地人群、汉族与少数民族等多种关系，盐这一需求的初衷建构起不同利益关系因力保食盐正常供给而形成的向心力。

最后从经济共生的指标维度来看。"经济共生"是笔者呈现滇盐古道民族关系和谐样态的重要支撑。经济要素是民族关系的重要指标维度，而笔者的具体研究，为民族关系和谐样态的形成找到了"经济共生"这一有力解释。以经济共生形态为中心的文化交融样态的研究，有利于我们探讨文化交融的内部机理与文化逻辑是什么的问题，以及文化交融的历时性达成是如何生成的问题。在具体的研究中，笔者从共生的相关理论中寻找"经济共生"概念、内涵等相关的理论支撑，对"经济共生"进行创造性解释与运用；关注经济共生的生态背景，为经济共生的提出与阐释提供生态环境依据；从经济共生的表现形式、区域生计方式互补和滇盐古道周边市镇发展两个层面，来阐释滇盐古道周边区域经济共生的具体呈现方式。

第三节　云南盐业社会的类型学意义

"滇之大，惟铜与盐"，正表达出盐对于云南区域历史的意义。从历史上看，滇盐的生产受制于柴薪与交通，仅能依靠人背马驮这样极度消耗人力与物力的方式来实现生产与运输。这样的方式注定其销售网络在一定程度上受限，一方面滇盐因无法扩张自己的销售网络而多限于省内销售，另一方面外盐（川盐、粤盐、缅盐等）因昂贵的成本也较少开发云南地区的食盐销售网络。这样看来，滇盐在云南区域范围内，扮演了重要角色。

笔者在"导论"部分尝试提出了"云南盐业社会"概念：云南盐业社会以卤水、柴薪为原料，以盐业生产、运输、交换为主要的生计方式，形成以食盐交换及其他附生经济为依托的经济形式，具有以盐为中心的人群聚集与分工的社会形态，呈现多元文化共处与多元信仰形式的文化形态。据此，笔者将云南盐业社会的类型学特征具体概括为以下五点。

一是云南盐业社会呈现典型的"以卤代耕"的生计方式。如白盐井"以卤代耕，不务农业"，黑盐井"罗锅支在两肩上"，[①] 琅盐井"处万山深谷中，无田可艺，以卤代耕，井民米谷仰给邻土"。[②] 云南盐业社会万事以盐为首，万事皆以盐故，盐业生产是盐业社会的首要事务，盐业事务优先于其他事务。盐井地有专门的盐务管理部门，有专门负责盐务的盐官，从食盐生产到食盐运输与销售，都有严密的管理体系。而对于一般民众而言，其生产生活均以盐业生产为中心，这催生了灶户、盐工、盐商等盐业社会的特有群体。以盐业社会为中心辐射出去的周边区域，也以供应盐业生产所需物资为生计的方式之一。如周边民众以砍伐、贩卖柴薪为生，以供给盐井地的柴薪消耗；周边民众为盐井地源源不断提供粮食和蔬菜，以满足井区民众的日常生活需要；周边民众是盐业社会重要的劳动力来源，生产、运输，多依赖周边民众。

二是盐业神信仰。盐业社会之所以可以成为一种社会类型，还在于其

[①] "罗锅"是黑盐井当地的土语，专门指煮饭用的锅，意为黑盐井当地谋取"饭碗"的方式就是背取食盐。

[②] （清）孙元相：《琅盐井志》，禄丰县志办公室校注，云南科技印刷厂印装，1997，第128页。

有专属的信仰方式,即盐业神信仰,盐业社会生活生产逻辑通过民间信仰的方式得以固化与延续。在云南盐业社会,均有盐业神信仰,具体到每个盐井地,关于盐业神会有不同的称谓,但概括起来,则有同质性的面向,即云南的盐业神多可以概括为同一个类型——卤水龙王信仰。云南盐井的产盐类型为井盐,盐井多产卤不产矿,因此,云南的盐业神多供奉卤水龙王,卤水龙王掌管卤水的多寡与浓度。从云南盐井的国家化层面而言,云南的卤水龙王信仰也陆续被放置于国家层面认可的信仰体系脉络中,各地的盐井神由国家敕封。盐井地的盐业神信仰形成涵盖盐业社会的信仰圈,具有区域影响力。

三是盐业社会的人群构成具有多元性。盐业社会的食盐产业,是典型的劳动密集型产业,从卤水提取、卤水熬制、柴薪砍伐到食盐成型、食盐分销诸环节,均需要较大的人力物力投入。围绕食盐生产,盐官、盐商、灶户、盐工等群体会聚于盐井地,因"生活好淘",盐井地对人群具有天然的吸引力,盐业社会也呈现出典型的移民社会特性。在盐业社会中,很容易找到带有移民特性的庙宇、公馆类空间,作为特定移民交流沟通的场所,如万寿宫通常由江西移民来建造使用,帝王宫由贵州移民建造使用,南华宫出自广东移民,天上宫出自福建移民,陕西馆出自陕西移民。

四是盐业社会的文化具有杂糅性。盐井地盐的生产与运输,决定盐业社会的流动性气质。人伴随着食盐的运输而流动,随着时间的流逝,其文化也就体现出兼容并包的特色。比之传统社会中村落的相对封闭性,盐业社会体现出极大的开放性与包纳性,比如多元的宗教信仰、多样的饮食、丰富的仪式等,都是盐业社会杂糅性的表达。如白盐井的庙宇空间林立,有"七寺八阁九座庵"的说法,其宗教空间有观音寺、龙泉寺、寿福寺、宝莲寺、龙吟寺、圣泉寺、白莲寺、天台寺、文殊阁等。黑盐井的宗教空间众多,其宗教包括儒、释、道,伊斯兰教及其他地方宗教,多种宗教形态在此交融。根据康熙《黑盐井志》的记载,黑盐井的宗教空间有:城隍庙、土主庙、关圣庙、关张庙、铎风台、东岳庙、龙王庙、南山庙、东山庙、天子台、大王庙、厉祭坛、龙池庵、玄圣殿、魁阁、龙门寺、白衣庵、真武祠、梓潼阁、文殊阁、观音寺、玉皇阁、三教殿、真觉禅寺、天王殿、宝弘寺、毗卢阁、玉皇阁、宝光明殿、莲峰庵、杖泉庵、静乐庵、香山寺、圆通寺、解脱寺、生成馆、观音堂、米勒庵、密塔寺、滴露庵、观音阁、诸天阁、海月庵、宝莲庵、桃花庵、德海寺、启明殿、水月阁，共计48处。①众多庙宇背后是多元宗教的共生态，不同宗教信仰背后都有特定的人群信仰作支撑，正是人群的多元地域构成，成为盐业生产的吸引大量外地移民的主要原因。还有来往马帮带来的极强流动性，也呈现给我们信仰的多元形态表达。

五是盐业社会的共生形态。在"以卤代耕"的盐业社会中，民众专门从事盐业生产，围绕食盐生产形成专业化的行业分工。在盐业社会，除了卤水的供应可以就地实现之外，其他与食盐生产直接或间接相关的物质资料均需要周边区域的供给。如食盐的主要生产资料柴薪，就需要专门的柴工和周边民众将其汇聚到盐井地。盐井地民众不事农业，维持生活所需的粮食和蔬菜需要周边农业生计人员来供给，因此，盐井地民众与周边农业地民众形成互相依赖关系，盐井地井民需要蔬菜与粮食，周边农业民众需要将蔬菜与粮食置换为金钱来换取食盐等生活生产物资。凡此种种，盐业社会与周边区域形成典型的共生形态，本研究重点关注的经济共生形态与族际互动正是盐业社会共生形态重点阐释的两个核心点。

基于云南盐业社会共有的以上五个特点，笔者将此类社会的共有属性上升到类型学的维度进行探讨。将云南盐业社会作为特定的社会发展类型，以物质文化研究的转向视角，追溯云南区域社会的典型历史，可为云南区域社会研究提供新的解释。从盐的视角来看云南的区域社会史，会得到怎样的一幅云南区域社会史的画卷？这里对云南区域社会史的认识不仅仅停留在知识层面，更重要的是，将云南区域社会史作为学术衔接点，来开展一些学术的对话。从区域社会史的视角来看云南，云南就不全然是一个由省界隔开的自然地理单元，它变成一个由人构成的区域主体，它的区域社会变成由人的活动支撑的整体性社会历史单元。而盐正是连接人的活动的恰当切入点，盐的流动所形成的盐区边界与云南作为行政单元的边界有不相吻合的时候，正因如此，我们才可以看到云南内外连接的动态过程。

这种从封闭走向开放、从一点走向区域、从静态走向动态的过程，正

---

① （清）沈懋价修，杨璇等纂（康熙）《黑盐井志》，赵志刚校注，载杨成彪主编《楚雄彝族自治州旧方志全书·禄丰卷下》，云南人民出版社，2005，第613—616页。

好也是区域社会史研究的逸趣。在区域社会史的研究中，区域是研究的一个通道，对区域的考察是为了力求获得一个更为广阔的宏观视域，能够透过区域社会看王朝国家，乃至整个全球历史，这也正是区域社会史研究的学术追求所在。国家盐政的倾注、盐业开发的人群聚集、盐的流动及与之伴随的文化交流等，使盐业社会成为探讨云南区域社会经济与社会发展的较好切入点。围绕食盐生产，从卤水、柴薪及其他盐业生产资料的供应，到食盐生产的各个环节，再到食盐的销售，都需要不同人群的参与，这就形成食盐生产的劳动力聚集。同时，云南盐业社会"以卤代耕"，除了食盐之外的其他物资，都需要周边区域来供应，因此，云南盐业社会对周边区域具有较强的依附性，围绕食盐，也就可以认识云南的内外连接过程。围绕食盐生产，盐井地与周边区域形成生计共生、经济共生、文化共生的稳固形态，对于区域民族的平衡论及云南民族关系和谐样态正好具有解释力。

盐之于云南的意义，正好是云南的区域社会史的映射。这里借助专门从事盐业史研究多年的中山大学黄国信教授的观点，他认为在区域社会史中盐的作用是作为历史进程的要素，这一要素是理解区域社会历史的一个重要维度。[①] 同时，就云南的现实历史来看，所谓"滇之大，惟铜与盐"，以这样的思路出产的成果，可以很好地为云南区域社会史的整体框架提供血肉丰满的学理思考。中国既有典籍对历史的书写，多是王朝国家的历史，而在区域社会史视角下通过滇盐来看云南的区域社会历史，正是对既有王朝国家历史书写的补充以及与其的对话。

从以盐为核心的物质文化视角，我们可以看到一个流动形态的云南区域社会，为云南区域社会研究提供了新维度。正如《中间地带——西南中国的社会性别、族性与认同》用"中间地带"来考察所要讨论的"西南"概念中的核心部分——云南，"云南"这一区域文化概念需要被给予重新理解与定位[②]。云南不应当再是文化中心主义下的边缘，而是中国内地与东南亚的联结地，也是内地与西藏的联结地。这里一直是多种文化交汇的

[①] 黄国信：《单一问题抑或要素之一：区域社会史视角的盐史研究》，《盐业史研究》2014年第3期，第123页。

[②] 沈海梅：《中间地带——西南中国的社会性别、族性与认同》，商务印书馆，2012。

"中间地带",这意味着多重关系的叠加,民族、国家、地域等都是其中不可或缺的维度,云南也因此表现出丰富的内容和多样的面孔。

我们从历史回到现实,来看云南盐业社会的发展现状,云南因盐而兴的盐井地、盐运中转站,具体包括楚雄的黑井古镇、石羊古镇、一平浪、琅盐井,大理的宝丰古镇、诺邓古村、乔后井、顺荡古村、槽涧及其他"云龙八井",西双版纳的磨歇,普洱的磨黑古镇及昭通的豆沙古镇等,共计 20 余个古镇古村。这些古镇古村"因盐而兴",伴随盐业的发展生成丰富的历史文化。在实地的田野调查中,云南盐业古镇古村的发展呈现不均衡性,一部分得到各类省级或国家级历史文化名镇名村头衔与政策资金支持;另外一部分渐渐沉寂,当地文化断线,社会发展停滞。面对发展的不均衡性与发展过程中出现的诸多问题,云南盐业社会类型学层面的讨论也就具有了现实意义。当下的乡村振兴,并非毫无区分,将云南盐业古镇古村纳入类型学的维度,关注其普遍性与特殊性,可在乡村振兴建设维度做出应有的学科贡献。

参考文献

一　历史与地方文献

（东晋）常璩：《华阳国志校注》，刘琳校注，巴蜀书社，1984。

赵尔巽等撰《清史稿（一）》（卷一至卷二四），吉林人民出版社，1998。

（明）李贤：《明一统志》（卷八十七），清文渊阁四库全书本。

（明）倪辂：《南诏野史》，明祁氏淡生堂钞本。

（明）汪砢玉：《古今鹾略》（补卷八），清钞本。

（明）谢肇淛：《滇略》（卷十），清文渊阁四库全书本。

（明）徐弘祖：《徐霞客游记》，清嘉庆十三年叶廷甲增校本。

（明）徐日久：《五边典则》（卷二十），旧抄本。

（清）陈希芳纂修《雍正云龙州志校注》，黄正良、尹含校注，云南人民出版社，2019。

（清）鄂尔泰：（雍正）《云南通志》（卷四），清文渊阁四库全书本。

（清）刘邦瑞：（雍正）《白盐井志》，张海洋校注，内部资料，楚雄州地方志办公室编印，楚雄师范学院印刷厂印装，2014。

（清）沈懋价纂（康熙）《黑盐井志》，李希林主校点，云南大学出版社，2003。

（清）孙元相：《琅盐井志》，禄丰县志办公室校注，云南科技印刷厂，1997。

（清）王洊纂修《康熙云龙州志校注》，黄正良、张杨校注，云南人民出版社，2019。

《楚雄州盐业志》编撰委员会编《楚雄州盐业志》，云南民族出版社，2001。

（康熙）《大理府志》（卷十二），杨世钰、赵寅松主编《大理丛书·方志篇》卷四，民族出版社，2007。

《大姚县坤舆说明书》，云南省图书馆藏抄本，1919。

《盐丰县编辑省志材料》，云南省图书馆藏，1932。

《云南大姚毛氏家族史》，内部资料。

《云南大姚七街仓东王氏族谱》，内部资料。

揣振宇：《滇省舆地图说》，中国社会科学出版社，2009。

大姚县地方志办公室：《大姚县盐业志》，内部资料，楚雄日报社印刷厂印装，2002。

大姚县地方志编纂委员办公室：《大姚县志（1978—2005）》，云南人民出版社，2010。

大姚县地方志编纂委员会办公室编《大姚县年鉴（1992—2013年）》，内部资料，昆明云南民族印刷厂，2013。

大姚县人民政府编《云南省大姚县地名志》，内部资料，云南省地质矿产局测绘队印刷厂，1993。

大姚县石羊诗书画协会编印《石羊诗书画选集》，内部资料，1994—2013。

大姚县委党史研究室编《中共大姚县地方历史》（第一卷），内部资料，楚雄日报印刷厂印装，2007。

方国瑜主编《云南史料丛刊》，云南大学出版社，2001。

李希林、彭兴国主编《黑井情缘》，云南民族出版社，2013。

禄丰县黑井镇文化广播电视服务中心编《黑井古镇民间故事选》，云南民族出版社，2016。

禄丰县文体广电旅游局、禄丰县恐龙博物馆编《黑井古镇拾遗》，云南民族出版社，2015。

云南省牟定县志编纂委员会编纂《牟定县志》，云南人民出版社，1993。

《新纂云南通志》（七），牛鸿斌等点校，云南人民出版社，2007。

杨成彪主编《楚雄彝族自治州旧方志全书·大姚卷》，云南人民出版社，2005。

杨成彪主编《楚雄彝族自治州旧方志全书·禄丰卷》，云南人民出版社，2005。

杨甫旺：《千年盐都——石羊》，云南民族出版社，2006。

云南省地方志编纂委员会：《云南省志·盐业志》，云南人民出版社，1998。

云南省禄丰县地方志编纂委员会：《禄丰县志》，云南人民出版社，1997。

《盐丰县谨遵云南通志馆征集条目编具省志材料册》，云南省图书馆藏，1932。

云南省政协文史委员会、云南省楚雄州政协编《楚雄州文史资料合辑》，内部资料，云南省地矿测绘院印刷厂，2012。

云南省志编纂委员会：《续云南通志长编》，内部资料，云南省科学技术情报研究所印刷厂印装，1985。

张国信：《龙女牧羊的地方》，内部资料，大姚县石羊诗书画协会编印，2004。

《新纂云南通志》（九），张秀苏等点校，云南人民出版社，2007。

王文成等辑校《〈滇系〉云南经济史料辑校》，中国书籍出版社，2004。

云南省档案馆：《民国云南盐业档案史料》，云南民族出版社，1999。

二　著书类

〔澳〕乔治·厄内斯特·莫理循：《一个澳大利亚人在中国》，窦坤译，福建教育出版社，2007。

〔法〕费尔南·布罗代尔：《15至18世纪的物质文明、经济和资本主义》第一卷，顾良、施康强译，生活·读书·新知三联书店，1992。

〔美〕李中清：《中国西南边疆的社会经济：1250—1850》，林文勋、秦树才译，人民出版社，2012。

〔美〕施坚雅：《中国农村的市场和社会结构》，史建云、徐秀丽译，中国社会科学出版社，1998。

〔美〕施坚雅：《中华帝国晚期的城市》，叶光庭等译，中华书局，2008。

〔美〕苏耀昌：《华南丝区：地方历史的变迁与世界体系理论》，中州古籍出版社，1987。

〔美〕西敏司:《甜与权力——糖在近代历史上的地位》,王超、朱健刚译,商务印书馆,2010。

〔日〕尾关周二:《共生的理想:现代交往与共生、共同理想》,卞崇道等译,中央编译出版社,1996。

〔英〕安东尼·吉登斯:《民族、国家与暴力》,胡宗泽等译,生活·读书·新知三联书店,1998。

白寿彝:《中国交通史》,岳麓书社,2011。

陈立夫:《中华盐业史》,台湾商务印书馆,1997。

方国瑜:《中国西南历史地理考释》,中华书局,1987。

方铁:《边疆民族史探究》,中国书籍出版社,2013。

费孝通:《中华民族多元一体格局》,中央民族大学出版社,2003。

葛剑雄等编著《中国移民史》(第一卷),福建人民出版社,1997。

葛剑雄编,曹树基著《中国移民史》(第五卷),福建人民出版社,1997。

关文斌:《文明初曙——近代天津盐商与社会》,天津人民出版社,1999。

郭家骥:《发展的反思——澜沧江流域少数民族变迁的人类学研究》,云南人民出版社,2008。

郭正忠主编《中国盐业史·古代编》,人民出版社,1997。

黄培林、钟长永主编《滇盐史论》,四川人民出版社,1997。

贾植芳:《近代中国经济社会》,岳麓书社,2013。

景学钤:《盐政问题商榷书之七〈盐政丛刊〉》,盐政杂志社,1921。

科大卫:《皇帝和祖宗:华南的国家与宗族》,卜永坚译,江苏人民出版社,2009。

李绍明:《藏彝走廊民族历史与文化》,民族出版社,2008。

李仕彦编著《记忆大井》,云南民族出版社,2007。

李陶红:《咸的历程——明清以来云南石羊古镇城镇化研究》,中国社会科学出版社,2019。

李晓斌:《历史上云南文化交流现象研究》,民族出版社,2005。

李旭:《藏客——茶马古道马帮生涯》,云南大学出版社,2000。

李旭:《茶马古道各民族商号及其互动关系》,社会科学文献出版社,2017。

林超民编《方国瑜文集》(第三辑),云南教育出版社,2003。

刘德法:《生命的盐》,中国文史出版社,2006。

刘刚:《发展的选择——社会文化变迁途程中的云南民族集团》,云南民族出版社,1996。

陆韧:《变迁与交融:明代云南汉族移民研究》,云南教育出版社,2001。

陆韧:《高原通途——云南民族交通》,云南教育出版社,2000。

孟悦、罗钢主编《物质文化读本》,北京大学出版社,2008。

木霁弘、陈保亚等:《滇藏川"大三角"文化探秘》,云南大学出版社,2003。

任放:《中国市镇的历史研究与方法》,商务印书馆,2010。

任乃强:《四川上古史新探》,四川人民出版社,1986。

申旭:《云南移民与古道研究》,云南人民出版社,2012。

沈海梅:《中间地带——西南中国的社会性别、族性与认同》,商务印书馆,2012。

石硕主编《藏彝走廊:历史与文化》,四川人民出版社,2005。

舒瑜:《微"盐"大义——云南诺邓盐业的历史人类学考察》,世界图书出版公司,2010。

童绍玉、陈永森:《云南坝子研究》,云南大学出版社,2007。

王铭铭:《心与物游》,广西师范大学出版社,2006。

王仁湘、张征雁:《中国滋味:盐与文明》,辽宁人民出版社,2007。

王仁远、陈然、曾凡英编著《自贡城市史》,社会科学文献出版社,1995。

王振忠:《明清徽商与淮扬社会变迁》,生活·读书·新知三联书店,1996。

翁乃群主编《南昆八村:南昆铁路建设与沿线村落社会文化变迁》,民族出版社,2001。

吴天颖:《井盐史探微》,四川人民出版社,1992。

许倬云:《万古江河——中国历史文化的转折与开展》,上海文艺出版社,2006。

杨德华:《云南民族关系简史》,云南大学出版社,1998。

杨国才：《中国白族村落影像文化志——诺邓村》，光明日报出版社，2014。

张小也：《清代私盐问题研究》，社会科学文献出版社，2001。

赵敏、廖迪生主编《云贵高原的"坝子社会"：道路、资源与仪式诠释》，云南大学出版社，2018。

赵敏：《隐存的白金时代：洱海区域盐井文化研究》，云南人民出版社，2011。

赵启林主编、张银河著《中国盐文化史》，大象出版社，2009。

周琍：《清代广东盐业与地方社会》，中国社会科学出版社，2008。

朱霞：《云南诺邓井盐生产民俗研究》，云南人民出版社，2009。

三　论文类

〔美〕李中清：《明清时期中国西南的经济发展与人口增长》，载《清史论丛》（第五辑），中华书局，1984。

《改进盐丰教育的若干问题》，《滇黔月刊》第3卷第1期。

《云南区呈报封闭白井场安丰井之备案》，《盐务汇刊》第104期，1936年。

陈玉美：《文化接触与物质文化的变迁：以兰屿雅美族为例》，《中研院历史语言研究所集刊》1996年第6期。

代启福：《人、资源与自治：凉山彝区矿产与美国Yakam印第安人森林开发案例研究》，博士学位论文，中央民族大学，2013。

丁龙召：《认识中国民族关系的一个新视角：各民族共生态》，《内蒙古师范大学学报》（哲学社会科学版）2003年第6期。

董咸庆：《清代云南食盐产销的独特性》，载云南大学历史系编《史学论丛》（第五辑），云南大学出版社，1993。

阎柏：《古镇的兴衰对滇中社会经济发展的影响——以云南楚雄黑井和石羊盐业古镇为例》，《云南民族大学学报》2007年第3期。

杜国林：《略论云南民族关系的历史特点》，《思想战线》1982年第6期。

杜树海：《山民与国家之间——詹姆斯·斯科特的佐米亚研究及其批评》，《世界民族》2014年第2期。

杜雪飞：《技术、制度、利益与生态环境变迁——云南黑井地区盐矿生产的生态环境史研究》，《思想战线》2012年第6期。

方国瑜：《云南用贝作货币的时代及贝的来源（附：云南用盐块代钱的记载）》，《云南社会科学》1981年第1期。

方铁：《唐宋元明清的治边方略与云南通道变迁》，《中国边疆史地研究》2009年第1期。

方铁：《云南古代民族关系的特点及形成原因》，《社会科学战线》2013年第7期。

费孝通：《关于我国民族的识别问题》，《中国社会科学》1980年第1期。

高国荣：《近二十年来美国环境史研究的文化转向》，《历史研究》2013年第2期。

格勒：《"茶马古道"的历史作用和现实意义初探》，《中国藏学》2002年第3期。

古永继：《明代滇西地区内地移民对中缅关系的影响》，《中国边疆史地研究》2008年第3期。

古永继：《元明清时期云南的外地移民》，《民族研究》2003年第2期。

关凯：《超越文明冲突论：跨文化视野的理论意义》，《中央社会主义学院学报》2019年第5期。

郭家骥：《云南民族关系的历史格局、特点及影响》，《云南社会科学》1997年第4期。

韩全芳：《矿山社区分化与社区重构——云南大姚铜矿的变迁研究》，博士学位论文，中山大学，2009。

胡守钧：《社会共生论》，《湖北社会科学》2000年第3期。

黄彩文：《试论明代云南民族关系的特点》，《中南民族大学学报》（人文社会科学版）2003年第1期。

黄国信：《单一问题抑或要素之一：区域社会史视角的盐史研究》，《盐业史研究》2014年第3期。

黄小勇、陈运平、肖征山：《区域经济共生发展理论及实证研究——以中部地区为例》，《江西社会科学》2015年第12期。

纪丽真：《清代山东私盐问题研究》，《理论学刊》2006年第6期。

姜道章：《明代的盐业》，《中国文化大学地理学系地理研究报告》2000年第13期。

姜道章：《清代的盐业历史地理》，《中国文化大学地理学系地理研究报告》1999年第12期。

蓝勇：《明清时期的皇木采办》，《历史研究》1994年第6期。

李灿松、周智生：《多民族聚居区族际经济互动与山区经济开发——以近代"藏彝走廊"地区白族商人为例》，《中央民族大学学报》（哲学社会科学版）2010年第1期。

李国喜：《一平浪盐矿的创始人——张冲》，《盐业史研究》1991年第3期。

李何春：《动力与桎梏：澜沧江峡谷的盐与税》，博士学位论文，中山大学，2014。

李清清：《唐代西南地区盐的产销及其在经济社会中的作用》，硕士学位论文，西南大学，2010。

李如菁：《物质文化研究文献评述》，《设计研究》2002年第2期。

李绍明：《少数民族对开发盐源盐业的贡献》，《井盐史通讯》1980年第1期。

李陶红、刘晓艳：《移民与城镇化——以云南白盐井为例》，《民族论坛》2019年第4期。

李陶红、罗朝旺：《滇盐古道周边区域经济共生与族际互动——以白盐井为例》，《大理大学学报》2020年第5期。

李陶红：《危机的调适：清末云南白盐井盐业生产与林业生态互动研究》，《西南民族大学学报》2019年第6期。

李晓斌：《清代云南汉族移民迁徙模式的转变及其对云南开发进程与文化交流的影响》，《贵州民族研究》2005年第3期。

李兴福：《历史文化名镇黑井研究》，博士学位论文，云南大学，2008。

李兴福：《试论云南黑井盐业的兴衰》，《云南师范大学学报》（哲学社会科学版）2007年第6期。

李旭：《滇藏茶马古道的宗教文化》，《云南民族学院学报》（哲学社会科学版）1994年第3期。

李燕：《共生哲学的基本理念》，《理论学习》2005年第5期。

李源：《云南盐业生产与生态、环境保护问题》，《中国井矿盐》1990年第6期。

李正亭：《环境史视域下云南井盐生产与井场森林生态》，《青海民族大学学报》（社会科学版）2018年第4期。

林超民：《汉族移民与云南统一》，《云南民族大学学报》（哲学社会科学版）2005年第3期。

林文勋：《明清时期内地商人在云南的经济活动》，《云南社会科学》1991年第1期。

林文勋：《诺邓村：一个盐井村落的历史文化解读》，《盐业史研究》2004年第4期。

刘德仁、薛培：《略论清政府对盐商的控制与利用》，《盐业史研究》1998年第2期。

刘占勇：《散杂居地区民族关系的理想类型：机制与系统——基于"共生互补"理论的认知和探究》，《西北民族大学学报》（哲学社会科学版）2017年第3期。

陆韧：《明代汉族移民与云南城镇发展》，《云南社会科学》1999年第6期。

陆韧：《明代云南的驿堡铺哨与汉族移民》，《思想战线》1999年第6期。

陆邹、杨亭：《"巴盐古道"在"国家化"进程中的历史地位》，《成都大学学报》（社会科学版）2014年第5期。

麻国庆：《南岭民族走廊的人类学定位及意义》，《广西民族大学学报》（哲学社会科学版）2013年第3期。

马光选、刘强：《民族关系的"互嵌-共生模式"探讨——对云南省民族关系处理经验的提炼与总结》，《云南行政学院学报》2016年第6期。

彭文斌问，〔美〕斯蒂文·郝瑞答《田野、同行与中国人类学西南研究——访美国著名人类学家斯蒂文·郝瑞教授》，《西南民族大学学报》（人文社科版）2007年第10期。

秦树才：《明代云南城镇初探》，《昆明师专学报》1997年第3期。

秦欣梅、黄小勇：《基于系统基模的区域经济共生发展影响机理探

251

析》,《企业经济》2015年第11期。

秦永章:《试议"西北民族走廊"的范围和地理特点》,《中央民族大学学报》(哲学社会科学版)2011年第3期。

任放:《二十世纪明清市镇经济研究》,《历史研究》2001年第5期。

施琳:《超越"共生"与"冲突":非洲民族研究方法论的精进与启示》,《世界民族》2019年第1期。

石磊、刘果果、郭思平:《中国产业共生发展模式的国际比较及对策》,《生态学报》2012年第12期。

舒瑜:《从清末到民国云南诺邓盐的"交换圈"》,《西南民族大学学报》(人文社科版)2010年第7期。

舒瑜:《物的生命传记:读〈物的社会生命:文化视野中的商品〉》,《社会学研究》2007年第6期。

宋良曦:《清代中国盐商的社会定位》,《盐业史研究》1998年第4期。

宋良曦:《中国盐业的行业偶象与神祇》,《盐业史研究》1998年第2期。

宋蜀华:《论历史人类学与西南民族文化研究——方法论的探索》,《思想战线》1997年第3期。

王澈:《乾隆四十二年山东峄县私盐贩拒捕伤差案》,《历史档案》1991年第3期。

王果:《移民入川与四川井盐的开发》,《盐业史研究》1991年第2期。

王丽萍、秦树才:《论历史上滇藏茶马古道文化交融及其发展途径》,《学术探索》2010年第4期。

王明珂:《由族群到民族:中国西南历史经验》,《西南民族大学学报》(人文社科版)2007年第11期。

王文光、龙晓燕:《中国西南民族关系史散论》,《思想战线》2001年第2期。

王文光、龙晓燕:《中国西南民族关系史散论之二》,《思想战线》2002年第1期。

王小荷:《清代两广盐区私盐初探》,《历史档案》1986年第4期。

参考文献

王振忠：《明清扬州盐商社区文化及其影响》，《中国史研究》1992年第2期。

伍雄武：《对多样性的宽容——论云南民族关系的历史经验之一》，《思想战线》2005年第6期。

伍雄武：《多元一体——论云南民族关系的历史经验之一》，《云南师范大学学报》（哲学社会科学版）2005年第5期。

谢国先：《明代云南的汉族移民》，《云南民族学院学报》1996年第2期。

徐建平、文正祥：《清代云南盐业法律制度与工商市镇的形成和发展》，《广西社会科学》2009年第12期。

杨福泉：《略述丽江古城及茶马古道上的"房东伙伴"贸易》，《西南民族大学学报》（人文社科版）2015年第12期。

杨海潮：《茶马古道：地方性的民间视角》，《思想战线》2016年第6期。

杨庆堃：《中国近代空间之缩短》，《岭南学报》1949年第2期。

杨永福：《论元明清时期滇川黔桂毗邻地区的移民》，《贵州民族研究》2011年第1期。

杨志强：《"国家化"视野下的中国西南地域与民族社会——以"古苗疆走廊"为中心》，《广西民族大学学报》（哲学社会科学版）2014年第3期。

袁年兴：《共生理论：民族关系研究的新视角》，《理论与现代化》2009年第3期。

袁年兴：《民族共生理论的构建——基于社会生物学的学术共鸣》，《岭南学刊》2009年第5期。

张崇荣：《清代白盐井盐业与市镇文化研究》，硕士学位论文，华中师范大学，2014。

张学君、张莉红：《南方丝绸之路上的食盐贸易（续篇）》，《盐业史研究》1997年第3期。

张学君：《南方丝绸之路上的食盐贸易》，《盐业史研究》1995年第4期。

赵逵、杨雪松：《川盐古道与盐业古镇的历史研究》，《盐业史研究》

2007 年第 2 期。

赵小平、肖世华：《八十年来云南盐业史研究综述》，《盐业史研究》2014 年第 3 期。

赵旭东、周恩宇：《道路、发展与族群关系的"一体多元"——黔滇驿道的社会、文化与族群关系的型塑》，《北方民族大学学报》2013 年第 6 期。

周恩宇：《道路研究的人类学框架》，《北方民族大学学报》2016 年第 3 期。

周家瑜：《近十年云南民族关系史研究综述》，《边疆经济与文化》2007 年第 12 期。

周琼、李梅：《清代中后期云南山区农业生态探析》，《学术探索》2009 年第 10 期。

周永明：《道路研究与"路学"》，《二十一世纪》2010 年第 8 期。

周永明：《汉藏公路的"路学"研究：道路空间的生产、使用、建构与消费》，《二十一世纪》2015 年第 4 期。

周智生、缑晓婷：《藏彝走廊地区多民族经济共生形态演进机理研究》，《云南民族大学学报》（哲学社会科学版）2014 年第 3 期。

周智生：《藏彝走廊地区族际经济互动发展研究》，《中国社会经济史研究》2010 年第 1 期。

周智生：《历史上的滇藏民间商贸交流及其发展机制》，《中国边疆史地研究》2007 年第 1 期。

朱霞：《〈滇南盐法图·安宁井〉的图形与技术文献志研究》，《西北民族研究》2010 年第 4 期。

朱霞：《〈滇南盐法图·黑井〉的图形阅读与历史考证》，《云南社会科学》2010 年第 5 期。

朱霞：《从〈滇南盐法图〉看古代云南少数民族的井盐生产》，《自然科学史研究》2004 年第 2 期。

朱霞：《从口述材料看民国时期的私盐运销——以云南诺邓盐村为个案》，《民俗研究》2006 年第 3 期。

朱霞：《盐井与卤龙王：诺邓盐井的技术知识与民间信仰》，《广西民族学院学报》（自然科学版）2004 年第 2 期。

朱霞：《云南诺邓盐井的求雨仪式》，《民俗研究》2005年第2期。

宗跃光等：《道路生态学研究进展》，《生态学报》2003年第11期。

四 外文文献

Adema, & Pauline, *Garlic Capital of the World*: *Gilroy, Garlic, and the Making of a Festive Foodscape*, Jackson: University Press of Mississippi, 2009.

Appadurai, ed., *The Social Life of Things*: *Commodities in Cultural Perspective*, New York: Cambridge University Press, 1988.

Arjun Appadurai, *The Social Life of Things*: *Commodities in Cultural Perspective*, Cambridge, New York: Cambridge University Press, 1986.

N. Boivin, *Material Cultures, Material Minds*: *The Impact of Things Human Thought, Society, and Evolution*, New York: Cambridge University Press, 2008.

Eric Mueggler, *The Age of Wild Ghosts*: *Memory, Violence and Place in Southwest China*, California: University of California Press, 2001.

R. T. T. Forman, "Road Ecology: A Solution for the Giant Embracing Us," *Landscape Ecology*, 1998 (13): iii-v.

James C. Scott, *The Art of Not Being Governed*: *An Anarchist History of Upland Southeast Asia*, New Haven: Yale University Press, 2009.

Scott Lash, *Another Modernity*: *A Different Rationality*, Oxford: Blackwell, 1999.

Daniel Miller, ed., *Material Cultures*: *Why Some Things Matter?* Chicago: The University of Chicago Press, 1998.

Daniel Miller, *Material Culture and Mass Consumption*, Oxford: Blackwell, 1987.

图书在版编目(CIP)数据

以卤代耕：云南盐业社会的经济共生与文化交融 / 李陶红著. -- 北京：社会科学文献出版社, 2023.7
ISBN 978-7-5228-1822-1

Ⅰ.①以… Ⅱ.①李… Ⅲ.①盐业史-研究-云南 Ⅳ.①F426.82

中国国家版本馆 CIP 数据核字(2023)第 086143 号

以卤代耕：云南盐业社会的经济共生与文化交融

著　　者 / 李陶红

出 版 人 / 王利民
责任编辑 / 胡庆英
文稿编辑 / 张静阳
责任印制 / 王京美

出　　版 / 社会科学文献出版社·群学出版分社(010)59367002
　　　　　　地址：北京市北三环中路甲29号院华龙大厦　邮编：100029
　　　　　　网址：www.ssap.com.cn
发　　行 / 社会科学文献出版社(010)59367028
印　　装 / 三河市尚艺印装有限公司

规　　格 / 开　本：787mm×1092mm　1/16
　　　　　　印　张：16.5　字　数：270千字
版　　次 / 2023年7月第1版　2023年7月第1次印刷
书　　号 / ISBN 978-7-5228-1822-1
定　　价 / 98.00元

读者服务电话：4008918866

版权所有 翻印必究